De este libro han dicho

«Sin pastillas milagrosas, ni falsos comerciales. Mabel Iam nos enseña con originalidad, elegancia y picardía a hacer del amor, un rito diario de comprensión, diversión y placer».

—Walter Larrosa, *Ocean Drive en Español*

«Mabel como siempre da aplicaciones prácticas para amar y ser amado sin romper la magia y el encanto del verdadero amor».

—Lissette Valdés-Valle, periodista y productora de televisión

«Si estás cansado de libros sobre sexo y relaciones de pareja que sólo repiten lo que ya sabías, no sueltes este ejemplar, porque Mabel Iam ha encontrado la verdadera píldora del mal amor en la forma de un libro original, fresco, compasivo y repleto de los mejores secretos para lograr la felicidad plena en el amor».

—Anjanette Delgado, autora de *The Heartbreak Pill*

«Es la mejor guía que he leído para tener una relación verdadera íntima y duradera. En cada capítulo se descubre algo que no sabíamos y si lo sabíamos nos lo recuerda mejor que nunca. Lo guardaré para siempre. Ya estoy poniendo en práctica sus consejos. ¡Es fantástico! Casada, soltera, con novio o sin novio, este libro es de inmensa importancia».

—Julia Dangond, ejecutiva de televisión y entretenimiento

Te amo…
¿para siempre?

Te amo...
¿para siempre?

Cómo lograr,
mantener o rescatar el amor

MABEL IAM

ATRIA BOOKS

New York   London   Toronto   Sydney

ATRIA BOOKS
A Division of Simon & Schuster, Inc.
1230 Avenue of the Americas
New York, NY 10020

Primera edición en rústica de Atria Books, enero 2008

ATRIA BOOKS y colofón son sellos editoriales registrados de Simon & Schuster, Inc.

Para obtener información respecto a descuentos especiales en ventas al por mayor, diríjase a Simon & Schuster Special Sales al 1-800-456-6798 o a la siguiente dirección electrónica: business@simonandschuster.com.

Diseñado por Kyoko Watanabe

Impreso en los Estados Unidos de América

10   9   8   7   6   5   4   3   2   1

Library of Congress Cataloging-in-Publication Data
Iam, Mabel.
   [I love you, now what? Spanish]
   Te amo—¿para siempre? : cómo lograr, mantener o rescatar el amor / por Mabel Iam.
   p. cm.
1. Man-woman relationships. 2. Love. 3. Couples. I. Title.
   HQ801.I2318 2008
646.7'8—dc22

                            2007029737

ISBN-13: 978-1-4165-3999-5
ISBN-10:   1-4165-3999-9

Dedicatoria

Celebro mi libro con el amor de mi vida, mi esposo Greg. Nuestra historia de amor, como muchas otras, es muy romántica. A pesar de vivir a 6.000 millas de distancia, nos enamoramos en el año 2000, y cuando nos confesamos nuestro amor, recuerdo que ambos dijimos: Yo te amo, ¿y ahora qué?

Hoy en día, después de muchos años, puedo afirmar orgullosamente que mantenemos vivo nuestro sentimiento y que éste va creciendo sin cesar, con felicidad, pasión, luz y armonía.

Gracias, mi amor.

Índice

Prefacio

❧

Mis lectores o los periodistas siempre me preguntan por qué escribo acerca del amante perfecto. La siguiente pregunta es la más repetida o frecuente que me hace la gente: Mabel, ¿realmente crees que el amor puede ser perfecto? Estoy convencida de que el amor es perfecto y que algunas relaciones pueden ser radiantes y cuando sentimos amor todas las diferencias en la pareja nos ayudan a crecer como seres humanos. Estas discrepancias se pueden trabajar en el vínculo como cuando se lima un diamante. En realidad, la mayoría de mis lectores no saben el verdadero motivo o la razón más profunda por la cual me dedico a escribir libros sobre relaciones y amor.

La persona que más influyó en mi forma de pensar, actuar, creer y sentir fue mi abuela, la madre de mamá. Se llamaba María y vivió una historia de amor, fidelidad y esperanza muy especial. Nunca conté esta historia en otros libros porque creí que no era importante contar la intención personal de mis escritos, pero mientras estaba escribiendo este libro, la historia de mi abuela y su presencia en mi corazón fue muy intensa. Sentía que me bendecía todo el tiempo y muchas veces soñaba con ella al escribir éste, uno de mis libros más amados, que tú estás leyendo ahora.

Mis abuelos nacieron en Ucrania, en aquel momento era parte del Reino de los Zares, la antigua Rusia. Mis abuelos, como muchos inmigrantes, creyeron en América y se fueron a vivir a Argentina.

Cuando mi abuela tenía alrededor de veintiún años decidió viajar para visitar a sus padres en su tierra natal con dos niños pequeños, «mis tíos». En aquel momento no existían aviones, ni computadoras, ni faxes, ni correos electrónicos... La gente viajaba en barco por el mundo. Mi abuelo, que trabajaba en Argentina y tenía una casa allí, decidió quedarse y esperar a su esposa. Pero en aquel momento ocurrió algo terrible cuando ella se encontraba en su país natal: se declaró la Primera Guerra Mundial. Su país sufrió una revolución que todo el mundo conoce. Mi abuela no pudo volver a Argentina por siete años y tampoco pudo comunicarse con mi abuelo porque en aquel tiempo las comunicaciones eran complicadísimas y además estaban prohibidas por el tipo de gobierno que existía en aquel país. Mi abuela me contó que durante la revolución rusa sufrió situaciones tremendas y momentos de terror absoluto. Luego de siete años de su partida, pudo volver a Argentina a salvo con sus dos hijos. Casi como en un cuento de hadas, mi abuelo la seguía esperando como el primer día, sin haber hecho una nueva vida o cambiado de esposa, a pesar de no saber nada sobre ella. En esos siete años, mi abuelo podía haber pensado que mi abuela y sus hijos habían fallecido o que ella se había casado con otro hombre u otras mil variantes. Podría haber elegido hacer una nueva vida... pero no lo hizo porque confiaba en su amor sobre todas las cosas. Cuando finalmente mi abuela se reencontró con su esposo, nacieron otros dos hijos, la menor fue la hermosa y magnética Florinda, mi madre.

Esta historia es maravillosa y contiene una infinita dosis de fidelidad y mucho amor: ninguno sabía nada del otro pero el amor los unía a pesar del tiempo, la distancia y la guerra.

Con este fascinante ejemplo en mi vida, sé que mi misión es ayudar a que el amor entre dos seres humanos trascienda todo límite, frontera, cultura, raza, religión y contratiempo; que siempre triunfe, que sea perfecto, como el amor de María y Adolfo, mis abuelos.

Gracias, amigo lector, por ser tan fiel y amoroso con esta autora que te ama y bendice.

Mabel Iam

Agradecimientos

Les doy las gracias

A mi maestro espiritual, Meishu Sama, que inspira con su luz eterna mis días.

A Johanna, mi amada y entrañable amiga, quien creyó en mi persona y en mi trabajo. A ella le agradezco infinitamente haberme ofrecido la posibilidad de ser la madrina de su hijo Alfonso, uno de los regalos más maravillosos y únicos que he recibido. Me siento honrada y feliz de ser parte de su vida.

A mis padres y abuelos, que desde la eternidad me guían con su amor.

A mi hermano Rafael, que me brinda con su generosidad y amor la oportunidad de disfrutar a mis sobrinos, que son la luz de mis ojos.

A mis amados sobrinos: Ezequiel, mi dulce, cariñoso y divino ahijado; Manuela, tan femenina, amiga y tierna; y Caterina, un sol brillante de alegría y creatividad.

A los hijos de mi esposo de quienes me siento la madre también: mi buen amigo Gregory, el buen mozo Cris y su bella esposa Kristy.

A Judith, quien con su elevada y amorosa conciencia de luz dirige Atria, la bendigo por haber creído en mi trabajo.

A Amy, gracias por su dulce servicio cuando me asiste en el trabajo.

A mis primos Adolfo y Diana, quienes son la memoria de mi familia materna e influenciaron mi infancia de una manera bella y artística.

A mi exquisita amiga Dinorah, quien me ayudó a dar luz a mis palabras.

A María, el ángel que me ayuda con amor en mi casa.

A Peter, un amigo fiel tanto de mi esposo como mío.

A mi amigo Ted, que siempre está presente cuando mi esposo y yo lo necesitamos.

A mis amigos Maumi y Ray.

A mis lectores, que son la inspiración, bendición, amor, principio y fin de mis letras.

Introducción

El amor está más allá de la razón. El amor no se mide con palabras. El amor no puede ser parcial, no puede tener propietarios. El amor no tiene definiciones ni conceptos.

Hemos perdido días, años y siglos buscando las llaves para abrir nuestras propias cerraduras, las puertas que cerramos a nuestra felicidad. Y no nos damos cuenta de que lo único que tenemos que hacer es abrir nuestro corazón al AMOR.

Un día nos conocemos, sentimos atracción mutua, nos besamos y nos amamos. Al poco tiempo, surge una relación más comprometida, «estamos enamorados» pero... ¿qué sucede después?

Al principio de una relación estamos enamorados, fascinados, y con frecuencia nos es difícil mantener la concentración en el trabajo o en cualquier ocupación, pensamos en él o ella todo el día. Aunque en cada persona el enamoramiento surge por causas diferentes y específicas, todos los seres humanos vibramos en cierta forma con los mismos sentimientos frente a esa persona, ese ser encantador que nos cautiva por una serie de cualidades que nos gustan y nos atraen: su manera de ser, de comportarse, de moverse, su belleza, su inteligencia, etc. Incluso a veces no encontramos una causa objetiva y concreta que justifique los sentimientos que experimentamos.

Cuando estamos enamorados, nos pasan cosas extraordinarias.

Deseamos estar la mayor cantidad de tiempo posible con la persona amada e incorporarla a nuestro mundo. Suponemos que esa persona tiene cualidades extraordinarias, que es la mejor del mundo, al menos en la mayoría de los aspectos.

Posiblemente, la persona que idealizamos no merece ser colocada ni en un extremo ni en el otro; no es ni un dechado de virtudes como tampoco una suma de defectos. Sin embargo, la frustración que llegamos a sentir al advertir nuestra engañosa percepción puede deprimirnos y conducirnos a las conclusiones más extravagantes e igualmente exageradas. Entonces, cuando esto sucede, se rompe el espejo donde proyectamos todas nuestras necesidades y en especial, nuestras dependencias.

Desde la primera cita, todos sentimos incertidumbre, miedo, excitación, compromiso, desencanto, sufrimiento, malestar, pasión, deseos de escaparnos, de quedarnos solos otra vez, amor, confusión... Todos estos sentimientos y emociones se mezclan y muchas veces nos preguntamos: «¿Y ahora qué?» «¿Para qué?» «¿Cómo sigue esta película?». Porque nuestra historia puede ser más interesante que cualquier novela de la televisión.

Entonces, la dulce historia de amor se convierte en un drama o en una novela de terror. A diferencia de la ficción, esta pesadilla no tiene fin. Muchas veces continúa hasta que la relación se desgasta por completo. Los integrantes de la misma terminan exhaustos y desilusionados. Ellos pueden tener sensaciones de frío, calor, taquicardia, sufrir temblores. Todo cuanto sucede en ese momento se vive con gran intensidad, pero también con gran inseguridad, llegando a sentir desde la alegría más absoluta hasta la tristeza más profunda por el miedo al abandono del ser amado. Todos somos diferentes y las circunstancias de nuestra vida también lo son, así que dependiendo del modo en que formemos nuestras relaciones, cada situación será única. Sin embargo, existen similitudes significativas en la manera en la que todos nosotros creamos o sentimos las relaciones. Cuando los problemas y los conflictos se repiten y se multiplican, entonces no sabemos cómo detener este proceso. Y es en ese momento cuando decidimos terminar con la relación para no sufrir y para no sentir dolor. La pareja o los amantes se preguntan: Yo amo, pero ahora, ¿qué hago?

Esa pregunta es como un puñal en el corazón.

Quizás por temor a estar solos comenzamos otra relación. Pero luego de un tiempo volvemos a repetir los mismos errores con la otra persona y aunque nos mudemos de país, cambiemos de planeta, de sexo o de religión, seguimos sin tener las respuestas a las siguientes preguntas:

- ¿Cómo crear una relación tan profunda que no se erosione con los obstáculos?
- ¿Cómo generar una relación sincera, limpia, clara y real?
- ¿Por qué asociamos amor con drama?
- ¿Cómo permitir que el vínculo crezca más allá de los vaivenes de la vida?
- ¿Estamos los seres humanos programados para el conflicto?
- ¿Por qué tenemos sentimientos que pueden acabar siendo tan destructivos y ser la causa de tantos problemas?
- ¿Sabemos relacionarnos con el amor?

¿Qué es lo que realmente ocurre con las relaciones?

Las relaciones han sido complejas a lo largo y ancho de la historia. Las cargas de creencias, de códigos y de historias individuales han llevado a generar conflictos y contratiempos. ¿Existe una suerte de programación fatal en contra del amor?

Todo el mundo quiere sentir amor. Toda clase de amor. El amor físico y el amor sentimental, o incluso simplemente la ternura desinteresada de alguien que elige a otra persona para experimentar una relación en el presente o en el futuro cercano, o quizás para el resto de la vida.

A pesar del desarrollo y progreso en el campo de la psicología y de las técnicas científicas más sofisticadas para investigar la mente y el cuerpo desde todo punto de vista y de que hoy en día los medios periodísticos difunden constantemente la necesidad de una mejor calidad de vida que nos permite poseer más información sobre cómo mejorar las relaciones, se sigue estudiando cuáles son las verdaderas causas que provocan el deterioro de las mismas. En realidad, lo primero que tenemos que conocer es la relación del ser humano consigo mismo.

Cuando llegan a través de mi sitio de internet miles de consultas de diferentes países, lenguas y culturas, parece que todas provinieran de la misma fuente, de la misma persona. Los temas se repiten una y otra vez: el desamor, los celos, el abandono, la angustia y la ansiedad por la búsqueda o la necesidad del otro. El dolor, la pena y la decepción intoxican el metabolismo del amor, y como en el caso del cuerpo, estas emociones tóxicas se acumulan en el alma.

Este libro no tiene todas las respuestas a los conflictos humanos. Aquí se plantea el problema y se ofrecen algunas soluciones. Cuanto más claro tengamos las causas o los motivos de un conflicto, más fácil será resolverlo. Entre tú, mi amigo lector, y yo, trataremos de comprender y modificar los mecanismos que originan el conflicto y reflexionar al respecto.

¿Y ahora qué?

Cada resultado en nuestra vida es concebido por alguna causa de la que consciente o inconscientemente somos responsables. En las relaciones con los demás es muy fácil proyectar, es decir, poner en el otro nuestras propias limitaciones, frustraciones, deseos o fantasías. Estos mecanismos generan tarde o temprano conflictos con los demás, especialmente porque nos cuesta mucho aceptar nuestra responsabilidad en la elección de nuestros modelos de relaciones.

Los tres pasos de oro de este libro

Los tres pasos principales para formar una relación de pareja con éxito y armonía son:

- Entender por qué deseas una pareja, para qué la necesitas y cómo puedes conseguirla.
- Saber lo que quieres alcanzar a la hora de formar una pareja.
- Cuando hayas hecho tu elección y tengas claridad en tu mente y en tu corazón, puedes elegir a la persona indicada buscando el mejor momento, cuando te sientas abierto de verdad.

El objetivo más importante de este libro es ayudarte a conocer tu realidad y mejorar tus relaciones para que cada día puedas amar mejor, puedas tener pensamientos más claros para saber lo que deseas realmente alcanzar, de manera que con tus acciones el universo brille cada minuto un poco más.

El libro se divide en dos partes

Primera parte: Te amo para siempre... ¿y ahora qué? Qué hago con este amor, por qué lo(a) amo, por qué no me ama, por qué me atrae, por qué me rechaza y todas esas miles de preguntas que invaden nuestra mente. Luego del encuentro, muchas veces parece desencadenarse el desencuentro, la incomunicación sexual, afectiva, y estas circunstancias repercuten en cada uno de nosotros y en la pareja.

Segunda parte: Sexualidad: ¿y ahora qué? Se trata de conocer cómo aliviar y comprender los problemas que están relacionados con la sexualidad a través de técnicas, explorando nuestro cuerpo y nuestras emociones. Las historias y los relatos de otras personas nos sirven de testimonio para identificarnos o ver realmente por qué suceden los distintos conflictos entre seres que se aman.

El amor es el fundamento sobre el que se crea todo nuestro mundo. Todas nuestras interacciones surgen del mismo principio: el amor. Sin amor sería imposible vivir. Recuerda mientras leas estas páginas que esta autora siempre está de tu lado, para escucharte y comprenderte. Estoy abriendo mi alma a ti mientras te escribo. Recuerda que mientras amas, aunque te preguntes «¿y ahora qué hago?», el corazón no tiene aristas ni costados, está siempre abierto.

Mabel Iam

Primera Parte

TE AMO PARA SIEMPRE...
¿Y AHORA QUÉ?

Fascinar con miradas, suspirar por besos deseados.

Romper con fuego hielos en los corazones.

Acariciar un sueño de encuentros.

Brindar con burbujeantes deseos.

Tolerar el aire hasta respirar de excitación.

La vida es una constante atracción e invitación al amor.

¿Deseas entrar o quedarte afuera de la fiesta?

CAPÍTULO 1

Yo te amo a ti, y a mí

¿Tengo una idea clara de la clase de relación que necesito?

¿Estoy preparado para el amor del alma?

¿He soñado con la posibilidad de encontrar una relación armoniosa y perfecta?

¿Me animo a vivir esta aventura?

¿Conozco mis cualidades, lo que puedo dar de mi ser y aquello que necesito recibir del otro para que la relación funcione?

A medida que me pregunto, puedo conocer las verdaderas respuestas que fluirán con transparencia de mi corazón.

¿Por qué nos enamoramos y de quién?

Ninguna otra actividad vital humana se inicia con tan fuertes esperanzas y expectativas como una relación de pareja, aunque uno haya fracasado o encontrado obstáculos tanto en el pasado como en relaciones de otro tipo. Al comenzar una nueva relación, el entusiasmo de la apuesta al amor siempre se renueva. Y a diferencia de casi todas las actividades de la vida, enamorarnos no es algo que podamos planear con anticipación. Simplemente sucede.

También ocurre, a veces sin darnos cuenta, que nos encontramos inmersos o involucrados en una relación y nos preguntamos cómo llegamos hasta aquí. Además, sucede que a uno se le escapa de la boca o del corazón las palabras «Te amo» y luego en nuestra mente acecha una pregunta: ¿Y ahora qué?.

Siempre y cuando nos animemos a admitirlo, de alguna manera todos los seres humanos pasamos por esa instancia en algún momento de nuestras vidas. Se trata de este maravilloso aspecto del amor y las relaciones que no se pueden controlar como las actividades que desarrollamos normalmente. Y así sobrevienen todas las preguntas después de que uno dice «Te amo».

El amor es el camino para vivir con plenitud y perfección. Este es el primer paso para comprender y significa tomar conciencia de que tenemos que permitirnos aprender. Una relación es siempre una experiencia renovada, incluso con nosotros mismos. Es necesario profundizar y saber que todos los días tenemos que establecer una relación y empezar de nuevo; a veces, lo mejor es comenzar de cero. La relación de pareja es un intercambio continuo de sentimientos, ideas, opiniones, voluntades, creencias, acciones, reacciones, vibraciones, pensamientos y objetivos entre dos personas. La base de la felicidad está en que ese intercambio sea equilibrado y positivo. A través de él se puede redescubrir y compartir el amor al experimentar confianza, comprensión, gentileza, unidad, aceptación, etc.

¿Una escuela para el amor?

Desde siempre he afirmado que nadie nos ha educado para amar. Las religiones de todos los tiempos, sin lugar a dudas, han tenido de alguna manera ese objetivo. Sin embargo, los conflictos, los divorcios y los problemas se siguen reproduciendo cada día más. No existe una doctrina para el amor, solamente existen expertos que siguen de cerca los procesos de las relaciones, del amor y del sexo.

Cuando se plantea el tema del amor como un modelo de aprendizaje, las preguntas y las dudas que surgen en nuestra mente son infinitas. ¿Se puede aprender a amar? ¿Podemos amar a más de una persona? ¿Cuántas parejas debemos experimentar y conocer antes de decidir cuál será la definitiva? ¿Podemos amar a una persona para toda la vida? ¿Existen las mismas ideas en el amor o todo depende de la cultura a la cual pertenecemos? ¿Sólo aquellas cosas que se consideran dignas de ser aprendidas pueden proporcionarnos dinero o prestigio? ¿Cuántas veces hemos confundido la pasión con el amor? Podría seguir haciendo preguntas. Este libro podría ser un diccionario de preguntas. Comencemos a pensar cada uno en nuestro rol de cómo podemos comenzar a crear una escuela para el amor que unifique a todos los seres de cualquier parte del planeta.

Entre tantas respuestas que he encontrado, creo que el amor es el arte más bello y simple que refleja la belleza de la vida. El amor, como todo arte, también se aprende. De hecho, es un acto de madurez desear aprender a concretar eficaz y conscientemente una relación. Este proceso realizado por los dos miembros de la pareja es maravilloso y muy gratificante para la evolución de la misma, tanto de forma material como emocional, mental y espiritual. Si deseamos aprender a amar, debemos realizar los mismos pasos, como lo haríamos con cualquier otro arte, como la música, la pintura, la danza, etc.

El amor beneficia todos los niveles de la vida, nutre y sostiene cada acto y situación que atravesamos en nuestra existencia. Por ello, es el tema central de la vida y es allí donde tenemos que enfocar todas nuestras energías. Sí, queremos o no admitirlo, siempre nos vamos a enamorar en alguna etapa de la vida. Además, siempre necesitamos aprender algo de este maravilloso arte que es el amor porque para cualquier otra actividad hay escuelas y para ésta, la más interesante, no las hay.

Todas las relaciones que establecemos en la vida tienen el objetivo de aportarnos crecimiento, aunque sean dolorosas o placenteras. No todas las relaciones funcionan, pero todas existen y pasan por nuestras vidas por algún motivo especial. Cada vez que necesitamos aprender algo, atraemos a las personas que nos van a dar esas respuestas. Solamente la experiencia de ese amor o relación en particular puede darnos la verdadera respuesta.

Las relaciones con los demás son el espejo perfecto de cómo funciona nuestra propia energía interior, ya sea en forma de pensamientos o emociones. Por eso tenemos que tener en cuenta lo siguiente: «Lo que yo amo del otro, soy yo mismo. Lo que yo rechazo del otro, soy yo mismo».

Cuando conocemos cualquier cualidad o defecto de nosotros mismos, debemos poder aceptar esa característica, modificarla y seguir creciendo. También podemos seguir ese mismo camino con las relaciones. Debemos profundizar el amor y la confianza en nosotros mismos y en el ser que amamos.

Lo que nos une a otra persona se basa en pensamientos, juicios, creencias y emociones. Si vivimos una experiencia negativa con esa persona y no la perdonamos, tampoco lo hacemos con nosotros mismos. Nos relacionamos negativamente con ella y quedamos ligados negativamente a nuestras emociones y pensamientos. Luego repetimos de algún modo con otra persona la misma experiencia.

Si recordamos el ejemplo del espejo, cambiamos nuestra visión del mundo y de nuestras relaciones y aprendemos a encontrar, aplicando la ley de la atracción, a aquella persona que corresponde a nuestro pensamiento y nuestro sentimiento. Nos hacemos responsables de las relaciones y por lo tanto somos dueños del destino de las mismas.

Descubrimos que cuando tenemos claro lo que queremos para nosotros, podemos relacionarnos de forma única, estable, armoniosa y maravillosa con los otros. Pero todo depende de nuestra realidad interior, que está compuesta de nuestras emociones, deseos y pensamientos. El pensamiento es creativo: crea todo a nuestro alrededor, especialmente todo aquello que enfoca y comprende. Lo hace a veces de forma consciente y, en la mayoría de los casos, inconscientemente. Si queremos cambiar nuestro mundo y nuestras relaciones, sólo tenemos que empezar por nuestros pensamientos.

EL ESPEJO INTERIOR

Para hacer correctamente este ejercicio de visualización mental, busca un lugar tranquilo, relaja tu cuerpo y trata de aquietar tu pensamiento.

Proyecta en tu mente la imagen de una pantalla blanca y allí trata de ver un gran espejo. En el mismo, refleja la imagen de tu pareja o persona en la que estás interesada. Cuando veas con claridad esa imagen mental, proyectarás en el espejo todo lo que te gusta del otro y lo que te crea conflictos.

En ese espejo interior tienes que ver algún comportamiento de tu pareja que te ha molestado. Párate un momento a pensar qué es exactamente lo que te ha molestado. Cuando tengas las ideas claras, explícaselo a tu pareja, como si el espejo fuese una escena de la vida real. Observarás que una vez que lo aclaras y lo explicas, ese mismo hecho o defecto que tanto te molesta del otro es un aspecto que también rechazas de tu personalidad.

Cuanto más realices este ejercicio, más te darás cuenta de que el amor es como este mismo espejo. Según como veamos las cosas, crearemos un universo a nuestro alrededor que será, sin lugar a dudas, el resultado de la visión de nuestra conciencia del amor.

Antes de iniciar cualquier relación, lo más importante que hay que tener en cuenta es que el amor a nosotros mismos o la autoestima es el primer amor. Este ejercicio nos va ayudar a encontrarnos con nosotros mismos y a librarnos de los falsos espejos.

Es una forma maravillosa de comprender hasta qué punto estamos apegados a la imagen que el otro tiene de nosotros y qué importante es amarnos sin condiciones. Esta visualización te conectará con la falsa imagen que tienes de ti mismo y podrás aprender a valorarte y conocerte más.

Visualiza una gran galería llena de pasillos; camina hasta que llegues a un cuarto totalmente rodeado de espejos. Tómate tu tiempo para observar cómo te sientes; cuando puedas, detente

delante del espejo que más te identifique; todos tienen formas diferentes. Presta atención al que tú eliges porque todos esos espejos
son parte de los aspectos que no puedes ver de ti mismo, y aquél
que eliges es el aspecto más consciente. Integra todas las formas y
forma un solo espejo. Siéntate delante de él y observa detenida-
mente tu rostro. Enfoca tu atención en los ojos, en el brillo maravilloso y vivo de tus ojos, y comprenderás ahora cómo te ven los
demás y la imagen que tú percibes de ti mismo.

Mira qué bellos ojos tienes; descubre que se trata del reflejo de
tu propia alma que siempre emana radiante en tu interior. Observa la necesidad que tienes de amarte, y cuando vibres con ese amor
y ese esplendor, tomarás conciencia de lo importante que es tu propia valorización. Posiblemente, ya no necesites más la mirada de
aprobación de los demás. Así es como se materializa el amor a ti
mismo. Cuando sentimos afecto, respeto y aceptación consciente
de nosotros mismos, lo transmitimos al mundo exterior. Si sentimos amor hacia nosotros mismos, esto se reflejará en el cuerpo con
el que nos presentamos ante los demás; el mundo percibirá esa
energía amorosa. Aprender a pensar positivamente sobre tu propio
ser está relacionado directamente con conocerte a ti mismo, iden-
tificando tus cualidades y defectos, como los hábitos no efectivos
de tu conducta, y aceptarlos para amarte y trasformar todo lo que
deseas de tu propio interior.

La persona que siente afecto por sí misma está realmente preparada para comenzar una relación. Maneja sus emociones y
aspectos internos con inteligencia y logra controlar las emociones
ante el otro. Por ejemplo:

• Mantiene una actitud tranquila ante los estímulos externos
• Busca apoyo en su pareja y permite que el otro confíe en ella,
  sin crear dependencia
• Se compromete con aquello que dice y hace
• Enfrenta las rupturas y separaciones con madurez
• Controla el lenguaje, ya que el control de las palabras ayuda a
  disciplinar las emociones

- Aprende a leer los mensajes subliminales de las personas que quieran influenciar en el estado emocional
- Aclara sus pensamientos y emociones con la persona que se relaciona sin miedo a perderla
- Evalúa qué emociones provoca en los demás
- Conoce la diferencia entre lo que siente y lo que su mente discrimina o analiza
- Percibe sus sentimientos y puede diferenciarlos de los sentimientos de los demás
- Se enamora de la persona que le corresponda a sus sentimientos
- Practica el sexo en forma natural y atractiva
- Atrae a individuos con aspiraciones parecidas, con probabilidades de tener los mínimos conflictos
- Tiene la capacidad de escuchar las críticas sin tomárselas personalmente. Por lo general manejan mejor esas situaciones porque los mensajes negativos tienen menos poder sobre ellos, no hacen eco dentro de su mente

Estos elementos mantienen centrados a los individuos, mientras observan los cambios que ocurren a su alrededor, sin necesidad de identificarse con ellos. La atracción es como un espejo imantado y su ley indica que atraemos lo que pensamos y lo que somos. Esto suena increíblemente sencillo y lo es. Además de aprender a amarnos a nosotros mismos, tenemos que comprender que la relación con nuestra pareja tiene sus etapas, maneras, contratos, poderes, etc. Cuando estos aspectos se conocen y respetan, la relación mejora extraordinariamente, se produce el máximo goce y deleite y se genera una felicidad maravillosa. Cuando comprendemos esto, podemos atraer a nuestra vida en común, de forma consciente, la felicidad a nuestras relaciones.

Existen tantos tipos de amor como relaciones amorosas. Cada ser humano puede amar a decenas de personas pero de formas diferentes, y a cada una de esas relaciones se les puede dar el nombre de amor. En este libro se plantea un modelo de relación, sus características y cómo optimizarla luego de decir «Te amo».

CAPÍTULO 2

Te amo, estoy muy enamorado

El amor es un misterio inexplorado, nuevo, extraño, nunca sabemos de dónde viene y a qué refugio recóndito vuelve cuando se va.

Romance y enamoramiento

En cualquier momento, independientemente de nuestra edad y situación emocional, enamorarse entra dentro del gran milagro de posibilidades que la vida nos brinda. El enamoramiento es un proceso difícil de explicar, es más fácil sentirlo que explicarlo con palabras o a través de la psicología de la mente. El amor tiene sus huellas digitales impresas en el alma de cada persona. Existen todo tipo de teorías sobre el tema; algunas definen el enamoramiento como un estado alterado de la conciencia, es decir, un estado donde la conciencia, las actitudes y las emociones quedan fuera de control. Es una magia que lleva a la persona enamorada a tener una serie de cambios significativos en la percepción de las cosas. Los científicos que estudian la dinámica del cerebro y sus cambios se encuentran intrigados por los cambios que se producen a nivel cerebral cuando uno se enamora. Cuando una persona se siente atraída o en estado de éxtasis por otra, el cerebro produce una cantidad elevada de endorfinas encefálicas, que son sustancias producidas por unas neuronas especializadas que se encuentran en la parte central del cerebro llamada hipotálamo, en donde se llevan a cabo una serie de conexiones neuronales encargadas de las emociones, la memoria, el aprendizaje, el sueño, la vigilia y el hambre, entre otras cosas. La estimulación cerebral de estas endorfinas durante el proceso de pasión o enamoramiento puede provocar que la persona se sienta sin hambre, vea todo «color de rosa», se encuentre como flotando en el aire, demasiado excitada o feliz.

Estos cambios físicos se producen debido a las sustancias que se elevan a nivel cerebral como consecuencia del enamoramiento, pero ¿por qué nos enamoramos de una persona y no de otra? ¿Qué tiene esa persona en especial que nos provoca esta química interna? Los científicos todavía no han llegado a conclusiones acertadas o concretas que puedan afirmar que existe una compatibilidad cerebral real entre las personas o entre las sustancias que este órgano produce.

Para responder estas preguntas, existe una gran cantidad de teorías. Algunas de ellas sostienen que en nuestro inconsciente tenemos la imagen de nuestros progenitores, y buscamos en algunas personas del sexo opuesto rasgos que se parezcan a los de nuestros progenitores porque ese ideal de hombre o mujer es con el que crecimos y aprendimos.

Psicológicamente, cuando nos enamoramos lo hacemos o bien de una persona que posee el rasgo de personalidad que anhelamos tener o de una persona que tiene un rasgo que no reconocemos en nosotros mismos. Es muy posible, y se da en muchos casos, que al principio del romance esas características opuestas de nuestro amado puedan atraernos, pero luego pueden estas mismas ser las causas de nuestro rechazo. En el juego de los espejos es muy común, especialmente entre gente muy joven, que nos enamoremos de una persona que tiene un rasgo que nos identifique porque así nos sentimos más cómodos y confortables.

¿Qué emociones produce comenzar un romance?

Cuando comenzamos un romance con una persona y estamos enamorados, todo el tiempo estamos en un estado emocional de alegría y felicidad. Una persona cuando está enamorada se reconoce fácilmente por su lenguaje corporal, su forma de mirar al otro, de expresarse, de sonreír sin un motivo aparente y hasta por el brillo especial en la mirada...

Enamorarse produce placer, nos volvemos más receptivos con nuestros sentidos: somos capaces de detectar cambios sutiles de voz, de la mirada, del gesto; nos permitimos también sentir más las emociones y todo nuestro organismo se revitaliza.

También aumenta nuestra autoestima: nos sentimos más seguros e importantes, queridos; incluso aquellos aspectos que antes no nos gustaban de nosotros mismos ya no son tan importantes. Es como un acto de magia: el espejo en el que nos miramos todos los días y encontramos nuestros defectos, ahora se ha convertido en un espejo mágico, como el de un cuento de hadas, en el que todo se ve bien y perfecto. El enamoramiento no es algo voluntario, ni se puede crear ni hacer desaparecer. Existe o no existe.

La libertad de elegir

Cuando te propones amar con libertad, sientes que puedes escucharte a ti mismo, que has quebrado el manejo interno del miedo. Percibirás que puedes sentir con libertad tus emociones, que comprendes a los demás de otra forma.

El caso de Ángel es claro como ejemplo del miedo a iniciar una relación y perder la libertad. Este tipo de temor es muy común en muchas personas porque confunden entregarse a una relación con perder su individualidad. Ángel confiesa: *Tuve miedo y ahora sé que es amor.* Le confesé a mi amiga de la universidad que estaba enamorado de ella a través de un e-mail que reproduzco aquí:

Quiero quedarme a tu lado y darte todo lo que necesitas para ser feliz; así yo soy feliz... Quiero darte la libertad que sólo puede dar el amor, la libertad para poder elegir a quién unirse.

Quiero darte la mano mientras esperamos que el semáforo se ponga en verde, pero no para cruzar, sino para ver cómo se detiene todo y saber que así se detiene el mundo para que cada beso que nos demos sea eterno... Quiero percibir ese aroma a libertad que sólo puedo respirar cuando te tengo a mi lado porque lo que respiro y me mantiene vivo es el amor. Ahora, la libertad de elegir si ese amor está de este lado del espejo, de este lado de la ventana o del mundo está en ti.

Te espero,
«Tu Ángel»

Es muy bello este ejemplo y por ello lo cito. Ángel comprendió la necesidad del verdadero amor y su compañera también aceptó la aventura de unirse a él. Es perfecto el amor cuando se inicia como un juego de libertades y respeto. Es perfecto un romance cuando se entiende desde el principio que cada día es una elección, un descubrimiento, una nueva sensación. Cuando comienza como un reconocimiento sincero y cuidadoso de lo que somos, de lo que deseamos, de nuestra historia y de nuestros proyectos, un romance es el espacio apto para saber qué papeles podemos jugar al relacionarnos y saber dentro de qué límites y según qué principios podemos jugarlos.

Impulso de enamorarse; ¿a pesar de quién?

Es interesante el caso que citamos anteriormente: unirse en pareja por atracción emocional, física y espiritual.

Lamentablemente, no todas las personas buscan una pareja por amor. Muchas veces es para cubrir sus propias carencias o porque desean tener una pareja porque se sienten solos. Este hecho luego puede terminar en una gran frustración y confundirse con un amor no correspondido. Lo interesante es que cuando concretan una relación, aparecen unos impulsos, que describiremos en esta sección, que no pueden controlar al no ser conscientes de los mismos. En general, estos deseos son los que provocan los problemas en el vínculo; la pareja no es el problema, ni la elección de la misma. El conflicto reside en ellos mismos.

El ser humano siempre piensa que el problema está afuera de él, por eso desea cambiar a la humanidad, pero casi nadie piensa en cambiarse a sí mismo. Sin embargo, aun quienes ya aceptan que un cambio tiene que empezar a nivel personal, lo buscan fuera de sí mismos. No buscan en el único lugar donde está el principio de la realidad del amor y de la vida: en su propio corazón, en su alma o en las profundidades de su interior.

Aquí ilustro algunos de estos impulsos o conflictos más comunes que las personas eligen para enmascarar el miedo a las relaciones, el miedo a comenzar un romance o simplemente el miedo a amar. En alguna medida, todos sufrimos en algún momento en nuestras relaciones estos modelos de impulsos conscientes o inconcientes. Por ello es importante leer con atención y ver cómo podemos modificar los mismos. Observa cuáles de estos impulsos se identifican contigo o con tu pareja.

Conflicto o impulso de perfección y virtud

La persona se pierde en el perfeccionismo obsesivo, en el detalle. Todos sus pensamientos son intensos y autocríticos. Toda la atención está fijada principalmente en lo que no concuerda con su idea de virtud y perfección para poder criticarlo y corregirlo.

El pensamiento base es: «Tenemos que arreglar esto, no funciona, no es perfecto, está mal». Estas personas tienen una sensación de carencia interna y muchas veces se sienten fuera de control. Lo importante es aprender a relajarse y a vivir el presente como un hecho natural. No volcar la insatisfacción personal en el otro.

Impulso de ser amado

Todos tenemos el deseo de ser amados, pero cuando esto se convierte en una obsesión, este impulso está manejado por el miedo a perder a la persona que se ama. Por lo tanto, este miedo se convierte en manipulación emocional. Es el típico caso de las personas que aman demasiado pero controlan todo lo que el otro realiza. Se entregan con intensidad pero a cambio exigen ser amados de forma incondicional. Están atentos al sujeto que aman y le brindan satisfacción para poder sentirse indispensables para los demás y sus superiores.

El pensamiento base es: «*Tienen que amarme, yo doy todo por ellos*».

En este tipo de impulso es importante encontrar una solución por el camino de la autoestima, de la valoración personal, separada del vínculo como individuo único. La persona debe concentrarse en sus tareas, en sus aficiones y necesidades y en sí mismo.

Impulso de seguridad

Todos tenemos ansias de seguridad en nuestras relaciones, pero cuando la seguridad se convierte en el centro de la atención de la persona, lo que resulta de ese vínculo es una rutina constante y muchas veces la pérdida de confianza en la pareja. Las personas que sufren de este impulso ponen toda su energía en falsos conceptos de seguridad, como por ejemplo, en horarios estrictos de trabajo, de llamadas, de encuentros, etc. Temen descubrir en la pareja posibles indicios de engaños o traiciones y quieren estar preparados. Desean proteger a su pareja del mundo, como si todo el mundo fuese una amenaza. Por lo tanto, su comportamiento se vuelve combativo, desafiante. Muchos de los conflictos milenarios de la pareja están anclados en este impulso de seguridad externa y protección. Miles de los conflictos diarios de las parejas están fijados o bloqueados en este impulso, el buscar seguridad, la necesidad de defenderse de la inestabilidad. También es común que estas personas mantengan la pareja por años, aunque sólo traiga desdicha.

El pensamiento base es: «*Lo que poseo me da seguridad y estoy a salvo, debo protegerlo como sea*».

La forma de resolver este modelo de impulso tan infantil y dependiente es la comunicación permanente con la pareja. Una comunicación abierta sin inhibiciones y libre de miedo. También otro punto importante es trabajar con el niño interior. Este tema está desarrollado a lo largo de este libro. Es muy importante conocer nuestras inclinaciones o deseos infantiles no satisfechos porque todavía, a pesar de ser adultos, siguen funcionando y pueden boicotear las relaciones...

El romance y el amor, cuando se basan en este tipo de impulsos negativos, no pueden perdurar, como la salud del cuerpo no puede crear vitalidad dentro de un campo tóxico. La única manera de salir de este circuito es conocer nuestros impulsos y saber que la mente nos atrapa en sus miles de laberintos, como se plantea en los diferentes ejercicios que sugerimos a lo largo de este libro.

Y luego, si el amor aparece de verdad, ¿qué hacemos?

Durante gran parte de nuestra vida buscamos y esperamos ser encontrados por ese ser «especial», pero ¿qué pasa cuando llega?

A los 30 años, a Samy el amor le llegó de sorpresa... Tenía un amigo muy especial desde la infancia al que siempre veía como el hombre perfecto, pero no se animaba a pensar en él como su pareja. Pero un día especial él le declaró su amor:

Esa frase fue inolvidable, y además de hacerme un nudo en la garganta, me dio una gran esperanza; pero luego no sé, qué sé yo... estoy confundida. Él me dijo: «Te amo», y sentí una presión en el pecho, la sonrisa inmensa en el rostro y los ojos vidriosos de emoción... Lo que pasó despues fue emocionante, mi cara se tornó como la de una adolescente enamorada y me sentía avergonzada porque no me identifico mucho con la típica enamorada. Con el tiempo, cada vez que me decía «te amo», solía estremecerme hasta la última fibra de mi ser y esto se fue transformando en algo cotidiano.

Obviamente la expresión «te amo» va precedida por una cantidad de expresiones que irán variando en intensidad, a medida que el disfrute y la necesidad vayan aumentando, pero, hasta el día de hoy, la máxima expresión a la que podemos optar, verbalmente digo, es que nos hagamos merecedores de esas dos palabras tan pequeñas, pero tan grandes en significado.

En el caso de Samy, enamorarse fue una emoción sorpresiva y al mismo tiempo un desafío a sus confusiones y miedos de entregarse. Muchas veces enamorase es fácil, pero de alguna manera todos tenemos que sobrevivir con el obstáculo de dejar de estar centrado en uno mismo, y eso a veces causa cierto miedo o dolor. Por ello, todo el mundo se queja del amor y al mismo tiempo lo desea. Cuando la persona acepta que amar es arriesgar su propio ego, se siente herida. Ahora el ego tiene que compartir cosas, sentimientos, ideas, opiniones, espacios, dinero, tiempo, etc. El ego es como un pequeño niño que no quiere abrirse al hermano, al amigo o al compañero, porque desea a todos para él.

He aquí algunas sugerencias y consejos para estar alerta a nuestros bloqueos y poder seguir adelante con un romance o mantener la chispa del enamoramiento:

- La pareja debe experimentar la relación con sus nuevos códigos, como cuando uno se muda hacia un nuevo lugar y debe aprender otro idioma. Pero en este caso los dos deben «mudarse» al lugar del otro. No esperar que uno sólo lo haga.
- Las diferencias entre los amantes pueden convertirse en una experiencia de conocimiento personal y crecimiento mutuo. Es importante aceptarlas y respetarlas.
- No tratar de ocultar las partes que no nos gustan de nosotros porque al final nuestra pareja también terminará odiándolas.
- Tratar de expresar nuestras necesidades; no esperes que el otro sea tu adivino; es tu pareja, pero eso no significa que tenga poderes para leer tu mente.
- No tratar de cambiar al otro a semejanza de uno mismo; eso termina arruinando a la pareja y es un gasto de energía. Es importante ocuparse de las cosas que cada uno tiene que mejorar por sí mismo para que la relación crezca.
- Tolerar los problemas de la pareja porque esto implica que uno

acepta al otro tal como es, pero no ser tolerante con las cosas que te hagan traicionar tus propios principios. Aclarar esta diferencia es muy importante en la comunicación con la pareja.

- Creer en el otro, confiar en el otro, si uno no lo hace es porque no confía en la pareja que eligió ni en sus propios sentimientos hacia uno mismo.
- El amor es un proceso que lleva tiempo, el enamoramiento o la atracción se dan en forma espontánea; pero el verdadero amor hay que cultivarlo...
- Siempre existen cambios y situaciones en los individuos; uno se enamora de alguien, y así como nosotros cambiamos, nuestra pareja también. No podemos esperar que la persona que amamos sea siempre como fue o como es ahora.
- Aceptar que después de un momento de alta intensidad amorosa al principio de la relación, pueda surgir un periodo de menor intensidad o pasión.
- La «búsqueda del amor» es una gran trampa. No se puede buscar el amor. El que busca debe hacerse cargo de lo que encontró. Lo que no se puede anticipar es quién va a ser y cuáles van a ser las consecuencias.
- Cuando estás en pareja, piensa que puedes entregar todo lo hermoso que tienes pero que no puedes hacerte responsable de la felicidad del otro.
- Encontrar una pareja no es el punto final de una búsqueda amorosa, es el inicio, la consolidación y el punto de partida de una relación de amor.
- Cuando existan desacuerdos, no trates de convencer al otro de tu punto de vista porque no se trata de que uno esté equivocado y que el otro tenga razón sino que piensan diferente y tienen objetivos distintos. Respetar esos puntos es el principio de una perfecta comunicación.
- Todos los días piensa libremente si volverías a elegir a tu pareja. Sin miedo hazte esta pregunta; es muy sana para ti y para la otra persona. El aburrimiento o la insatisfacción sobrevienen cuando uno es incapaz de hacerse preguntas a sí mismo.

- El amor es un alimento, un hermoso trabajo, es una acción y una recepción; el amor es una bella labor permanente de siembra y cosecha.

Comenzar un romance está muy relacionado con la estructura afectiva de las personas que se ha ido tejiendo en función del tipo de afectos experimentados hacia personas de gran significación emocional, preferentemente del medio familiar. En cada enamoramiento están presentes, si bien de forma oculta, los modelos y las expectativas que arrastramos desde nuestras experiencias afectivas más tempranas. Muchas relaciones fracasan porque se repiten inconscientemente modelos de relación que no funcionaron o porque se esperaba que la persona amada llenara vacíos heredados de una experiencia insatisfactoria de otras relaciones familiares o amorosas. Cuántas veces hemos oído lo de «si lo sé, no me caso». Pero, ¿qué es lo que había que saber? Un tanto toscamente expresado: que la otra persona no es el príncipe azul ni la mujer-madre perfecta que nos imaginamos cuando surgió el amor. Aunque haya excepciones, casi nadie responde del todo a las expectativas que suscitó en el otro mientras duró la fase de enamoramiento. En la fase o etapa del romance disculpamos todas las cosas porque estamos viviendo como en una burbuja de color rosa. Conviene reflexionar un poco. Quizá lo adecuado sea habilitar una convivencia o relación comprometida en la que se puedan comprobar las expectativas que hemos depositado en el otro. Después podremos tomar decisiones, siempre dejando la puerta abierta a cambios e imprevistos porque los sentimientos y la vida amorosa no se pueden planear; a veces aparecen las sorpresas, que son muchas veces bendiciones que nos abren los ojos a la realidad. Antes de adquirir un compromiso formal, como un matrimonio, es importante ensayar una relación que nos permita conocer a fondo a nuestro amante, delimitar su manera de pensar, de comportarse en la cotidianidad, su modo de percibirnos como personas, lo que espera de nosotros y lo que podemos darle para hacerle feliz y consolidar nuestra relación de pareja.

CAPÍTULO 3

Te amo y quiero que estés seguro de mi amor

Quiero embriagarme de tu mirada y beber eternamente tus besos.

Mi alma percibe un dulce encantamiento cuando te abrazo, es un vuelo sin alas, más allá del tiempo y del espacio. Viajo a un lugar tan particular y seguro, que mi mente descansa y se retira. En esa zona sin límites, siento tu piel más cerca y mi corazón vibra con una melodía deliciosa que no proviene del cielo ni de la tierra.

Estoy tan enamorada de ti, que te he declarado mi amor sin palabras y entre silencios.

¿Cómo saber si es amor?

¿Cuántas parejas hay en la etapa del romance que se hacen todo tipo de promesas? Son compromisos que se hacen desde el fondo del corazón porque en ese momento no existe otra persona además de ella o él. Algunos son deseos intensos llenos de pasión, otros más pensados. Salen de la boca de los recién enamorados, algunos inocentes, pero siempre vehementes. Es en ese momento que comienza un diálogo típico, que todos, de alguna manera, en algún momento, hemos experimentado.

—¿Me amas?—le pregunta ella.

—Sí —le contesta él.

—Pero de verdad —insiste ella.

—Sí, mi amor —muy en serio.

—¿Y hasta cuándo me amarás? (La típica pregunta).

—Por siempre. (La típica respuesta).

—¿Cómo sabes que me amas de verdad? —dice ella insegura.

—Eso no se sabe, se siente —afirma seguro él.

—¿Y cómo sabes que lo que sientes es amor?

—Porque para empezar, te extraño.

—Se puede extrañar a los amigos, al gato, a un compañero de trabajo, a tu padre —contradice ella.

—Sí, pero además pienso en ti todo el día y hago proyectos en mi fantasía. Te imagino a mi lado, en un futuro, no en 5 años, no en 10, sino en 50 años más, viejitos cuidando a nuestros nietecitos.

—¿Es verdad? —le pregunta ella.

—Sí, amor, no lo dudes.

—¿Y cuando discutimos, es amor?

—Discutimos porque somos seres humanos. No vamos a estar de acuerdo en el cien por ciento de las cosas.

—Aún en las discusiones siento tantas cosas lindas por ti, aunque a veces me gastas la paciencia.

—Gracias, fue un halago.

—Te amo.

—No tengas miedo, mi amor —afirma él—. Yo sé que te amo porque me entregas y me brindas lo que siempre soñé; todo lo que siempre busqué, estabilidad, paz, tranquilidad. La vida se hizo sencilla y clara desde que te conocí —finaliza él.

El amor es tan brillante y
sencillo que nos cuesta creer que alguien nos ama

Siguiendo con esta reflexión del romance y del verdadero amor, el otro día me encontré con mi amigo Daniel, de 45 años, que a pesar de varios noviazgos, enamoramientos y un matrimonio, sigue deseando amar. Me comentó lo que sentía por una bella mujer que había conocido hacía unas semanas:

Me despierto la otra noche y, acostumbrado a estar solo, la encuentro a ella en mi cama. Está tan bella con sus ojos cerrados. Siento que deseo entregarle todos mis días y hasta mi vida entera. La despierto con un beso. Le acaricio todo su cuerpo. Le hago el amor por una hora y le digo: ¿Te casarías conmigo? Ella, asustada, casi temblando, me contesta: Eres una bella persona pero debemos esperar un tiempo, recién nos conocemos.

Las mujeres son más inteligentes y a veces más realistas que los hombres. Yo le entregaría ya toda mi vida, para qué esperar más.

Le contesté que yo creo lo mismo, que debe esperar más. Sonreímos y seguimos hablando del amor y de los enamorados.

Creo que para que el corazón permanezca puro y feliz, entregado a otro ser, necesita —como un bebé— un tiempo para madurar, otro tiempo para nacer y todo el tiempo del mundo para vivir.

¿Cómo decirle o declararle tu amor?

En todo el proceso de la relación éste es uno de los momentos más excitantes y que provoca tanto nerviosismo que no importa la edad que uno tenga: siempre aparecen los mismos miedos, inseguridades o los deseos románticos, los cosquilleos en todo el cuerpo y mil sensaciones y pensamientos entremezclados.

¿Cuántas veces quisiste decirle «quiero ser tu novia o novio» y no te animaste?

El lugar de la espera para la afirmación de una relación ha sido tradicionalmente asignado a la mujer. Hoy en día las mujeres en muchos aspectos han dejado de ocupar el lugar de la pasividad. Toman iniciativas. Son responsables de sí mismas. Sin embargo, algunas siguen esperando que algo «les pase», en lugar de elegir y tomar iniciativas por sí mismas. ¿Eres una de ellas? Es importante estar en el mismo lugar de los hombres y aprender a reafirmar tu amor. Por ello, aquí mencionamos a ella y a él en el mismo rol.

Para declararle tu amor existen muchas formas originales y divertidas, pero primero debes preparar el terreno. Debes preparar el clima propicio para la intimidad. Estas son algunas de las actitudes que pueden facilitar un acercamiento romántico:

Lo primero: conducir la charla hacia temas relacionados con el amor y el romance, por supuesto.

- Provocar una conversación donde le muestres todas las facetas compatibles que tienen. Acentuar las coincidencias y relegar las differencias de orden intelectual.
- Puedes comenzar con una historia de alguna película que hayas visto y que se parece a la relación de ustedes dos. Decirle que siempre soñaste con una relación como la que ustedes tienen y en ese momento describir algunos momentos especiales de la relación, especialmente el día que se conocieron.
- Si no eres tímida o tímido puedes decirle «tuve un sueño erótico»; así vas por muy buen camino, aunque no sea totalmente verdad...
- Para establecer un ligero contacto físico, los detalles son: el contacto visual todo el tiempo mientras preparas el momento de decirle «te amo»; sostener la mano o acariciarle la mejilla.
- Mientras haces algún gesto afectivo dile algún elogio, aunque sea muy común, por ejemplo: amo tus ojos, tu mirada, me encanta tu piel, tu voz. Señala detalles o cosas muy particulares.
- Algo muy divertido para hacer es aprender a decir «te amo» en un idioma desconocido y repetirlo antes de darle un beso, así ella o él ya sabrá el significado.
- Otra forma de declararle tu amor es regalarle un libro de poesía. Antes, subraya en rojo todas las palabras o frases con las que te identifiques, y decóralo con corazones o esas hermosas ilustraciones que se pegan y que utilizan los niños en la escuela. Eso provoca mucha ternura; nadie puede resistirse a semejante dulzura.

• Puedes optar por una alternativa más creativa, hoy en día está muy de moda decirle que cuando lo conociste creíste en la reencarnación porque tenía cosas que te provocaba un «deja vu»; eso siempre funciona. Después de un tiempo de novios, puedes decirle que era una forma simpática de crear una realidad especial entre los dos.

LUGARES PARA DECIRLE TE QUIERO

1. Si te invita a cenar a su casa, escribe en el espejo del cuarto de baño, con pintalabios o espuma de afeitar: «¡Te quiero!». Este detalle conquista a todo ser humano, incluso al más duro de roer.
2. Invítalo a una playa o a un lago, dependiendo de la estación, y sorpréndelo escribiendo «te amo» en la arena.
3. Invítalo a la boda de un amigo. Ese es un momento ideal y romántico para decirle «te amo».
4. En el auto: invítalo a un lugar retirado o más tranquilo. Y graba alguna canción con la que te identificas y dile que es una sorpresa que quieres que escuche.
5. Crea un *blog*, ahora que están de moda en Internet, con las fotos de los dos, pídele fotos antes o toma fotos en alguna ocasión. Crea un *blog* romántico con su nombre o con el nombre de ambos y envíaselo en un *e-mail* con una sorpresa.
6. La realidad virtual ha acercado a los tímidos y no tan tímidos, por ello, si hablan por *chat*, puedes declararle su amor en el *chat* y enviarle un regalo electrónico con un icono que diga: Te amo.

Los besos y su lenguaje

Cuando vayas a decir «te amo», es imprescindible sellar y afirmar esta declaración utilizando la comunicación más directa: el beso.

¿Qué se puede decir del beso que millones de poetas, artistas y músicos no hayan ya expresado? En realidad, el beso tiene su propio lenguaje. Dar un beso provoca diferentes reacciones y permite expresar muchos sentimientos diversos. Con un simple beso, podrías descubrir lo que tu pareja quiere comunicarte, convirtiéndose esta acción en una manera de hacer realidad los deseos de tu media naranja.

Los besos generan sentimientos, trasmiten mensajes muy variados y están sujetos a muchas circunstancias, pero también hay un cierto acuerdo en cuanto al significado general que tienen determinadas formas de besar.

He aquí una lista de los significados de algunos besos:

- **Beso en la mejilla:** Transmite afecto, apoyo y complicidad, independientemente de la atracción física.
- **Beso en la boca:** Implica pasión, puede querer decir «te amo» o «quiero ser tu novio(a)». Si se realiza brevemente, tocando ligeramente los labios de ambos, el beso en la boca puede significar simplemente amistad, por ello es muy importante la intensidad con que se realiza para interpretar la intención.
- **Beso en el cuello:** Implica intimidad y pone de manifiesto un cierto grado de erotismo en la intención de quien lo da. Es un gesto seductor muy efectivo.
- **Beso en las orejas:** Se trata de un gesto cargado de intención sensual y sexual, puede ser tomado no muy en serio, dependiendo de la intensidad con la cual se haga. Este beso posee una energía de juego y picardía.
- **Beso acompañado de un abrazo:** Cuando los dos cuerpos entran en estrecho contacto, es una expresión de intenso afecto y entrega. Ambos están dispuestos a entregarse sensual y sexualmente.

Si ese beso en la boca o en el rostro va acompañado con una mirada intensa, la persona besada se siente amada tiernamente. Un beso en las manos tanto en mujeres como en hombres significa admiración, ternura, deseo de amar. También demuestra confianza en el receptor.

Caricias de fuego

Además de los besos, las caricias son la otra expresión del arte de enamorar y amar. Las caricias, cuando son efectivas, son como besar con las manos el cuerpo del amante. A través del tacto se puede despertar y dirigir la pasión con toda la intensidad que deseamos manifestar. Cuando se utiliza la caricia en todas sus formas, a un nivel consciente se percibe la energía del otro, la emoción y la capacidad de amar del que acaricia. Las caricias no acaban en la punta de los dedos y su influencia tampoco termina en la superficie de la piel. A través de las caricias podemos canalizar nuestra fuerza vital o sexual. Los orientales enseñan que existen cuatro áreas en la mano para transmitir el fuego del amor, con distintas cualidades de energía y sensaciones físicas al receptor:

1. La punta de los dedos
2. La base de los dedos
3. La palma de la mano
4. El talón de la mano

Los seguidores del tantra proponen sentir el calor del cuerpo como un fuego vital que va ardiendo a medida que tocamos a la pareja. Además, aconsejan que podemos imaginar, sentir o visualizar el brillo energético que procede de nuestras manos y dedos, mientras acariciamos y mientras recibimos la caricia del otro. Podemos sentir cómo se va fundiendo nuestro cuerpo en un solo fuego de amor con otra persona.

Una vez que practiques libremente las caricias, descubrirás los deseos y preferencias de tu pareja y en qué zona del cuerpo puedes brindar a tu amante más placer.

Veinte citas para enamorar

El romance es sin ninguna duda la expresión más fiel que tenemos para conectarnos con el cuerpo y los sentimientos de nuestra pareja. De esta manera mostramos con decisión el deseo de entregarnos completamente al otro, para mantener y estimular la creatividad y la pasión que necesita cada relación para no apagarse.

Dedicar un tiempo al romance es un acto de generosidad porque de esta manera afirmamos la importancia que esa persona tiene para nosotros. Además es sanador porque mantiene viva la pasión, la emoción y la energía que habita en nosotros. Muchas veces en la primera cita no sabemos qué decir, tenemos miedo de mostrarnos cursis o demasiados románticos. También a veces necesitamos una idea para comenzar a redactar una carta de amor. Alguna inspiración para encabezar alguna tarjeta y colocarla en un regalo de aniversario, o enviar un *e-mail* en el día de San Valentín. Alguna frase para romper el hielo o para reconciliarnos con nuestra pareja. He aquí algunas frases de personajes famosos que pueden ayudarte:

1. «El amor es una flor que debes dejar crecer».—John Lennon
2. «Algunas personas nunca dicen "te amo". No es su estilo ser tan arriesgados... pero, como niños, desean escucharlas».—Paul Simon
3. «Un beso es un truco simpático de la naturaleza para detener las palabras cuando se vuelven superfluas.»—Ingrid Bergman
4. «El amor no es para cobardes».—Ghandi
5. «El amor no tiene nada que ver con lo que esperas recibir, solamente con lo que esperas dar, eso es todo».—Katherine Hepburn
6. «Puedes seducir a un hombre sin sacarte ni una prenda, sin siquiera tocarlo».—Rae Dawn Chong
7. «Tus palabras son mi alimento; tu aliento, mi vino. Eres todo para mí».—Sarah Bernhardt

8. «Me enseñaron desde chiquito que el sexo es algo sucio y prohibido, y así debe ser. Cuanto más sucio y más prohibido, más atractivo».—Mel Brooks

9. «Tengo que sentir una atracción física. Pero no puedo estar con alguien solamente porque tenemos muy buen sexo. Es que los orgasmos no duran lo suficiente para eso».—Courtney Cox

10. «Te amo, no solamente por lo que eres sino por quien soy cuando estoy contigo».—Roy Croft

11. «Las caricias y las expresiones de todo tipo son necesarias para la vida afectiva como las hojas lo son para la vida de los árboles. Si el amor se restringe, muere en las raíces».—Nataniel Hawthorne

12. «Amar es poder ver el paraíso, aunque sea por un instante». —Karen Sunde

13. «El placer sexual en la mujer es como un hechizo; requiere un abandono completo; si hay palabras o movimientos que se oponen a la magia de las caricias, el hechizo se rompe».—Simone de Beauvoir

14. «Cultiva tu amor por la naturaleza, pues es el verdadero camino hacia una comprensión cada vez mayor».—Vincent Van Gogh

15. «Creo que la imaginación es más fuerte que el conocimiento, que el mito es más potente que la historia, que los sueños son más poderosos que los hechos, que la esperanza siempre triunfa sobre la experiencia, que la risa es la única cura para el dolor y creo que el amor es más fuerte que la muerte».—Robert Fulghum

16. «El amor es un juego donde pueden jugar dos y ganar ambos».—Eva Gabor

17. «Quien quiera que seas, ahora pongo mi mano sobre ti, para que seas mi poema; susurro con mis labios cerca de tu oído; he amado a muchas mujeres y muchos hombres, pero a ninguno más que a ti».—Walt Whitman

18. «La gravedad no tiene nada que ver con que la gente caiga en las garras del amor».—Albert Einstein

19. «No es necesario encontrar a la persona perfecta para enamorarse; es necesario ver a la persona imperfecta como si fuera perfecta».—Sam Keen

20. «Después de todos estos años, me doy cuenta de que estaba equivocado acerca de Eva al comienzo; es mejor vivir fuera del jardín del Edén con ella que dentro del jardín sin ella».—Mark Twain, *El diario de Adán y Eva*

En este capítulo analizamos la etapa del romance y lo que se propone es que este periodo de la relación se mantenga para siempre. A lo largo del libro, el lector encontrará muchos consejos para poder tener un romance perfecto que dure para siempre.

CAPÍTULO 4

Te amo de mil maneras posibles

Toda pareja tiene que experimentar la relación como un viaje, el destino es llegar a vivir un amor verdadero o comprometido. Las estaciones son las etapas de la misma, pero también crean el camino y cada momento de la relación es una estación a disfrutar.

El proceso de la relación y sus modelos

Después de decir «te quiero» comienza el verdadero romance; es cuando el amor encuentra su lugar perfecto. Lo ideal para una pareja en esta etapa es encontrar entrega, respeto, reciprocidad, conocimiento del otro, aceptación y un desprendimiento de uno mismo.

El proceso del noviazgo o de la convivencia es la verdadera escuela de la relación. Es el momento para experimentar, para conocerse a fondo y aprender a amarse de verdad, a desprenderse, de sí mismos para darse al otro y dar vida a otros. Este es el momento perfecto para plantearse todo lo que uno desea antes de llegar a una relación estable o a un compromiso más sólido; la comunicación de inquietudes y la capacidad de resolver problemas juntos, de negociar acuerdos. También es el momento de bajar los ideales, de ver al otro con todos sus defectos y virtudes y no como un príncipe o una princesa que ha salido de un cuento de hadas.

Los tres factores para el éxito dentro del romance o relación son la intimidad, la pasión y el compromiso. La ausencia de alguno de estos factores es la causa probable de tantas parejas fallidas, por eso, el éxito de la pareja perfecta depende de este triángulo. La intimidad hace durar a la pareja. Abarca la comunicación, la entrega, el respeto, el apoyo emocional y el deseo de promover el bienestar del otro. Es en la intimidad que sabemos quiénes somos, cómo reflexionamos y trazamos estrategias de comportamiento con nuestras parejas, con nuestros padres, hijos, compañeros de trabajo y con el entorno. También es un espacio íntimo donde compartimos circunstancias, creencias y valores importantes de nuestras vidas. Si no dedicamos un tiempo a estar solos con nuestra pareja, perderíamos esa intimidad tan necesaria. El arte está en saber encontrar un balance entre intimidad y autonomía.

La pasión es el intenso deseo de unión con el otro. Es la sincera y abierta expresión de deseos emocionales, afectivos, además de la comunicación clara de las necesidades a través de la satisfacción sexual y emocional.

El compromiso es la decisión de amar al otro y mantener ese amor, con la convicción de crear un proyecto de vida en conjunto, superando con amor los tiempos de crisis o las circunstancias externas adversas.

Aquí se presentan siete puntos importantes para reflexionar acerca de cómo construir un vínculo positivo poniendo atención a los tres factores mencionados: intimidad, pasión y compromiso.

1. Los miembros de la pareja deben intentar colmar constantemente las necesidades del otro.
2. Deben saber discriminar sobre cuándo acceder a los deseos del otro (saber qué quiso decir).
3. Amar al otro tal como es y no con una imagen idealizada.
4. Saber tolerar todo lo que no se puede cambiar.
5. Ser sinceros el uno con el otro.
6. Saber disfrutar de buenos momentos y enfrentar juntos las dificultades.
7. Tratar al otro como uno quiere ser tratado.

Existen diferentes formas de desarrollar una relación, y es interesante conocerlas para saber diferenciarlas y conocer en qué etapa nos encontramos. Estas relaciones románticas son historias reales de amor, que muchas veces sólo las descubrimos cuando se terminan, o no nos imaginamos, cuando comenzamos la relación, que ese juego que comenzó como una seducción podía convertirse en el amor de nuestra vida.

El noviazgo romántico

Este modelo de vínculo se da cuando la atracción emocional y física (este tema se desarrolló en los segmentos anteriores) es completa y se llega a la compenetración de las dos personas, pero muchas veces no se profundiza y la pareja decide cortar antes de llegar a la etapa del compromiso. Entonces la relación queda congelada y se vuelve esa eterna relación idealizada del pasado, donde a uno de los dos le queda un sabor amargo para siempre y muchas veces no puede seguir adelante con su vida amorosa porque tiene la idea de no haber concretado la primera relación.

También pueden existir casos más exitosos que superan los aspectos de la etapa idílica, y esto permite que se forme una verdadera y completa relación como en el caso de Juan, de 27 años, que confiesa:

Nunca me imaginé que era tan romántico, siempre fui una persona poco enamoradiza o que no creía en el amor.

La conocí en un bar. Le pedí su e-mail para no ser atrevido, le mandé muchos mensajes y así estuvimos un mes. Durante ese tiempo yo sentía algo muy especial por ella, se había convertido en alguien muy importante para mí, ya que como no nos conocíamos podía contarle mi vida con toda confianza y ella igual conmigo. Un día se me ocurrió darle mi número telefónico y pedirle el de ella; su respuesta fue rotunda: me lo iba a dar «en el momento apropiado.» Una noche, cuál fue mi sorpresa cuando al levantar el teléfono la escuché. Tenía una voz preciosa y era tan tierna como en los emails. *Yo no sabía qué decir, era todo muy rápido y extraño. Mientras revisaba mis mensajes navideños, encontré uno de ella. Allí me daba su teléfono, así que no esperé más y la llamé. Pasaron dos meses entre la primera vez que nos escribimos y ahora. Lo que sentía había pasado de ser un simple cariño a algo más fuerte, casi indescriptible. Cuando nos vimos, se dio algo muy mágico. Sentía cosquillas en mi estómago y el corazón se me salía del pecho. Al vernos sólo nos saludamos con un tímido beso y un pequeño abrazo. De ahí en adelante todo fue maravilloso y me enamoré por completo. Ella es la mujer de mi vida. Significa todo para mí.*

El mensaje de Juan es hermoso, el amor puede trasformarnos en los seres más luminosos y angelicales del universo.

La relación conflictiva

Muchas veces, como se explicó en capítulos anteriores, las personas se unen por afinidad de problemas o conflictos sociales, económicos o personales con su familia primaria y deciden convivir o casarse, sin tener en cuenta quién es el otro. El interés surge del conflicto que experimentan. Este tipo de relación es muy común pero inconsciente en la mayoría de las parejas. Muchas relaciones se inician como uniones basadas en soledades mutuas. Por supuesto, es muy difícil que una relación así termine siendo fértil o positiva.

Permanecer enamorados implica compromiso, aceptar las idiosincrasias individuales, aprender a comunicarse y a resolver los problemas. Es celebrar las diferencias y no verlas como obstáculos. Es ayudarse uno al otro y compartir, sin temer nunca ser querido.

Heather, de 28 años, es el caso de la persona que es consciente de haber buscado una relación como escape de sus conflictos. Ella me confiesa:

Nos casamos un poco jóvenes; tuvimos un noviazgo conflictivo. Los dos necesitábamos huir de nuestras casas. Ése era el problema del que

*más conversábamos. Nos sentíamos unidos por nuestros problemas de
alguna manera, ése era nuestro punto de conexión, los dos lo intuía-
mos.*

*Todavía tengo sentimientos encontrados. No comprendo su desinte-
rés. A pesar de todo lo que nos sucedió, me siento herida. Nunca me supo
escuchar. En realidad estamos lastimados los dos, fuimos egoístas el uno
con el otro. Las heridas de mi alma sanaron, pero ahora sólo quedan
aquellas que resuenan en mi corazón, las producidas por sus palabras
y las mías. No quiero culparlo sólo a él. Cuando estábamos casados de
alguna manera sus cambios de humor permanente me confundían. Él
no era así cuando éramos novios, pero luego cambió y comenzó a ser
muy agresivo y yo muy defensiva. Creo que en el fondo somos tan iguales. Me siento desfallecer; tengo tanto miedo de su ausencia.*

*Estas son algunas cosas que se quedaron rondando en mi cabeza.
Las cosas que no le pude decir en su momento debido al odio, la rabia
y el amor contenidos. Aun así, pido al Ser Supremo que lo lleve por el
buen camino.*

*Hasta de los malos momentos aprendí algo y eso es positivo. Pero
con esta relación cierro el capítulo amoroso de mi vida. En realidad
se sufre más por carencias y heridas emocionales de la infancia y por
la falta de comunicación.*

En este tipo de relación, en general, se puede ver un juego de espejos de dos personas en el que se reflejan sus conflictos. Si estás en
una relación y no te dan el amor que deseas, debes comenzar a buscar una solución, pero no en el otro, sino dentro de ti.

Cada pareja refleja el estado interno del otro y esto es algo que
no se maneja a un nivel consciente. En general, es mas fácil echar-
le la culpa al otro y pretender que éste cambie porque así nos ali-
viamos pensando que tiene más defectos que nosotros y «tapamos»
el verdadero problema: un nivel bajo de autoestima y una carencia
a la hora de saber amarse a uno mismo.

El funcionamiento de la pareja depende de la autoestima de sus
miembros. Y si tus pensamientos son negativos, de baja autoestima,
no te extrañe que atraigas a personas con los mismos problemas.

El ejercicio que planteo en este libro con el espejo interior es muy útil para resolver este tipo de conflictos y comenzar a fortalecer los aspectos positivos de la personalidad. En el caso de una relación conflictiva, el problema de la autoestima de la pareja es algo que siempre se debe tener en cuenta:

PAREJA CON BAJA AUTOESTIMA

Cuando en la pareja alguno de los miembros tiene la autoestima baja, de alguna forma el otro también, porque en una relación todo es reflejo. En este caso la conciencia de la pareja y las posibilidades de crecer se limitan.

Cómo reconocer una pareja con baja autoestima o un momento de crisis de la personalidad de algunos de los miembros:

- La persona tiende a evadir la realidad de la relación o de su vida personal e ignora lo que desea o necesita del otro.
- Se compara con su pareja todo el tiempo y este hecho facilita el sentirse mal.
- Desconfía del otro y crea juegos infantiles en la relación, desde escenas de celos sin motivos hasta conflictos sin sentido.
- Se relaciona sin compromisos verdaderos y honestos, o directamente busca relaciones ocasionales. La expresión de los sentimientos está bloqueada: ignora, evade o se avergüenza de lo que siente.
- La persona carece de acuerdos y valores claros y definidos, se denota una confusión permanente en sus juicios hacia la relación con el otro y hacia él o ella misma.
- No acepta las diferencias de personalidad y quiere cambiar compulsivamente al otro a su imagen y semejanza.
- Tiende a la incomunicación; ante un conflicto se cierra en sí mismo. No puede o no desea comunicar lo que le sucede porque tampoco sabe lo que desea; genera dependencia emocional, económica, sexual o se vuelve dependiente del otro.
- No respeta o invade el espacio personal del otro.

A continuación, quince reglas de oro para una persona que desea sobreponerse de una relación negativa o adictiva y buscar una relación positiva consigo misma o con los demás:

1. Plantea las reglas de lo que necesitas antes de entregarte a una relación.
2. No busques relaciones dominantes con la intención de cambiarlas después.
3. Si lo que tú quieres es compromiso, no te embarques en relaciones que sólo ofrezcan sexo pasajero.
4. Si la persona te interesa, no dudes en mostrar claramente tus expectativas.
5. Cuando encuentres a la persona que buscabas, ábrete y permite que el otro pueda conocerte y tú a él.
6. Encuentra una pareja en quien puedas confiar y que te apoye y acepte.
7. No emplees demasiado tiempo preocupándote por lo que haya ocurrido en el pasado ni por lo que pueda ocurrir en el futuro. Concéntrate en el tiempo presente.
8. Considérate igual a cualquier otra persona aunque reconozcas diferencias en talentos específicos, prestigio profesional o posición económica.
9. Acepta que eres una persona interesante y valiosa para otros, por lo menos para aquellos con quienes te asocias.
10. Reconoce los sentimientos e inclinaciones tanto positivas como negativas que todos poseemos y no sientas vergüenza de ellas, trata de trasformarlas sin reprimirlas.
11. Disfruta de diferentes actividades como estar en una relación de pareja sin conflictos, trabajar, descansar, caminar, estar con amigos, etc. Una verdadera intimidad es satisfactoria y emocionante.
12. Intenta desarrollar la confianza y el apoyo mutuo con la otra persona. Ésa es la promesa más clara de felicidad en una relación.
13. Respeta los sentimientos y la forma de convivencia de los demás.

14. Reconoce que para tener una relación satisfactoria no necesitas cambiar a nadie, sólo concéntrate en mejorarte a ti mismo.
15. Realiza cursos, talleres y lee libros que tengan que ver con el aumento de la autoestima y con el desarrollo de una actitud más positiva.

Cómo resolver las relaciones conflictivas

Muchas personas no son capaces de decir qué les ha llevado a enamorarse y cómo eligen pareja a una persona en particular. Simplemente sienten una atracción especial hacia esa persona y no pueden explicar claramente por qué. Pero es más difícil de explicar el hecho de que una persona se enamore de alguien que luego acaba definiendo como la «persona equivocada», debido a que la relación se vuelve claramente conflictiva y dolorosa. No obstante, muchas personas, tras romper una relación insatisfactoria, vuelven a enamorarse de una persona muy similar a su ex pareja y repiten el mismo patrón, con los mismos problemas y conflictos. ¿A qué se debe esta tendencia? Las personas tienden a relacionarse con sus parejas en la edad adulta de modos similares a como aprendieron a relacionarse con sus padres durante su infancia. Si las relaciones con sus padres fueron sanas, equilibradas y satisfactorias, tenderán a buscar parejas similares a sus padres en su modo de relacionarse, con quienes podrán mantener relaciones igualmente satisfactorias, lo cual resulta positivo.

En cambio, cuando las relaciones con los padres fueron insatisfactorias y conflictivas, sigue existiendo la misma tendencia a repetir patrones en futuras relaciones. Eso es debido a que en la relación con los padres se crearon una serie de miedos y necesidades insatisfechas que dejaron lo que podemos llamar «asignaturas pendientes», temas no resueltos que la persona se ve inconscientemente empujada a revivir en sus relaciones de pareja como un modo de superarlo. Es decir, es como si esta persona buscara una segunda oportunidad para que al fin salgan las cosas de otro modo. Así, eligen inconscientemente parejas con quienes van a vivir situaciones similares a las vividas en su infancia.

Llegados a este punto conflictivo, ambos integrantes de la pareja se sienten decepcionados con la otra persona. Piensan que esa persona los engañó, que es muy diferente de como habían creído al principio. En realidad no es que sean diferentes sino que una vez activados sus miedos, comenzaron a relacionarse desde los patrones inadecuados aprendidos en la infancia, de modo que, a los ojos del otro, parecían ser dos personas diferentes a las que eran al principio de la relación.

Para salir de este círculo vicioso y romperlo, ambos necesitan superar sus miedos y el mejor modo de hacerlo es precisamente dentro de la relación, pues en ella pueden aprender lo que cada uno necesita aprender. Por supuesto, para poder llegar a esto es necesario conocerse a uno mismo y a la otra persona, y saber cuáles son los miedos de cada uno y los patrones de la infancia que tienden a revivir con sus parejas. De este modo podrán hablarlo y darse cuenta de cuándo se está repitiendo alguno de esos patrones y acordar el mejor modo de comportarse en esos momentos para romper el círculo de la repetición.

Ya utilizaste todos los recursos para mejorar la relación, pero los problemas continúan. Crees y estás convencido de que tu situación es negativa. La solución es: si no puedes modificar la relación, tú eres quien debe cambiar.

Las siguientes preguntas te ayudarán a analizar tus patrones y miedos a la hora de relacionarte con los demás.

- ¿Cómo fue tu relación con tu madre en tu infancia?
- ¿Cómo fue tu relación con tu padre en tu infancia?
- ¿Cómo han sido el resto de tus relaciones (de pareja, con amigos, con autoridades, etc.) y cómo se asemejan con tu relación con tus padres?
- ¿Qué conflictos y problemas tiendes a vivir con tu pareja? ¿Qué miedos tienes que estén influyendo en la aparición de esos conflictos?

- ¿Existe algún conflicto o patrón que se haya repetido en varias o todas tus relaciones de pareja? ¿Qué semejanza tiene tu relación actual con tu relación con tus padres?
- De acuerdo a tus respuestas, ¿qué necesitas aprender y hacer para superar tus miedos y cambiar tu modo de relacionarte?

Evalúa tu relación

Si has contestado todas estas preguntas y todavía no tienes claro hasta dónde tu relación es tóxica, y si te sientes aprisionado porque no puedes seguir con esa relación y tampoco cortarla, es importante que hagas esta evaluación.

1. ¿Piensas que tu relación de pareja no cambia a pesar de todos tus esfuerzos?
2. Cuando tu pareja se encuentra deprimida o enferma y tú corres para ayudarlo, ¿te bloqueas y no puedes hacer nada?
3. ¿Consideras que todo lo que sucede con tu pareja es por tu culpa?
4. ¿Hay temas que no puedes intercambiar con tu pareja y debes esconder?
5. ¿Criticas o te sientes criticado asiduamente en la relación?
6. ¿Tus conflictos con tu pareja siempre finalizan de la misma manera? Porque:
   a) no hay diálogo posible.
   b) cada uno hace lo que quiere, sin detenerse a pensar en el otro.
   c) no se ponen de acuerdo y gritan hasta agotarse.
   d) en las discusiones, alguno de los dos toma el rol de víctima.
7. ¿Te sometes a tu pareja para no crear más conflictos?
8. ¿Recuerdas cuán frecuentemente realizas actos que no deseas y luego te enfureces contigo mismo o te arrepientes de haberlos hecho?

Si repasaste estas preguntas y has reconocido la mayoría de las situaciones como propias, si te encuentras en estas trampas a diario, entonces es posible que tu relación de pareja se encuentre intoxicada.

¿Cómo definir una relación tóxica? Así como el cuerpo posee toxinas físicas que lo deterioran, también las relaciones pueden contener emociones tóxicas. Estas funcionan como mecanismos de defensa de estados internos. La mente, al defenderse de las emociones naturales como el amor, la ternura o el deseo genera la energía tóxica que es un mecanismo de conflicto o de resistencia al relacionarse con el otro. La causa de las emociones tóxicas es la represión de las emociones, su negación o proyección. Estas emociones reprimidas se proyectan en las relaciones de formas variadas y generan conflictos. El círculo continúa sin detenerse porque los conflictos generan a su vez relaciones tóxicas. Las relaciones pueden comenzar de forma natural como una amistad, un amor, un romance, etc. A medida que nos sentimos más íntimamente involucrados con el otro, aparecen las emociones y los sentimientos. Este proceso es totalmente normal. Pero si estas emociones nos provocan conflictos o nos generan ansiedad o temor y no sabemos claramente qué nos sucede, es entonces cuando proyectamos esta negatividad interna en la relación.

Es en ese momento cuando comienzan los malos entendidos, los abandonos, el miedo al compromiso y el engaño. La relación comienza su proceso de deterioro manifestándose de diferentes formas y con distintas máscaras. Las emociones tóxicas van desgastando la relación. Así como cada individuo tiene características particulares, las relaciones también. Existen emociones comunes en todos los individuos que tendemos a repetir o sentir, aunque cambiemos de pareja todos los días.

Algunos de los orígenes de las relaciones tóxicas pueden ser por nuestros propios mecanismos psicológicos negativos, como por ejemplo:

• Inmadurez o reacciones infantiles
• No tener conciencia de nuestra identidad o individualidad

- Incapacidad para comunicarnos o comprender al otro
- No tener claras nuestras necesidades
- Miedo, angustia, celos, envidia, inseguridad
- Discusiones como modelo de relación
- Duelos no elaborados
- Deseo de control o dominio de los demás

En esta lista se mencionan las emociones tóxicas más comunes. Ciertamente, existen más combinaciones, tantas como personas y modelos de relaciones podamos crear.

A pesar de que el amor es la mejor defensa para cualquier enfermedad que uno padezca, ya sea física o psicológica, las emociones tóxicas son aun más dañinas y peligrosas que las toxinas físicas porque aquellas pueden quebrar el metabolismo de cualquier vínculo, por más perfecto que sea.

Cuando una relación no es abierta, y carece de franqueza, respeto, igualdad de derechos para pensar, sentir y tener, independencia en las decisiones, libertad individual, afecto, deseo, ternura o consideración por el otro, es difícil que este modelo de vínculo tenga un desarrollo positivo o satisfactorio.

El amor es una fuerza muy poderosa y si no sabemos cómo canalizarla, podemos caer rápidamente en arduos desacuerdos. Lo primero es darse cuenta de que la autoestima de los integrantes de la pareja está demasiado baja para modificar esto, debemos trabajar en forma interna para elevar el grado de autoestima. Si uno de los dos integrantes de la pareja cambia, el mecanismo negativo se modifica. De lo contrario, la relación caerá por su propio peso.

Inventario personal e íntimo

La idea de este ejercicio es hacer una lista diaria de todas las situaciones que nos provocan dolor. Luego, realizar otra lista con la posible causa de estas situaciones y, además, recordar bajo qué circunstancia en el pasado se repitió el mismo acontecimiento.

Una vez que hayamos trabajado durante una semana en este ejercicio, podemos tener cierta claridad acerca de nuestras creencias negativas. Para contrarrestar todas esas ideas, debemos sanar nuestras emociones construyendo una lista de afirmaciones. Estas son unas de las herramientas más poderosas de la mente. Se trata de fijar una afirmación y visualizarla claramente.

Aquí te brindamos algunas ideas. Te recomendamos copiar esta página.

Yo, (tu nombre), ahora...

- Me amo a mí mismo, pase lo que pase.
- Merezco relaciones con amor.
- Me perdono a mí mismo y a los demás.
- Me siento seguro compartiendo mis sentimientos.
- Permito que mis pensamientos sean libres.
- Libero mis condicionamientos emocionales del pasado.
- Soy capaz de pedir lo que quiero con amor.
- Tengo derecho a que mis necesidades sean satisfechas.
- Soy feliz en la intimidad y disfruto con mi sexualidad.
- Abro mi corazón y acepto a los demás como son.
- Aprendo a escuchar y a confiar en mi voz interior.

Puedes usar esta lista o construir otras frases siguiendo tu propia organización mental y atendiendo al momento actual. Serán el voto de confianza que te brindas a ti mismo cada día. Espera las bendiciones y satisfacciones que tu propia alma está preparada para brindarte.

Los lazos que te atan son creencias internas de ti mismo y de tu mundo, y se liberarán sin ningún esfuerzo.

La relación ilusoria

Este tipo de relaciones es una de las más frustrantes porque las personas se precipitan al matrimonio o compromiso sin atravesar la etapa del conocimiento y de la intimidad. Es una relación de noviazgo en que se da una especie de «enamoramiento ciego», en la que se reflejan los deseos, necesidades y expectativas propias en la otra persona.

El caso de Amelia, de 25 años, representa una relación ilusoria porque depositó en su pareja sus propias fantasías, necesidades y deseos sin detenerse a conocer al otro en profundidad. Esperar que el otro complete las carencias de uno mismo o que una relación resuelva todos nuestros problemas es un error muy común en este tipo de vínculo. Es importante aprender a discriminar entre lo que uno desea tener en una relación y lo que el otro está capacitado a brindar.

Amelia conoció a su futuro marido, pensó estar muy enamorada y se casó para separarse a los 10 meses. Esto fue lo que me confesó:

Luego de esta experiencia con mi esposo, aprendí qué es lo que quiero y no quiero en una relación. No creo en conseguir a una persona que nos «llene la vida», creo que debemos estar completos primero para poder compartir la felicidad con otra persona.

Creo que el amor está en nosotros, nadie lo genera, nosotros debemos tener el valor suficiente como para desarrollarlo y mantenerlo, y éste luego se manifiesta en dos que comparten pensamientos y sentimientos. No creo en el «amor a primera vista» ni en «creer en alguien» en muy poco tiempo, ya que todo requiere un tiempo, como el tiempo que le toma a los ríos juntarse para llegar al océano. Ahora pienso en el respeto y en la sinceridad.

Creo en el amor maduro que nos deja espacio para crecer juntos; nadie es exclusivo de nadie, dos se eligen libremente. Es importante compatir un amor que no requiera presiones ni exigencias. Un amor sin coacciones, ya que no son buenas las relaciones que nos frenan. Deseo una relación de dos personas que se apoyen en los malos momentos, que sepan leerse las miradas, que sonrían con el alma, que puedan contar el uno con el otro hasta en silencio. Creo que el amor es una consecuencia de mundos distintos pero con una misma función en una sola vibración de mente, alma, sentimientos y corazón.

La experiencia de Amelia es muy interesante porque habla de reflexionar, aprender y no vivir las experiencias del divorcio o la separación de un noviazgo como un trauma o una frustración sino como un aprendizaje de vida. Amelia aprendió a través de un doloroso conflicto, qué es lo que no quiere en el amor, y lo más importante, qué es lo que quiere en una próxima relación.

El noviazgo o relación completa

Este tipo de relación es la ideal, es la situación en la que la pareja se siente atraída física-, emocional- y espiritualmente haciendo que surja la necesidad del compromiso como una situación totalmente natural y comprometida. La intimidad se desarrolla gradualmente conforme avanza la relación y puede continuar creciendo, aunque este crecimiento es más largo en las primeras etapas.

Gael, de 28 años, me cuenta su dulce historia sobre cómo vivió cada etapa de su romance y compromiso con su actual pareja:

Jamás hubiese imaginado que esa noche iba a conocer a la persona con la que había soñado toda mi vida. Un día, mientras un amigo me invitó a bailar, decidí elegir una mujer para bailar. Ella, desde el día que la conocí penetró directo en mi corazón; fue imposible evitarlo, pues tenía la llave con la que se apoderaría por completo de todos mis sentidos. Había encontrado a una chica super especial, la que siempre había deseado tener en mi vida. Buscaba a una mujer tierna, sensible, sencilla, soñadora e inteligente. Una mujer con la que pudiera ser tal como soy para que ambos descubriéramos y desarrolláramos lo mejor de cada uno.

Nuestra relación pasó por varias etapas: nos hicimos muy buenos amigos, nos escribimos cientos de mensajes por e-mail, nos intercambiamos fotos y hablamos por teléfono. Su voz, sus sentimientos, sus ideas, su físico, su sonrisa... Yo estaba experimentando algo que jamás había imaginado. Le dije que estaba enamorándome, que no podía dejar de pensar en ella. Deseaba estar cerca, para decirle que la amaba y darle ese beso que tanto deseaba, ese beso que siempre moría en mis labios.

Cuando escuché su respuesta, ella me amaba también. Por primera vez en mi vida, amaba con esa intensidad y era amado de la misma forma. Hemos hablado por horas desde aquel día que la conocí, salimos varios meses, seguimos juntos dos años, decidimos casarnos para seguir compartiendo tantos momentos juntos y hemos hecho muchos planes. Quiero casarme con ella, quiero que logre sus metas, quiero compartir sus éxitos en todo momento. En mí tendrá a un gran amigo ante todo, alguien que no la dejará nunca sola, alguien que le dará toda su comprensión y apoyo y alguien que la amará, respetará y adorará sobre todas las cosas para siempre.

Esta historia es muy interesante porque reanima el amor en todos sus múltiples colores y matices. Lo significativo es saber en qué tipo de relación nos encontramos desde el principio del romance, así como en cada caso presentado, podremos aprender a crecer juntos y mejorar como seres humanos.

CAPÍTULO 5

Te amo y quiero vivir contigo

Si algo define la convivencia es la palabra «compartir». Solamente se comparte cuando se entrega con absoluta honestidad algo de nosotros mismos; algo que, paradójicamente, no siempre es algo que podamos dividir en dos partes.

La nueva pareja y la convivencia: ¿una nueva forma de estructura?

Los tiempos están cambiando. La verdad es que en las grandes ciudades a la gente no le preocupa casarse como antes. Si bien se puede pensar como una desorganización social, el hecho de que las parejas no se casen y decidan sólo convivir, probablemente indique un intento de una nueva manera de relación de pareja.

Muchas parejas prueban al principio vivir un fin de semana juntos y luego por comodidad o asuntos económicos, prueban la convivencia definitiva, esto sucede principalmente en las grandes ciudades. En efecto, mientras que las parejas de las generaciones pasadas se sostenían, antes que nada, en la legalidad del matrimonio y de los compromisos contraídos, las actuales no pueden existir sino en los espacios que crean la libertad personal, la comprensión en lo erótico y las satisfacciones placenteras que son capaces de brindarse dos personas que se desean y se aman.

La nueva pareja sabe que a su disposición se encuentran muchísimas alternativas para hacer de su vida amorosa una experiencia gratificante y duradera. Tiene conciencia, además, de que la rutina es el enemigo número uno y que no puede luchar contra ella sino a través de nuevas formas de vivir lo erótico. En la práctica, todo lo que pertenece a la cotidianidad puede ser utilizado como elemento que exprese lo sensual y lo erótico. Las nuevas parejas buscan la amistad, la confianza, la comunicación con libertad de opiniones. El perfil de estas parejas —según varias informaciones y estadísticas que he leído en varias fuentes de información, ya sea en la prensa local de todas las grandes ciudades y también en Internet— indica que se trata de personas entre 23 y 38 años de edad, que suelen ser profesionales, independientes, hedonistas, narcisistas y que en muchos casos son de clase media o alta. Son también consumistas, amantes de la nueva tecnología, de los viajes y de los placeres de la vida, y retrasan tener hijos para sentirse más libres, crecer profesionalmente y disfrutar de una eterna y placentera juventud. Este modelo de vínculo también se da en personas que han tenido un matrimonio cuando eran muy jóvenes y tienen miedo al fracaso o al compromiso de iniciar otra relación.

En los últimos diez años, han proliferado mucho otras formas de vínculos afectivos que son posibles, lo que no quiere decir que el matrimonio como institución central de la familia no continúe siendo el núcleo de la sociedad de nuestros días. En estas relaciones, como en todas las situaciones donde el vínculo y la convivencia tienen una continuidad, existen ciertos conflictos que la pareja debe enfrentar, por más despreocupada que parezca. En el caso de esta forma de vínculo muchas veces se tienden a postergar las decisiones importantes. Este modelo de postergación puede estar relacionado con evitar responsabilidades como el matrimonio o los hijos.

«A veces no sé qué pensar», me comenta Natalia, de 26 años. Ella vive con su novio, pero no sabe si dejar de lado los papeles y la formalidad de una familia tradicional. Esto es lo que confiesa:

Comencé a vivir con mi novio hace dos años; pensaba que nos íbamos a casar y me mudé a su apartamento. La idea de la boda sigue estando y se desarrolla muy lentamente... A veces me gustaría irme a otra parte, vivir de la manera que me gusta, realmente no sé por qué me siento atada, no quiero hacerle daño a mi novio. A veces hasta me da miedo que todo simplemente empeore; no he dejado a mi novio por no hacerle daño, pero a la larga puede ser peor, puede haber un divorcio una vez casados; no sé qué pensar. Sí lo quiero pero últimamente las cosas son tan difíciles. Hace ya rato no salgo ni veo a mis amigos, cometí el error de encerrarme mucho en la relación. A veces pienso y tengo ilusiones sobre la boda, la fiesta, el viaje, el vivir juntos cada día. Siento que todo se está juntando, cada día que pasa veo con más tristeza las fiestas de fin de año; quizás porque veo lejos la posibilidad de formar mi propia familia.

En este caso se ve la necesidad de formar una familia, pero el error radica en el hecho de que la mujer siempre se hace cargo del rol de concretar la relación matrimonial. Entonces el hombre muchas veces se hace cargo del rol contrario y se resiste a definir la formalización de un vínculo. La pareja tiene que observar este mecanismo, muy común en esta sociedad y balancear los roles.

La mujer que trabaja y tiene su independencia tiene que valorar también su espacio y tiempo como un hombre lo hace. Además, es importante que la pareja se plantee qué está postergando. La decisión de casarse tiene que ser una meta mutua, nadie debe empujarla, se tiene que realizar con alegría y convicción.

¿Cómo hacer un balance armonioso y mantenerse dentro de las mismas reglas que la pareja creó?

Algunos ejemplos de cómo se manifiesta este mecanismo:

- Sentirse atrapado y sin posibilidad de desarrollarse y crecer.
- Evadir y aferrarse a la relación a pesar de tener problemas, y no profundizar lo suficiente, esperando que las cosas mejoren por sí solas.
- Justificar problemas físicos, timidez o fobias para no afrontar dificultades en la relación sexual. Esperar a que mejoren por sí solas en vez de hacer algo constructivo al respecto.

• Evitar una confrontación con la pareja porque la vemos como una figura autoritaria con poder, este mecanismo todavía funciona especialmente en las mujeres.

• Tener miedo de cambiar situaciones. Tendencia a establecer un modelo de relación.

• Adoptar roles muy estereotipados.

• Usar el cansancio o el sueño como excusa para postergar la relación sexual: este mecanismo es muy común en matrimonios ya constituidos. La fatiga, incluso leve, es un estupendo recurso postergador.

• La estratagema de «Ahora no tengo tiempo para hacerlo» para evitar hablar del futuro con la pareja, con la que te justificas para no hacer algo porque estás muy ocupado.

• Optar por la postura del crítico y usar las críticas para evitar trasformar mecanismos del carácter o hábitos negativos en la relación.

• Sentirte aburrido con tu vida. Es una manera de postergar algo y de justificar el aburrimiento como razón para no hacer algo más divertido y estimulante.

¿Cómo modificar estos mecanismos?

• Toma la decisión de vivir y disfrutar cada momento y sacar a flote lo mejor de ti mismo.

• Busca cuáles son las resistencias emocionales en tu interior que obligan a postergar tus necesidades.

• Comienza a escribir una carta o un diario donde manifiestes lo que deseas. Te darás cuenta de que muchas de tus postergaciones fueron innecesarias. Lo que a ti te hace feliz puede ayudar a que tu pareja lo sea también, si te ve feliz. Ser consciente de lo que necesites y comenzar a escribirlo te ayudará a eliminar la ansiedad que te inspira el proyecto.

• Contacta tu parte vulnerable, ésa que nunca escuchas. Pregúntate a ti mismo: «¿Qué es lo peor que me podría pasar si hiciera lo que estoy postergando ahora?». Piensa en los motivos que tienes para tener miedo de hacer algo y con sólo eso dejarás de aferrarte a ellos.

- Date a ti mismo un tiempo específico para dedicarlo al tema que has estado postergando.
- Observa cuidadosamente tu realidad actual. Decide qué es lo que estás evitando en el momento actual y comienza a enfrentarte a tu necesidad de ser feliz. El postergar la acción es sustituir en el tiempo presente algo que temas del futuro.
- Comienza a utilizar tu mente de forma creativa en lo que antes eran circunstancias aburridas. Si estás en una reunión aburrida, cambia el ritmo de la misma haciendo una pregunta pertinente u ocupa tu mente en pensamientos estimulantes, que te provoquen dinamismo y no te sumerjan en algo que te tiene atrapado mental- y emocionalmente.
- Si tu pareja te critica y te limita y sientes que postergas tus propias necesidades, piensa que es una parte tuya que no te deja crecer: no transfieras en el otro tus propias necesidades o limitaciones. Esto te ayudará a pasar de la crítica a la acción.
- Observa modelos de personas o actitudes que te gustaría imitar. Tener un modelo de pareja formal o tradicional positiva puede ayudarte, siempre que no idealices esa relación. Este enfoque te servirá de punto de apoyo.
- Elige qué emociones deseas usar para tus relaciones. Tú debes tener el control de tu vida y tus emociones, no permitas que nadie te imponga las suyas.
- Eleva tus oportunidades: cuando te creas herido por el acecho de tus emociones negativas, realiza una lista de todas las maneras positivas que podrías utilizar para responder ante esa situación. Este sistema crea un mecanismo de protección infalible para ti.
- Evalúa permanentemente a través de la comunicación el grado de expectativas que tienen tú y tu pareja y qué espera cada miembro de la relación (armonía en la convivencia, amor apasionado, estabilidad económica, estatus social, poder ser padre o madre o lograr independencia de los padres.

Iván, de 28 años, es un hombre fascinante porque sabe valorarse a sí mismo cuando elogia a su pareja. Al contarme su caso no solamente está hablando de forma maravillosa de su compañera sino tambíen de sí mismo, pero sin incluirse en la conversación. Cuando una persona está orgullosa de su pareja es una experiencia maravillosa compartir ese sentimiento.

Iván me cuenta:

Vivo con mi novia desde hace unos 11 meses. Estuvimos juntos por dos años y decidimos mudarnos a vivir juntos. Ella es increíble, trabaja, cocina, estudia. No se puede decir mucho más sobre la persona amada sin perder la objetividad, así que ¡adiós objetividad!

Mi novia tiene mucho talento para la organización y quizás por eso a primera vista parezca muy seria, pero es tan bella. Yo la ayudo en las tareas de la casa; en cada detalle que organizamos, ella tiene una amplia sonrisa y un ardiente fuego interior, que puede despertarse en los momentos menos esperados. Es espiritual, ambiciosa, sabe lo que quiere. Soy capaz de escribir en cada calle que camino que la amo, la amo con toda mi alma. ¿Cuándo me caso? No lo sé, les contesto a mis tías y a mi madre, que siempre me preguntan. En realidad, ahora sólo quiero disfrutar su mirada y su sonrisa y hacer el amor hasta la eternidad, claro que esto último te lo cuento a ti solamente, es un secreto.

No hay mucho más que agregar; sólo que el amor, esa emoción tan fuerte, puede mover montañas, lograr todos los sueños y curar cualquier enfermedad.

¿Y ahora qué? ¿Nos casamos?

A la hora de tomar una decisión tan importante como casarse, nos puede ayudar realizar un listado de aquellas cosas que ganamos o perdemos con el cambio. Lo fundamental es hacer este ejercicio de conciencia plena con la pareja, tratando de ser tan sinceros que luego de este autoexamen la relación pueda cambiar para siempre en todo el sentido de la palabra.

Primer paso: Evitar desde el primer momento las comparaciones y los mitos que tenemos sobre el matrimonio.

Segundo paso: Una vez superados los mitos y las comparaciones con otros matrimonios, especialmente con la relación que recordamos o pensamos que tuvieron nuestros padres, podemos tener más claro lo que podemos repetir de esas relaciones, como por ejemplo no cometer lo mismos errores y mejorar cada día. Si ya viviste una situación similar y te fue mal, no puedes sacar conclusiones de esa experiencia; concéntrate en la situación actual e intenta sacar todo lo bueno de tu pareja.

Cuando estés tomando una decisión de este tipo, es fácil que inicies un razonamiento del tipo «anticipador negativo». Este mecanismo consiste en enlazar una serie de pensamientos respecto al futuro. Por ejemplo: cómo será tu vida con esa persona y los posibles problemas que puede haber. No puedes basarte en frases del tipo: «¿y si pasa tal cosa o tal otra?». Esas cosas que estás pensando no han pasado, ni sabes si pasarán, así es que deja de imaginar y concéntrate en el presente.

Tercer paso: Los dos pueden hacerse preguntas sobre qué desean como proyecto de vida juntos. Haz un listado de tus sentimientos negativos y positivos sobre el matrimonio, luego compártelo con tu pareja y discútelo; posiblemente los dos tengan muchas cosas en común.

Cuarto paso: Si los hechos negativos son más pesados en la balanza de ambos, pueden hacer un ejercicio de memoria para comprender juntos la razón. Este ejercicio se trata de recordar todas las situaciones a las que se han enfrentado y que han solucionado, pasando por diferentes estadíos de miedo o poco valor. Al reflexionar sobre esas situaciones pasadas, podrán sentir cómo con amor todo puede trasformarse de forma feliz... Confíen en sus posibilidades de triunfar y confiesen el uno al otro de forma abierta cada una de sus fantasías sobre el matrimonio.

Quinto paso: Es importante tener las reglas claras a la hora de compartir el espacio, el tiempo, los amigos, el dinero y saber cómo van a administrar cada uno de estos factores; esta claridad de pensamiento será la clave del éxito de un compromiso perfecto para el futuro.

Luego de este ejercicio que sugiero, podrán comprender y analizar qué es lo que realmente desean y si están preparados o convencidos de dar un paso más comprometido como es el matrimonio.

EJEMPLOS DE MITOS FALSOS SOBRE EL MATRIMONIO

- La gente casada tiene una vida sexual menos satisfactoria. (No es verdad: la vida sexual depende del desarrollo de la pareja en todo sentido).
- Con el matrimonio se pierde la libertad, los amigos, etc. (Es falso: con un matrimonio se puede ganar amigos, tener otro tipo de relaciones de diferentes formas con parejas o con personas que se suman a la vida de los cónyuges).
- El matrimonio es para procrear. (Es falso: muchas personas deciden tener hijos sin formalizar un matrimonio).
- El matrimonio te da seguridad emocional y económica. (Está probado por el gran porcentaje de divorcios que esto no es verdad).
- El matrimonio beneficia más a las mujeres. (Hoy en día la mujer tiene un rol muy activo en la sociedad, y puede tener un trabajo que proporcione tanto o más dinero que su esposo).

Es importante destacar que tanto en el matrimonio como en la convivencia existe un tiempo de adaptación y reajuste que inevitablemente conlleva la vida en común.

CAPÍTULO 6

Yo te amo y deseo casarme contigo

No somos sólo un «tú y un yo» en nuestro proyecto. Desde ahora somos «nosotros» con todo lo que arrastramos del pasado y lo que vamos adquiriendo por el camino, por esa línea de tiempo y espacio que se vive momento a momento, que se supera y goza a cada instante.

El matrimonio y su verdadero sentido

Decir «me caso» y «sí, quiero» es fácil, pero aprender a ser pareja es lo difícil. A la larga, el matrimonio es algo más que la unión de dos personas para formar una familia: es cuando ese contrato indisoluble basado en el amor, el respeto, la confianza y la fidelidad requiere de un trabajo muy consciente de ambas partes para perdurar eternamente. Antes de adentrarnos en los componentes del amor conyugal, hay que decir que pasamos del éxtasis del enamoramiento a la vida cotidiana, con todas sus fases: las más interesantes pero también las menos excitantes.

La vida se acompasa, se vuelve serena y objetiva, se reduce el entusiasmo inicial y se aterriza en la verdad de ese amor, que no es otra cosa que la aceptación recíproca de las virtudes y los defectos de uno y otro, de lo positivo y lo negativo. Este nuevo amor maduro posee la grandeza de la vida diaria, maravillosa aventura en la que podemos poner lo mejor de nosotros o no; y eso depende de nuestro grado de compromiso, no sólo con el otro sino con nos-

otros mismos. El amor conyugal es una forma excelente de conocimiento que hace que la búsqueda culmine en encuentro: es la
satisfacción de haber encontrado a una persona que ilumina el
panorama personal presente y futuro.

La vida conyugal ya establecida hace cambiar el color rosa de los
momentos iniciales por una amplia tonalidad de coloridos muy
diversos, como la vida misma. Podríamos comparar un modelo de
matrimonio exitoso con una escuela en donde se aprende lo mejor
de la vida: dar y recibir amor; donde además uno se educa para
tener un comportamiento íntegro, coherente y ético. Es esencial
que la arquitectura sentimental tenga bases consistentes.

El amor conyugal requiere voluntad porque su presencia afirma y refuerza el amor a través de una conquista diaria, tenaz, per-
severante, llena de audacia. Hay que cultivar el amor día a día, si no
la relación se evapora, se enfría, se pierde. Como todo proyecto de
vida en común, necesita de la voluntad. Supone querer, insistir,
poner los medios adecuados para conseguir algo y superar las dificultades internas y externas. En la convivencia conyugal, el ejercicio de la voluntad es decisivo para acrecentar y preservar el amor.

El valor de la voluntad está estrechamente relacionado con la
libertad. La voluntad debe quedar comprometida al máximo con
el amor y un compromiso libre de la voluntad sólo se lleva a cabo
partiendo de la sinceridad. Hay que «aprender» a amar. Esta lección necesita tiempo, pero si se persevera, se aprende. ¿No es así
como enfocamos otros aspectos importantes de la vida; un nego-
cio o una profesión, por ejemplo? La gran mayoría de las personas
están convencidas de que, para convertirse en un gran médico o
abogado, es necesario estudiar durante años en una universidad y
luego de obtener un diploma, hay que seguir formándose. De
modo parecido, debemos estar dispuestos a realizar el esfuerzo de
amar, a aprender a amar y darnos la oportunidad de descubrir el
proceso de vivir en pareja. En un principio empezamos a conocernos y a interactuar, pero es en la convivencia donde se practica un
aprendizaje que continúa todos los días. La lección fundamental es
compartir nuestra vida porque decidirse a vivir en pareja constitu-

ye una de las decisiones más importantes de la vida. Cada uno de los miembros de la pareja necesita enfrentar el hecho de que ha dejado de ser hijo o hija de familia. Ahora se ha convertido en el compañero o la compañera de una persona con la que se ha comprometido a pasar su tiempo, a compartir sus sentimientos, sus sueños, deseos y dinero. Cada miembro de una pareja es un adulto independiente y necesita aprender una nueva forma de relacionarse con la nueva familia que acaba de comenzar; debe vivirlo como el hecho histórico más importante de su vida.

Hay temas muy interesantes para compartir pero también límites que impone la vida en pareja, como por ejemplo, el compromiso contraído que requiere limitar actividades que antes se hacían libremente de solteros, para darle ahora prioridad a la relación entre los dos. Este tema no debe dejarse que se torne a un conflicto sino que debe ser tomado en cuenta previamente.

La felicidad en el matrimonio exige voluntad: no existe un camino fácil hacia la felicidad. En el matrimonio, el mayor enemigo del amor es el egoísmo; no el de la otra parte, sino el propio. He aquí algunos consejos para mantener el matrimonio siempre feliz.

Saber pactar: La escasa comunicación, el no saber resolver conflictos o pactar, no divertirse juntos o no apoyarse mutuamente, provoca la falta de entendimiento y el progresivo distanciamiento, a pesar de habitar bajo el mismo techo.

En la convivencia diaria, al tratar de establecer acuerdos, van a surgir múltiples diferencias entre la pareja. Estas disparidades son las que contienen la riqueza potencial de la relación. El amor funciona cuando se respetan las diferencias que cada uno aporta. La integración de la diversidad en la relación debe ser una cuestión de principios innegociable e irrevocable.

Saber aceptar al otro: Cuando acepto al otro doy por sentado que nada de lo que hace, dice, siente o piensa se basa en el engaño ni en la manipulación. Parto de la creencia en su buena fe y hago de eso una cuestión de principios. La aceptación me libera de la necesidad de cambiar al otro y me hace libre del peligro de que el otro quiera convertirme en lo que no soy.

Ser tolerante: Desarrollar la capacidad de conceder la misma importancia a la forma de ser, pensar y vivir de nuestra pareja, como a la de uno mismo. Debemos comprender que nuestras creencias y costumbres no son ni mejores ni peores que las de nuestra pareja, sino simplemente distintas.

No es preciso compartir una opinión para ser capaz de considerarla tan válida como cualquier otra. Lo que hace falta es tratar de ponerse en el lugar del otro y aprender a compartir las diferencias porque esto enriquece la relación de pareja.

Aprender de los propios errores: Si uno se equivoca y lo sabe, debe aceptarlo y tratar de remediarlo. Y como pareja que son deben hablar de sus fallos, compartir responsabilidades sobre los mismos y corregirlos, siempre apoyándose mutuamente.

Ser responsable: Esta es la capacidad de hacerse cargo de la propia vida. Es esencial para que exista una relación de amor verdadera. No puedes hacerte responsable de la felicidad del otro. Pero sí eres responsable de no engañar ni manipular.

Confiar en el otro: Si amas algo, déjalo libre. Incluso dentro de una relación amorosa, la gente necesita tener su propio espacio. Si queremos aprender a amar, primero debemos aprender a perdonar y olvidar nuestras heridas y dolencias del pasado. Amar significa desprendernos de nuestros miedos, prejuicios, ego y condicionamiento. Una acción positiva para cada integrante de la pareja es repetir esta afirmación: hoy dejo atrás todos mis miedos, el pasado ya no tiene poder sobre mí; hoy es el comienzo de una nueva vida.

Preguntarse por qué están juntos: La respuesta siempre será saludable y sincera, sin tener miedo a retomar el sentido del amor que los unió en un principio. Muchas parejas no quieren preguntarse esto porque temen que la respuesta les provoque un vacío muy grande y hasta el sentimiento de que en realidad están solos; se han acostumbrado a compartir el mismo techo y nada más, por eso esta pregunta es fundamental para estimular la conciencia y la comunicación entre ambos. Es una buena pregunta para conocer el estado en que se encuentra la pareja y cómo mejorar el proyecto de vida en el futuro.

Evitar las amenazas: La amenaza continua de terminar la relación si no se hace lo que alguno de los dos quiere es algo que nadie debe permitir.

Enseñar a amar: Nosotros somos quienes enseñaremos a la persona amada a que nos ame del modo en que necesitamos. Cuando no te sientas amado como necesitas, comunícalo, no te quedes callado, porque ese sentimiento genera resentimiento y nadie puede adivinar lo que tú sientes...

Tener las finanzas claras: Es conveniente hacer un contrato o tratar de conocer y saber cómo van a manejar el dinero y los bienes materiales. Cuanto más transparente sea la utilización de los recursos económicos, menos problemas habrá en el matrimonio. De cualquier manera, cabe recordar que siempre debes generar tu propio bienestar económico por el bienestar de tu pareja.

No hacer el amor sin antes resolver el problema: No se lleven a la cama resentimientos que sólo arruinan la relación porque el sexo no siempre arregla los problemas de la pareja.

En cuanto a la frecuencia de la actividad sexual: No existe una frecuencia normal para el sexo. Esta especie de mito suele atraer muchas discusiones. El tema sexual en toda su profundidad será desarrollado en la tercera parte de este libro. Cada pareja encuentra la suya y el ritmo adecuado es aquel con el cual la pareja es feliz sin tener que dar explicaciones.

En cuanto a la comunicación sexual: El lenguaje íntimo de la pareja se expresa a través del cuerpo, donde la comunicación va más allá de las palabras. Es una comunicación integral que refleja los más profundos deseos, temores y necesidades, y que da la posibilidad de descubrir diferentes facetas de la personalidad. Hay que considerar el afecto sexual como algo que se debe aprender (este tema será ampliamente desarrollado en la última parte del libro).

CADA UNO CON SU VALIJA DEBE CONSTRUIR UN ARMARIO EN COMÚN.

Dos personas que fundan un amor conyugal están edificando un país nuevo en un territorio virgen. Pueden hacerlo sometiendo uno de ellos al otro, batallando para conseguir más poder o nutriéndose de la diversidad de generar un mundo nuevo.

Cada cónyuge va al matrimonio con su propia valija de temas, donde lleva su personalidad, tradiciones y costumbres. Pero todas estas cosas hay que colocarlas en un armario que los dos utilizarán al mismo tiempo y en el mismo espacio. Debido a las diferentes secciones del armario, para ordenar cada uno de los temas personales de la pareja es (¿o será?) imposible mantener intacta la valija original, sino que la misma requiere siempre de ajustes. ¿A qué me refiero con esto? A que juntos tienen que armar un nuevo espacio, donde habrá lugar para aquellas cosas que de común acuerdo crean que son imprescindibles. Luego, a medida que transcurra la vida matrimonial, el armario se irá ordenando, reacomodando, y se irán desechando aquellas cosas que vean que no son tan importantes o incorporando otras. Esto es fundamental que lo haga cada matrimonio en la intimidad. Esto es todo un reto para una pareja que se dijo un día «te acepto para toda la vida». Estamos hablando de dos personas con personalidades diferentes que tienen que armonizar para poder alcanzar una convivencia saludable. De lo contrario, nos casaría-

mos con clones de nosotros mismos. Estas diferencias hacen
madurar mucho a las personas, por ello es fundamental conocerse lo mejor posible a uno mismo y al otro.

Experiencias acerca del matrimonio

Jeannette, de 31 años, es el caso de la persona que no le da importancia a la formalidad, pero sí anhela la celebración del matrimonio como una unión que hay que festejar. Ella comenta:

*La verdad es que he vivido ambas experiencias en mi vida. Viví con
mi novio por cuatro años y estuvimos así un largo tiempo, tuvimos un
hijo, el cual se convirtió en la gran prueba de nuestro amor y luego con
el tiempo nos casamos. Por un lado fue por una cuestión práctica porque así tenemos algunas ventajas; y, por otro lado, por la necesidad del
rito (que a veces es importante), aunque puedo asegurarles que es
exactamente lo mismo, de hecho me olvido con frecuencia de que estoy
casada; sólo cuando tengo que hacer algún trámite legal me acuerdo,
pero los demás días son como antes de casarnos, el lazo es el mismo.
Lo único lindo de casarse es hacerse la promesa de amor frente a tus
amigos y familiares. Aunque con esto no quiero decir que el rito tenga
que ser el tradicional por la iglesia o por lo civil, pero es bueno que sea
algo que todos recuerden como algo especial.*

Es importante muchas veces para ciertas parejas sellar la relación con un ritual de matrimonio, más allá de la religión que la
persona profese. El acto de celebración del matrimonio es una
experiencia muy bella y tierna que se recuerda para toda la vida.

Eduardo de 34 años, se casó con su compañera de facultad y
relata su bella experiencia:

*En los primeros años de nuestro matrimonio, cuando estábamos en la
universidad y ambos trabajábamos y no nos veíamos lo suficiente, yo*

*tenía la falsa idea de que un matrimonio podía sobrevivir en medio
de aquella clase de negligencia «no perjudicial».*

*Sin embargo, he aprendido desde entonces la siguiente verdad: un
matrimonio es muy parecido a hacer un guisado. El matrimonio sólo
será tan bueno como los ingredientes que pongas en él. Si no sacas
tiempo para conversar con tu compañera, para salir a caminar, a
cenar juntos en ocasiones especiales y salir por las tardes; si no tomas
tiempo para compartir impresiones, para reír y para disfrutar de ocasiones románticas, el matrimonio no será más que un guisado sin
sabor y mal hecho.*

*Cuando me casé, asumí que los días más importantes en un
matrimonio serían los aniversarios, las bodas, las navidades y las reuniones de familia. Pero ahora he cambiado de parecer; ahora sé que
el día más importante en cualquier matrimonio es el día de hoy.*

Lo positivo en este caso es que Eduardo es consciente del pre-
juicio que a veces se tiene acerca del matrimonio y a pesar de ello
ha podido encontrar la felicidad estando casado al saber compartir las pequeñas y grandes cosas.

Como se ilustra en este último ejemplo, la época de noviazgo es
diferente a la de vida en común porque son muchos los factores
personales y de relación que entran en juego en este momento.

Normalmente, el inicio de la convivencia va acompañado de
una nueva casa, un nuevo estilo de vida, una independencia económica, haciendo que los primeros momentos normalmente estén
cargados de ilusión, pero también de incertidumbre y miedo a lo
desconocido.

Hay que tener en cuenta también que el inicio de la convivencia puede ir acompañado de dificultades económicas, falta de
apoyo familiar o de recursos, que pueden influir en la relación de
pareja.

El tiempo hace madurar y vivir la experiencia no menos intensamente, pero sí más objetivamente, por lo que algunos aspectos de
la pareja y de la propia convivencia pueden ser reevaluados de
manera más objetiva que al principio.

Del mismo modo, hay otros factores que pueden influir en el buen funcionamiento de la relación de pareja y es en el momento de la convivencia cuando estos pueden tener más importancia, como la incompatibilidad en los horarios laborales, diferentes gustos y costumbres, el grupo de amistades, la relación con las familias de ambos, problemas laborales, determinados hábitos, la situación económica.

Cuando se decide establecer una relación de pareja en la adultez, hay más posibilidades de que haya una buena comunicación, confianza y respeto porque se entiende mejor que una buena convivencia pasa por la aceptación de las características personales de cada miembro y que se puede pasar por diferentes momentos, dificultades, desacuerdos, sin que eso signifique que la relación no funcione. Esto es fundamental para llevar a cabo una convivencia saludable y positiva.

Es importante entender también que el matrimonio no implica necesariamente que haya que compartir las mismas experiencias, practicar los mismos intereses o aficiones, tener los mismos gustos, hábitos. No hay que renunciar al desarrollo personal y esto es fundamental entenderlo tanto para el bienestar de cada miembro de la pareja como para la evolución de la relación, aunque también sea importante tener cosas en común y buscar el modo de adaptarse a la otra persona.

El amor conyugal es grande porque es comprometido. Conlleva un acuerdo, una obligación con la persona amada de estar con ella siempre, de acompañarla, de vivir con y para ella. No hay amor auténtico si no existe un compromiso voluntario mediante el cual uno se hace cargo de cuidar y atender a la persona amada. Compromiso, responsabilidad, fidelidad: es la secuencia que conduce a la felicidad.

CAPÍTULO 7

Yo te amo... ¿para siempre?

Te amo tanto no solamente porque tú me amas, sino porque a través de nuestra relación aprendí a quererme y a conocerme profundamente.

¿Amar o no amar? ¿Es ése el dilema?

Vivir en pareja no es nada sencillo si se tiene en cuenta que sobre ella revierten los problemas cotidianos: facturas, educación de los niños, tareas domésticas, etc. Además, el trabajo, el estrés y la rutina a veces provocan que la pareja deje de disfrutar de sus ratos libres.

A pesar de todos los obstáculos que genera la convivencia, nada es más fuerte que el amor. Cuando dos seres se unen por amor, generan una energía invencible porque es un intercambio continuo entre dos personas; por eso, la base de la felicidad está en que ese intercambio sea equilibrado y positivo. Tener la percepción de que se da tanto como se recibe y fomentar la reciprocidad positiva es una buena receta para hacer de una relación una fuente inagotable de satisfacciones.

Mi experiencia me ha demostrado que para crecer realmente como ser humano, en todos los niveles, esto se realiza de forma completa y profunda cuando uno está comprometido con uno mismo y con la persona que quiere.

Con mi esposo tuve experiencias muy ricas de contacto íntimo.

Pero la relación de convivencia con él no fue del todo fácil para mí, especialmente en los dos primeros años, porque tuve que mudarme de país, adaptarme y cambiar prácticamente toda mi vida. A continuación transcribo un poema que mi esposo me envió en esos días cuando todo parecía ser más difícil; pero el amor todo lo vence y cada día bendigo y agradezco a Dios el haberlo conocido.

El amor después del «Te quiero»

Mi querida
A través de una distancia extensa,
Una distancia tan lejana e insuperable como 100 años de
*   tiempo.*
Se conectaron dos personas
A través de un alambre
Como un nervio
Que extiende el cerebro más allá
De lo que ve el ojo
Oye el oído
O siente la piel
Creando una fuente de concordancia entre aquello que es lo
*   menos común*
Mas encontrando la concordancia que existe en todas partes
Oculta tras las culturas y tradiciones
Enmascarada tras el idioma
Oculta por gestos y palabras,
Enterrados entre símbolos reconocidos;
Sin embargo, persiste esto, lo más común.
Pero esto que es lo más común
Este hilo que corre a través de todo
Conecta todo
Une todo
Endulza todo
En fin no es tan común;
Es más, es el regalo más raro

Que mantiene su rareza aun estando en todas partes.
Es el amor
El amor crea el alambre
Mueve la mano
Dispara la sinapsis
Y extiende el alcance de la conciencia
Más allá, fuera de las pequeñas fronteras de su cuerpo.
Alcanzando hasta el otro lado del mundo para capturar y
*   ganarse el corazón de su amada.*
Greg (tu marido)

Mi esposo y yo nos conocimos por el milagro de la conexión virtual por Internet. Tuvimos una relación telefónica y electrónica por unos meses hasta que por fin nos conocimos y nunca más nos separamos. La historia es muy romántica y es para contarla en otro libro. Comentaré algunos detalles para que el lector me conozca un poco más: Greg vivía en Nueva York, Estados Unidos, y yo en Buenos Aires, Argentina. Los dos teníamos diferentes experiencias de vida, diferentes lugares de referencia. Así y todo encontramos en cada uno de nosotros ese núcleo espiritual de conexión, que es tan fuerte y que sigue basándose (y nutriéndose) en una fuerte afinidad espiritual.

Los dos tenemos permanentemente esa sensación única que se genera en la fusión espiritual: se dejan de ser dos y se convierte en un solo respiro, en una sola llama, en una sola sensación, en un solo corazón.

Siempre comentamos que parecía que habíamos esperado más de un siglo para encontrarnos. Posiblemente, el siglo de la tecnología. Sin el mundo virtual, hubiese sido imposible unir a dos personas que vivían a tantas millas de distancia y en dos universos diferentes. Con mi esposo realizamos visualizaciones internas y cada uno guía al otro en el ejercicio de conocernos de forma individual y como pareja, esto nos ayuda a crecer y expandir nuestra conciencia de amor. Les aconsejo a todos los lectores que realicen con su pareja los ejercicios que se comentan a lo largo de este libro.

La convivencia es una prueba de amor

Cuando escribía esta sección del libro, soñaba repetidamente que tenía que dar exámenes y que no alcanzaba a darlos porque los escribía en un cuaderno y no en una computadora, y por ello no llegaba a tiempo a entregarlos. No llegaba a pasar las notas en limpio y corregirlas. En la realidad de cada día, yo no escribo en cuadernos ni en papel porque mi letra es muy difícil de comprender; a veces yo misma me pierdo. Me gusta escribir en cualquier computadora que encuentre, pero el papel lo abandoné a los 17 años, cuando escribía poesía, porque obtuve mi primera computadora.

El sueño me remitía a la idea de que la vida en convivencia pone a prueba de forma permanente nuestras dudas, nuestros interrogantes, nuestras inseguridades, nuestros deseos, pero también es una celebración de libertad cuando después de decir «te quiero» te amas primeramente a ti mismo. Por lo tanto, aceptas al otro con todos los defectos y cualidades que todos tenemos.

En general, como explicaba, el periodo de la convivencia trae consigo diferentes experiencias, a veces, comienzan los conflictos, los miedos, la falta de seguridad.

Esto no ocurre necesariamente cuando uno vive bajo el mismo techo. Puede ser una relación donde la pareja se encuentre con frecuencia o con un cierto grado de compromiso. Además, coincide con el instante en que ya no vemos todo color de rosa, como al principio, y estamos lo suficientemente involucrados y enamorados para seguir adelante con la pareja y por lo tanto no podemos hacer la valija e irnos al primer hotel.

En esta etapa de la relación las expectativas crecen en ambos integrantes de la pareja. Lo más gracioso o dramático —depende cómo se vea— es el momento en que esperamos que nuestra pareja sea ideal y perfecta y que la relación no nos traiga problemas. ¿Por qué? Bueno, lo primero es que a cambio entregamos nuestro amor y exigimos la perfección del otro, por supuesto. Sin pensar que nosotros no somos perfectos o fantásticos. Lo más impresionante del asunto de una relación de pareja es que siempre nos olvidamos de que nuestro compañero está esperando lo mismo de nosotros (que seamos perfectos).

Este es un punto fundamental y álgido en la relación desde un principio. Es algo que no pensamos porque a pesar de decir «te quiero», son muy pocas las personas que realmente se ponen del lado del otro, es decir, en los zapatos del otro.

Como explicábamos en los primeros capítulos del libro: toda relación es un espejo. Asociando este ejemplo con el cuento infantil tan famoso de la bella y la bestia, aunque (nosotros) seamos «la bestia» de la película (le pido disculpas al lector por la comparación, pero vale la pena), estamos esperando ver en nuestro reflejo o espejo (nuestra pareja) a «la bella».

Lo cierto es que esto no es justo que suceda, pedirle al otro que a cambio de nuestro amor nos provea belleza y perfección, que nosotros no seamos conscientes de esto y tampoco queramos ver nuestras partes irracionales, bestiales o negativas. Pero lo gracioso es —aunque en realidad es bastante dramático— que el otro también quiere ver la parte bella en nosotros. Por lo tanto, la pregunta del millón es: ¿quién es el monstruo? Mi respuesta es: aquello que llamamos monstruo es una proyección de nosotros mismos que depositamos en el espejo, o sea, en la relación.

Por ello, sin duda comenzamos a llamar horripilante al matrimonio, noviazgo o compromiso. Pero lo peor es que depositamos toda nuestra energía negativa, nuestro miedo y nuestra falta de responsabilidad en la relación en eso que llamamos «AMOR».

Entonces, si el amor, que es algo bello y puro, termina siendo la bestia, ¿para qué enamorarse de ella, si es algo tan complicado, feo y temible?

En cambio, cuando nos hacemos cargo del espejo, aceptamos al otro como es y también a nosotros mismos, reflexionamos sobre la relación y buscamos la forma de mejorarnos como seres humanos, sin polaridades extremas entramos en una relación madura, clara, y también vulnerable, pero seguramente muy fértil y potente.

Toda relación de pareja sana es vulnerable a cambios, crisis, y transformaciones; es decir, a evolucionar y mejorar. Pese a los juramentos que se hagan y a los papeles que se firmen, nada ni nadie puede garantizar que la pasión sobrevivirá a la prueba implacable del tiempo. Sin embargo, sí se puede afirmar que gracias a esta aceptación previa, la relación puede madurar y crecer. Una vez pasada la fase pasional en la que la euforia erótica se ha debilitado, las personas recuperan su carácter verdadero y surgen rasgos temperamentales habituales, que no siempre satisfacen al otro. La mayoría de las personas, por no decir todos, tenemos algunas partes de nuestra personalidad que sabemos que tenemos que modificar, pero no nos gusta la idea.

Justamente, es ése el desafío de la pareja y al mismo tiempo el dulce aprendizaje que tenemos que hacer. Una relación, aunque dure un día o toda la vida, tiene la función de enseñarnos acerca de nosotros mismos, aprendiendo de nuestro mejores maestros: los que NOS AMAN y realmente nos conocen. Carolina, de 35 años, se había casado enamorada de su pareja, pero no conocía demasiado a su esposo. Comprendió que nadie cambia de la noche a la mañana. He aquí el relato de su experiencia:

Sin más, ni más... de la noche a la mañana todo cambió. Parecía que dormía con un extraño, alguien que nunca había conocido; hacía más o menos cuatro años que vivíamos juntos y teníamos dos de casados. De pronto dejamos de escucharnos, de entendernos, parecía que cada uno hablaba otro idioma. Decíamos cosas sin sentido, evitábamos el contacto sexual con cualquier excusa. Yo notaba por instantes su dulzura y la ternura del principio de la relación, pero luego se desvanecía. Parecía que estábamos juntos por inercia, por costumbre. Ya no compartíamos nada, ni siquiera los sueños de antes.

Me sentía muy triste de pasar del amor al desamor, a la falta de contacto en tan poco tiempo. No sabíamos los motivos. Necesitamos ayuda, nos dijimos. Por suerte, comenzamos a hacer un esfuerzo entre nosotros y fuimos descubriendo y entendiendo cada vez más sobre nosotros mismos, hasta que nos reconciliamos de nuevo con el amor.

Como por arte de magia apareció lo más importante: el deseo y el sentido de estar unidos.

Carolina hizo un trabajo muy consciente, primero sola y luego con su esposo: sacar a flote la «pareja interior», un tema que se plantea y desarrolla a continuación de este capítulo. Ella comprendió claramente que una relación que no se cuida, se empobrece y puede ser atacada por el desencanto, el aburrimiento y la expectativa defraudada.

Por ello, para mejorar la relación y la comunicación de pareja, se le aconsejó compartir actividades que fueran agradables para los dos, para hacer más estable y satisfactoria la relación, contrarrestando así los sinsabores de cada día y ayudando a que la rutina no destruyera a la pareja. Aun así, aunque es cierto que la pareja necesita un tiempo de ocio compartido, es importante también tener tiempo para uno mismo. Y esto no siempre se entiende bien.

CAPÍTULO 8

Yo te amo
porque eres mi pareja ideal

*Alguien te quiere por lo que eres, adora la manera en que le
haces sentir, le afecta todo lo que hagas, pienses o sientas.
Alguien está complacido de que seas su amigo, amante y pareja.
Alguien pasó toda la noche en vela... sólo pensando en ti y está
deseando que lo comprendas.
Alguien extraña tu ayuda y quiere encontrarte para conocerte
mejor.
Alguien tiene confianza en ti, conoce todo lo que tú vales,
necesita tu apoyo y tu amor.
ESE ALGUIEN ERES TÚ MISMO.*

La pareja interior

Todo individuo tiene cualidades masculinas y femeninas interiores
que desconoce o está consciente de ellas. Estas dos cualidades de
energías tienen una relación entre ellas y forman lo que he llamado
la pareja interior. Esta pareja puede tener una relación positiva o
negativa. Cuando es conflictiva, se vuelca en la pareja externa y se
proyectan los mecanismos internos como repitiendo el drama interior en el mundo exterior. La energía femenina interna es el ser
intuitivo, el aspecto profundo, sabio, el guía que todos llevamos
dentro. Nuestra parte femenina habla con nosotros a través de

impulsos o imágenes que surgen de un lugar muy profundo en nuestro interior. Cuando no escuchamos la voz de la intuición, la energía femenina se comunica con nosotros por medio de sueños, emociones o cambios.

El aspecto masculino actúa en el mundo externo a través de las acciones diarias. Nos permite hacer cosas, construir, hablar, mover el cuerpo. Cuando lo femenino es receptivo, la energía masculina se siente segura, activa y expresiva. Es lo masculino lo que hace posible la realización de las ideas, la transformación del pensamiento en acciones.

Todo individuo equilibrado es a la vez activo y pasivo, racional e intuitivo, posee ternura y dureza, es agresivo y acogedor. Una mujer que tiene un balance de las dos energías tiene capacidad para actuar en forma agresiva, si es necesario, negociar o liderar. Cuando se encuentran proporcionadas, las cualidades masculinas y femeninas conllevan al equilibrio emocional y saludable en una pareja. El enamoramiento es un ejemplo de cómo proyectamos nuestra parte masculina o femenina en la imagen del hombre o mujer ideal de nuestros sueños o de nuestro inconsciente.

Para conocer el universo que somos en su totalidad, más allá de las polaridades, tenemos que comprender estas dos zonas de nuestra realidad, pues son energías que juegan un papel predominante en las relaciones con los demás y con nosotros mismos. Estas dos energías femeninas y masculinas funcionan como espejos proyectándose una a la otra. El resultado de este vínculo interno cuando se proyecta al exterior es igual a nuestra pareja real o futura.

Cuando descubres que tienes una pareja interior, te sientes seguro, protegido, fundido contigo mismo y el otro porque sabes que puedes cambiar tu mundo desde tu interior. No al otro, sino a ti mismo. De modo que ya no necesitamos buscar a la persona adecuada, ese perfecto «otro», porque sabemos la clave de la felicidad: todo depende de nosotros, de nuestra propia conciencia interna.

Una vez que logramos relacionarnos con nuestras dos energías polares —femenina y masculina— nuestra relación con el otro cambiará radicalmente: será mucho más sencilla y estará basada en una verdadera comprensión. Los diversos problemas psicológicos conectados con las relaciones con el otro sexo (y que normalmente abarcan bastantes problemas) desaparecerán automáticamente.

¿Cómo reconocer
la energía masculina y femenina en nosotros?

No existe la noche sin el día, la mujer sin el hombre, la tierra sin el cielo.
El movimiento de la creación vital de todo lo que existe es un juego entre las fuerzas complementarias femeninas y masculinas.

En cada ser humano existe una fuerza vital femenina, representada a nivel mental como una mujer interna, y en cada mujer existe una representación mental de la energía masculina u hombre interno. Estas imágenes polares contienen cualidades y defectos que la mayoría de la personas no conocen porque funcionan en un plano inconsciente; por lo tanto, esa imagen es proyectada hacia la pareja u otras personas con las que el individuo se relaciona.

Según el pensamiento de la psicología jungiana, gestáltica y de los espiritualistas como los taoístas, la energía que representa lo masculino es la actividad, el día, lo seco, el sol, la agresión (aclarando sobre un nivel correcto y balanceado, es un instinto vital y positivo porque nos ayuda a protegernos y a defendernos) y el fuego. La energía femenina está representada por lo femenino, la pasividad, la noche, lo húmedo, el frío, el agua y la luna.

Descubrir la polaridad masculina ayuda a que florezca la feminidad de la mujer. Por otro lado, cuando un hombre no está en contacto con su polaridad femenina, su masculinidad tiene una tendencia muy mental, racional, muestra una negación de su sensibilidad mucho más frágil de lo que su actitud machista pueda implicar.

Si consideramos que en todo hombre y en toda mujer existe

una parte masculina y una parte femenina, la primera labor para que una pareja funcione, es integrar ambas partes en uno mismo hasta poder celebrar un verdadero matrimonio interno, o sea, la unificación total de las dos energías dentro de cada uno. Si un hombre no valora su parte intuitiva, vulnerable y sensible, siempre la proyectará sobre su pareja. Por su parte, si la mujer no valora su capacidad de razonar y su poder de trabajo, su carrera y su capacidad de proyección en el mundo, se hará dependiente de su pareja y reprochará y culpará a su pareja por no ser independiente.

La mujer, cuando no está en contacto con su energía masculina, se vuelve dependiente, puede jugar un rol de víctima y además tiende a no ser clara en sus decisiones. El hombre, cuando no conoce su energía masculina, puede ser muy pasivo en lo sexual, en las relaciones y tiende a entregar el poder de su vida a otros. Cuando una mujer no está en contacto con su lado femenino puede ser muy competitiva con el hombre, también sumamente dominante en el aspecto sexual.

A veces ocurre que los papeles se invierten y se desarrolla entonces un diálogo a cuatro voces que, muchas veces, puede dar lugar a múltiples situaciones: la parte masculina de la mujer compite con la del hombre o aplasta la parte femenina de éste. La parte femenina del hombre tiene celos de la parte femenina de la mujer o su parte masculina se siente humillada porque «ella quiere llevar los pantalones en la casa».

Hasta que no se toma conciencia de este ir y venir, de este juego fatal, las situaciones pueden multiplicarse hasta el infinito.

Objetivos de la pareja interior

Cuando logras conectarte con tu verdadero ser, podrás sentir cómo el universo entero se crea y se expande dentro de ti y para tu crecimiento en todos los planos de tu vida. Explora tu inconsciente. No ahorres ningún esfuerzo para consagrarte a esta tarea, sigue las explicaciones que se darán en la sección siguiente.

Continúa siempre alerta y realiza cuidadosamente cada uno de estos ejercicios. Es positivo escribirlos en un cuaderno especial para ti, para que veas cómo se desarrollan y cambian. No pongas demasiada atención a lo que suceda en tus relaciones apenas comiences a trabajar. Cada circunstancia que se presente puede ser la prueba de tu trabajo o una confirmación de tus logros. Toma cada elemento externo como parte del proceso de que «todo lo que necesitas es seguir profundizando tu tarea interior». He aquí los objetivos de las visualizaciones que hemos realizado:

1. Detectar nuestra parte femenina y masculina y sus funciones positivas.
2. Desbloquear nuestras trabas emocionales y mentales.
3. Percibir la expansión de nuestros potenciales.
4. Experimentar nuestra energía en acción.
5. Aplicar lo vivido y lo aprendido a través de técnicas.
6. Encontrar y reconocer la pareja interior.
7. Proyectar la pareja exterior desde una armonía interna.

Visualización de la pareja interior: energías femeninas y masculinas

Si puedes relajarte y escuchar el latido de tu corazón, allí encontrarás el núcleo y la esencia de la totalidad.

La visualización es una técnica que se utiliza para mucho más que la relajación mental. Se trata de usar la imaginación para crear imágenes relacionadas con nuestro inconsciente, dependiendo del objetivo que busquemos. Es una técnica muy utilizada en psicoterapia, meditación y yoga. Los beneficios que obtenemos con esta técnica son:

• Aumentar el grado de percepción y conciencia real de todos nuestros sentidos y emociones.

- Desarrollar el potencial mental tan escasamente conocido y trabajado.
- Abrir nuevos canales energéticos que llevan, con la práctica, a la expansión de facultades innatas como la intuición y el poder interior.
- En definitiva, percibir mucho mejor nuestra propia realidad no sólo corporal sino también espiritual y mental.

Esta técnica comprende unos ejercicios muy sencillos y precisos, en total se toma de quince a veinte minutos realizarlos. La relajación previa toma alrededor de 10 minutos, pero una vez que se efectúa más y más, se llega a un estado más rápido y profundo de relajamiento. A veces no nos damos cuenta de la importancia de realizar y experimentar estos ejercicios.

Lo primero es la relajación, que es de vital importancia ya que permite que podamos programar nuestra mente de manera positiva y con ello iniciar el camino de exploración interior. Relajarnos significa soltar la tensión de todos y cada uno de nuestros músculos, para que la energía fluya libremente hasta que estos se sientan mucho más ligeros e incluso lleguen a anular las sensaciones del cuerpo.

El lugar

Elige una habitación tranquila donde nadie pueda interrumpirte durante al menos media hora. Esta práctica puede realizarse con amigos o con la pareja —no es necesario hacerlo a solas— pero no debería estar presente en la habitación nadie que pueda distraerte.

Enciende velas o utiliza una iluminación muy tenue. Si lo deseas, pon música suave para ayudarte a concentrarte. Busca ropa muy cómoda. Quítate el reloj de pulsera. Puedes acostarte en el suelo, preferiblemente sobre una alfombra, sábana o manta delgada o mantenerte sentado en una posición o en un sillón muy cómodo. Los brazos no deberían cruzarse sino yacer a ambos lados del cuerpo. Es recomendable que las palmas de las manos miren hacia arriba.

Las posiciones

Existen dos posiciones ideales que se deben utilizar para lograr una adecuada relajación y son las siguientes:

a) Acostado boca arriba con la espalda recta, los pies ligeramente separados, los brazos estirados a los lados del cuerpo con las palmas de las manos hacia abajo.

b) Sentado cómodamente en un cojín o silla con la espalda bien recta y los pies cruzados al frente. Para ambas posiciones se debe usar ropa suelta, que no nos apriete ni nos moleste.

La respiración y la relajación de los músculos

Respira lo más profundamente que puedas tres veces. Después pon tu atención en los pies. Tómate tu tiempo para sentirlos y después imagina y siente cómo pesan y se relajan. Sigue subiendo, poniendo tu atención en la tibia, el peroné y las rodillas. No te apresures, siente cada vez más profundo tu estado de calma. Luego, imagina y siente cómo pesan y se relajan.

Prosigue ascendiendo por tu cuerpo, llevando la energía a través de los muslos, pantorrillas, genitales, glúteos y cintura, para relajarlos más y más. Mantén la respiración cada vez más tranquila. Continúa relajando el cuerpo ahora a través del abdomen, pecho, espalda, hombros, brazos y manos. Siempre sintiendo cómo cada zona de tu cuerpo se va expandiendo y relajando cada vez más. Pon tu atención ahora en relajar tu cuello, enfócate en esta zona que se bloquea con mucha facilidad por el estrés de todos los días, prosigue con los músculos de la cara, cuero cabelludo y por último, la mente.

Mantén un estado de vacío mental todo el tiempo que te sea posible, y continúa con este estado para seguir con el siguiente paso.

La visualización y la relajación mental

Trata de eliminar todo pensamiento de la mente, pero sin mucho esfuerzo. Todo tiene que ser de forma natural. Luego, visualiza algún lugar preferido en la naturaleza, donde quisieras estar en este momento. Estos son algunos ejemplos, aunque tú eliges el lugar que deseas: lago, montaña, campo, bosque, desierto, playa o cielo...

Respira profundamente; puedes tener los ojos cerrados hasta terminar el ejercicio o mantenerlos abiertos al principio, hasta que tengas la seguridad y experiencia de la meditación.

Cuando te encuentres en ese lugar, trata de vincularte completamente con ese espacio. Una vez allí, siente la temperatura del territorio que has elegido, conéctate con los sentimientos que ese lugar te provoca. Si hay personas queridas o desconocidas, trata de ver su reacción. Observa la naturaleza del lugar como plantas, flores, tierra, animales, agua, mar.

Acepta todas las ideas y visiones que vienen a tu mente. Una vez que estés totalmente relajado, estarás preparado para el siguiente paso.

Visualización de la energía masculina
interior para ambos sexos

Yo soy la energía del hombre y la mujer que habitan dentro de mí.

¿Te has preguntado por qué eliges siempre una pareja con ciertas características parecidas a tu antigua pareja si deseas algo diferente? En este ejercicio, que es para mujeres y hombres por igual, te darás cuenta de lo que sucede.

Como se dijo anteriormente, este es un ejercicio positivo para ambos sexos. Continúa manteniendo tu estado de relajación. El objetivo es que te conozcas, explores y profundices tu potencia vital, con tu capacidad de generar energía y de estimular tu fuerza interior en su totalidad. Si quieres fomentar la tendencia a la actividad física y mental, realiza esta visualización y sentirás que tu energía creativa es infinita y total.

Visualiza que caminas por un campo muy fértil, y no te detienes a mirar hacia atrás. Siente que desde tus manos nacen cientos de semillas que se van escapando por las palmas de tus manos, y a medida que van cayendo se van produciendo árboles infinitamente hermosos; las semillas se van convirtiendo en árboles de distintos colores y formas, con diferentes frutos y flores. Visualiza este cambio mágico que va produciendo tu creatividad sin detenerte.

Visualización para explorar tus impulsos instintivos

Nota al lector: Los impulsos y emociones destructivas, en especial todo lo que se refiere a las emociones que destruyen los vínculos de pareja, es un tema que se profundizará más adelante en esta parte del libro.

Este ejercicio te ayudará a comprender más profundamente la energía masculina primaria y menos racional. Esta visualización tiene el objetivo de comenzar a explorar los instintos positivos que poseemos, tanto para sobrevivir como para conectarnos con pasión a nuestras relaciones sexuales y emocionales, hasta llegar a una energía creativa máxima. Este trabajo de visualización, como todos los que se explican en este texto, es para ambos sexos.

Continúa con el estado de relajación. Ahora imagina y observa en tu mente un caballo negro muy salvaje que va galopando por una llanura inmensa. Ese caballo salvaje nunca fue montado por nadie. Nadie pudo domarlo. Piensa que ese caballo representa tus impulsos, a veces incontrolables para ti. Piensa cómo puedes domesticarlo, trata de pensar qué necesita este caballo, cómo puedes satisfacerlo. Quizás nunca lo acariciaron, ni lo miraron con amor. Piensa cómo puedes ayudarlo para que sea tu amigo. Acércate poco a poco. Comienza a acariciarlo y mimarlo hasta que lentamente se vaya haciendo tu amigo. Se acerca y de alguna manera te dice que puedes montarlo y cabalgar sobre él. Ambos pueden recorrer la llanura. Ahora observa en el horizonte, el color naranja y amarillo de los rayos del sol, comienzas a sentir que el caballo y tú se van elevando y que el caballo cambia de color. Se convierte en un caballo blanco brillante que vuela por el cielo hasta llegar al sol.

Sientes que tus emociones y pensamientos se van iluminando junto con tu vuelo y entonces comprendes y tomas conciencia de tus impulsos. El sol representa la conciencia y el vuelo con el caballo blanco representa los impulsos controlados por tu mente, y tus emociones también.

Por ello, al repetir esta meditación varias veces en el transcurso de un mes, podrás observar cómo la energía sexual e instintiva está más clara en tu mente, lo que te ayudará a discernir tus verdaderos deseos y sentimientos, sin dejarte llevar por impulsos negativos.

Esta visualización también te brinda capacidad de apertura y comprensión con tu interior, así como la capacidad de entender las necesidades de los demás.

Visualización para profundizar la energía femenina interna para ambos sexos

La energía femenina es creativa, pasiva, trata de conformar, comprender e integrar las necesidades de todos, siente compasión por todos los seres, transforma los conflictos en armonía. La energía femenina tiene diferentes aspectos y representaciones visuales como por ejemplo una diosa o una flor. Obsérvate a ti mismo abierto como una flor, siente toda la belleza que irradias, el perfume que impregnas en las cosas, cómo el sol expande tu energía. Siente que cada vez te abres más y sientes que eres parte de toda la creación.

La diosa del amor y cómo reconocer
tus emociones

Coloca delante de ti una figura arquetípica, como una virgen, una diosa o una mujer (es mejor que no la asocies con ninguna persona en particular) que irradia compasión y tranquilidad. Si eliges a una diosa, siente que ella te da todo su amor, te abraza y calma tu ansiedad. Te toma de la mano y te lleva a la orilla de un lago totalmente revuelto y oscuro y te dice así: «Tus emociones no son muy cristalinas». Entonces, en ese momento te sientas al lado del agua y observas cómo del lago sale una dama que allí habita; cuando ella aparece, el agua se torna transparente y puedes apreciar desde donde te encuentras en la profundidad del lago.

La dama del lago, entonces, te acerca una copa de agua a tus manos y te la ofrece, mientras te dice: «Bebe el agua, pruébala, es muy dulce porque habita en tu corazón». Tú tomas el agua que ella te ofrece y al hacerlo sientes cómo el agua purifica tus emociones y sentimientos porque el lago simboliza las emociones primarias, las que se originan desde la infancia hasta que eres adulto. La mujer del lago representa la conciencia que habita en el alma de cada ser humano. Al concentrarte con conciencia, guiado primero por la diosa, que representa la parte interna de nosotros, y luego, al tomar el agua, que son tus emociones, comenzarás a sentir que puedes autoabastecerte de tu propio amor, por lo tanto, podrás protegerte, cuidarte y contener a los demás, especialmente a tu pareja, cuando lo necesite.

Aprende a expresar tu ternura

Muchas veces las personas no son afectivas o tiernas porque tienen sentimientos en conflicto o emociones negativas que bloquean su capacidad de expresar amor. Este ejercicio te ayudará a desbloquear los sentimientos que esconden tu ternura y afecto. La idea es que la persona comprenda cuáles son sus sentimientos de ira y enojo y luego se permita conectarse con los sentimientos de cariño.

Lentamente cierra los ojos y relájate siguiendo el método anterior. Permite que en tu mente aparezcan aquellos pensamientos de violencia y aquellos comportamientos poco tiernos que te molestan en ti o en los demás. Recuerda situaciones concretas en las que no pudiste controlar tus emociones y que los sentimientos de violencia y agresión te dominaron, creando conflicto con tu ser amado.

Ahora trata de relajarte y visualiza una luz pura y cálida que te abraza con toda la ternura posible, disolviendo toda la agresión que puede existir en ti. Visualiza cómo esa luz cristalina convierte tu corazón en algo puro y amoroso, haciendo que la fuerza de la ternura se apodere de ti.

Mejora tus relaciones para siempre

Este ejercicio te ayudará a resolver situaciones pasadas, porque el amor trasciende el tiempo y el espacio. Cuando sientas que hay sentimientos negativos dentro de ti que están relacionados con el pasado, pero siguen bloqueando tu corazón, puedes realizar este ejercicio.

Realiza el ejercicio de la relajación. Luego, cuando logres tu estado de calma interna, visualiza y recuerda esos momentos en que tuviste problemas o conflictos con tu pareja, en los que te sentiste insatisfecho, o simplemente alguno en particular que deseas cambiar. Ahora, ya no mirando hacia el pasado, sino hacia adelante como el director de una nueva película, corrige esa situación con un nuevo argumento y observa el verdadero deseo, sentimiento o pensamiento que quieras manifestar en cada instante. Crea un final feliz para cada escena y continúa confirmando que esa película está correctamente hecha ahora. Continúa hacia adelante en tu camino, entrega toda tu fe, abriendo tu corazón a la completa felicidad, y afirma interiormente que a partir de ahora tus decisiones serán realmente equilibradas y que no debes temer a equivocarte, confía en ti.

En la medida en que más nos conectemos con nuestro interior a través de estos ejercicios, comenzaremos a conocer y reconocer nuestra verdadera identidad, y podremos cambiar nuestras circunstancias externas, porque éstas nacen del interior. Existe la realidad objectiva, que es la que sucede en nuestro ámbito externo, las condiciones y estímulos que nos llegan a través de nuestros cinco sentidos, y la realidad subjetiva, que es la que se da únicamente dentro de nosotros mismos.

Lo más importante es saber que la realidad subjetiva es la que rige nuestra conducta; es decir, la realidad que sucede dentro de nosotros.

Cuando conocemos esa realidad subjetiva, el cerebro programa una respuesta psicológica. De acuerdo con la información que tiene, el cerebro programa una pauta de conducta: nos comportamos de una manera o de otra, según sea el caso y, según como nos comportamos, obtenemos los resultados que deseamos.

Este es el «secreto» de los ejercicios de este capítulo: al crear una realidad subjetiva, el cerebro programa la pauta de conducta adecuada, y esta pauta nos lleva a los resultados que nosotros buscamos en relación con nuestra pareja o en el mejoramiento de otros aspectos de nuestra vida... Toda persona tiene básicamente en su interior lo que precisa para poder cambiar. Todo lo que uno realmente quiera cambiar o corregir lo puede hacer. No hay absolutamente nada, nada en la vida que no podamos mejorar.

CAPÍTULO 9

Te amo y por ello transformé mis temores y ansiedades

El miedo crea desconfianza, nos provoca lástima hacia nosotros mismos.

Cuando una persona siente miedo, crea o inventa enemigos donde no los hay. De esta forma el miedo se retroalimenta: si hay algún enemigo en algún lugar, esa misma sospecha de estar en estado de peligro nos provoca más temor.

La realidad es que no puedes evitar que los miedos aparezcan; debes enfrentarlos, conocerlos y hacerte amigo de éstos; es la única forma de transformarlos.

El miedo y sus zonas negativas

Como comentaba en la introducción de este libro, llegan a través de mi página en Internet miles de consultas de diferentes países, lenguas y culturas; sin embargo, pareciera que todas provinieran de la misma fuente, de la misma persona. Los temas del desamor, los celos, el abandono, la angustia y la ansiedad por la búsqueda o la necesidad del otro; el dolor, la pena y la decepción intoxican el metabolismo del amor, y como en el caso del cuerpo, estas emociones tóxicas se acumulan en el alma.

En este capítulo desarrollaremos las causas de las emociones que intoxican la relación, su mecanismo de funcionamiento y además, explicaremos cómo eliminarlas.

Cuando se habla de lo opuesto al amor se piensa en el odio. En cambio, sin ninguna duda en toda mi experiencia de vida, estoy segura y lo sé: el único enemigo del amor es el miedo.

Desde niños se nos enseña a negar o controlar el temor en lugar de tratar de comprenderlo como un sentimiento natural. Nuestra sociedad nos programa para no sentir temor, y nada es menos humano que no sentir miedo. El temor es un mecanismo natural, negarlo es lo que provoca emociones tóxicas o negativas, que luego crean problemas en las relaciones.

Las reacciones ante la aparición del miedo son múltiples y dependen de cada persona, lo importante es que cada uno aprenda a ser amigo de su propia ansiedad y temor.

Una de las claves que funciona sin fallar es poner el miedo delante de uno, conocerlo, aceptarlo, comprenderlo y por último comprender por qué invade nuestra mente. No hay ningún enemigo afuera, sólo se trata de la energía negativa que cargamos y llevamos con nosotros desde siempre.

La mente sabe atraparnos con los temores, sabe paralizarnos. No alimentes tu mente con ideas como «quiero ser algo pero no puedo serlo», «deseo algo pero el destino me limita», «necesito hacer algo pero mi karma es malo».

Cancela de tu mente el miedo al amor

El origen del miedo está en la convicción de que las cosas existen «ahí afuera», independientes de nuestra mente. Cuando comprendamos que todos los fenómenos son proyecciones de la mente, al igual que los objetos en un sueño, todos nuestros miedos y problemas desaparecerán. Es importante saber que la mente funciona con dos principios fundamentales y que estos son:

1. Únicamente podemos pensar en una cosa a la vez.
2. Cuando nos concentramos en un pensamiento, el pensamiento «se convierte en realidad porque nuestro cuerpo lo transforma en acción».

Por ello, es importante realizar este ejercicio cuando aparecen pensamientos irracionales, como los del ejemplo anterior, pensamientos que limitan. Utiliza esta técnica como lo haces cuando algo no te funciona en tu computadora, lo borras, lo cancelas y comienzas de nuevo. Es lo mismo en tu mente cuando aparece un pensamiento negativo, por ejemplo: «Seguro que hoy mi esposo está de mal humor y vamos a discutir»; en ese momento piensa, «Cancelo estos pensamientos que están programando mi día, mis relaciones o mi trabajo, creando una situación negativa». En general, estas ideas negativas crean la situación y debido a ello nuestra mente se anticipa, por eso debemos tratar de cancelar esta tendencia. Muy rápidamente y casi mágicamente cortarás el circuito de ideas tóxicas.

Existen ejercicios para cortarlos de raíz. Los pensamientos actúan como un circuito cerrado, y cuando tú cancelas el círculo de estos pensamientos, la mente crea nuevas posibilidades. Debes repetir «cancelo este pensamiento negativo» hasta romper el círculo mental. Puede tomarte dos minutos. Si practicas este ejercicio cada vez que aparece un pensamiento tóxico o negativo, romperás el círculo negativo del pensamiento. Entrarás en otro nivel de energía, podrás entregar tu mente al espacio interior que deja el pensamiento cuando está libre de conceptos que te acechan y no te permiten crecer en tus relaciones.

Una pareja fatal: la ansiedad y el miedo

Muchas veces la ansiedad y el miedo son una pareja que van de la mano. La función del miedo es prepararnos y protegernos de algún peligro real. Pero incluso cuando este miedo es imaginario, aparece la ansiedad, que es el miedo o sensación de amenaza de algo o alguna circunstancia que es en general irracional.

Podríamos decir que la ansiedad se siente como hormigueos en el estómago antes de la primera cita; la tensión muscular que nos provoca una situación especial. Los síntomas físicos pueden ser sequedad en la garganta o en la boca, dilatación de las pupilas, etc.

Pero las causas de la ansiedad pueden ser provocadas por muchos factores, como por ejemplo:

- Falta de confianza en nosotros mismos
- Anticipación al fracaso
- Excesiva expectativa
- Preocupación excesiva sin motivos
- Sospecha
- Tendencia a encerrarnos o aislarnos en nosotros mismos
- Ira
- Pesimismo
- Autocrítica exagerada
- Tendencia a concentrarnos en lo negativo
- Inestabilidad emocional
- Autocompasión
- Sentimientos de culpa, confusión, fracaso, etc.

Lo positivo que tenemos que conocer acerca de la ansiedad es que ésta nos incita a actuar. Nos ayuda a enfrentarnos a todas esas situaciones difíciles, especialmente a esas situaciones erróneamente idealizadas o temidas.

La ansiedad puede ser una amiga, porque puede ser una energía movilizadora. ¿Qué sucede cuando la ansiedad y el miedo se conjugan?

El miedo implica siempre una presencia de algún peligro conocido o imaginado. La ansiedad puede ser la presencia de una idea o sentimiento que necesitamos expresar. Pero por alguna razón no estamos completamente seguros al respecto o sentimos que no podremos hacer nada frente a la situación. El miedo evita que enfrentemos la ansiedad. El miedo tampoco deja fluir el amor hacia los demás y por supuesto hacia nosotros mismos. La anticipación o el mismo temor a no ser amados, aceptados o cuidados también genera ansiedad. A su vez, estos mecanismos generan un círculo vicioso.

Muchas veces buscamos o atraemos relaciones con personas que tienen compromisos previos. Así, ya sabemos de antemano que de ninguna manera la relación va a funcionar. Saber por adelantado que la relación puede fracasar tranquiliza la mente, relaja la ansiedad. Esas personas, como por atracción fatal, buscan relaciones imposibles. ¿Cómo detener este mecanismo?

El miedo se manifiesta como una voz mental que nos dice: «No lo hagas, es peligroso, no puedes». En ese momento, los recursos que tenemos para enfrentar una situación se limitan. Todos conocemos esta sensación, que puede ser capaz de paralizarnos por completo. Para comprender y liberarse de los mecanismos negativos que alimentan las emociones tóxicas y el miedo, puedes realizar el siguiente ejercicio interno.

El reino del amor

Cuando somos conscientes de nuestro mundo interior, podemos conocer todos los mecanismos de las emociones y modificar aquello que necesitamos mejorar. Vuelve a tu estado de relajación. Puedes hacer este ejercicio sentado o acostado. Respira lentamente por la nariz o por la boca, regulando tu respiración hasta llegar a calmar tu mente por completo. Siente todo tu cuerpo relajado, en especial tu rostro y el cuello. Mantén los ojos cerrados. Para desbloquear tu energía y para utilizar todo tu caudal emocional y mental de forma positiva, visualiza un lago calmado y transparente; tu cuerpo comienza a flotar; relájalo y libera tu mente. Sientes que tu mente comienza a liberar imágenes y a emitirlas; en cada una de ellas hay una pequeña historia; permite que se liberen para no cargarte de más ideas. Ahora visualízate a ti mismo y trata de sentir tu cuerpo dentro de ese lugar como un rey o una reina que gobierna un gran reino. Ese reino es tu propio universo, tu propia vida, tu mundo y la forma que encaras tus relaciones.

Ahora tienes que ordenar nuevas leyes. Realiza una lista de todas las cosas que deseas que sucedan en tu vida, como leyes de una constitución, para que éstas se cumplan en tu reino, o sea, en tu vida personal y en tu vínculo con tu pareja. Crea cada ley con detalles claros; cuando termines la meditación puedes escribirlas en un papel, ésta es la constitución que decretarás en tu mundo interior. Recuerda que a medida que cambies y se concreten tus necesidades, puedes cambiarlas también. Decreta tus leyes como tratados de amor y paz. Ahora organiza tu reino interior con sabiduría, poder y amor. Como se explicó en el capítulo anterior, tu realidad subjetiva creará una nueva conducta en tu vida y cuando tú cambies, también la gente que te rodea transformará su actitud.

Este ejercicio es muy poderoso porque atraerás a tu vida todo lo que decretas. Revisa la lista de leyes periódicamente y trata de ser literal y muy misericordioso contigo mismo. El miedo se irá disipando de tu vida. El amor gobernará cada día y cada zona de tu interior.

El objectivo del ejercicio es que la mente tenga un constante diálogo consigo misma acerca de las cosas que nos rodean, la vida, los sentimientos, acerca de nuestro concepto sobre nosotros mismos. Lo que ocurre es que con frecuencia, debido a experiencias traumáticas o simplemente aspectos en los que nuestra mente o nuestras emociones no han llegado a madurar correctamente, por diversos motivos que van desde los personales hasta la presión de la sociedad en que vivimos, ese diálogo no es precisamente el que nos ayuda a desarrollar una vida plena. Es entonces cuando nos damos cuenta de que frente a situaciones similares o repetidas, son nuestros conceptos y prejuicios los que nos impiden actuar correctamente y nos llevan a obtener siempre resultados desfavorables, con frecuencia los mismos. Por ese motivo, a lo que apuntan estas visualizaciones a través de este libro, es una forma de «interferir» en ese diálogo mental de manera positiva, y en este caso, a terminar con el miedo imaginario, que es un enemigo directo del amor.

Abre tu corazón a tu pareja sin miedos

La vida en pareja es un arte, no implica solamente la intención de formalizar una relación sino la voluntad de formar un equipo para estar juntos en las buenas y en las malas, para complacer y ser complacido, para apoyarse y estimularse recíprocamente.

Es, simplemente, algo en común que se proponen dos seres humanos dispuestos a apostar juntos por un proyecto de vida que les haga más grata y realizada la existencia. Si somos capaces de mirar con afecto esas partes que no parecen gratas de nuestra cotidianidad, si podemos aceptarlas, comunicar lo que no nos gusta con respeto y tratar de ayudar al otro a mejorar, entonces surgirá el amor verdadero, el incondicional.

Algunos consejos que nunca fallan:

Deja penetrar lo que el otro te dice en tu mente y corazón, sin condicionamientos o prejuicios, atiende lo que el otro requiere, lo que tu pareja te pide.

Abre tu corazón, escucha a tu amado. Ella o él es uno contigo. Son partes del mismo organismo. No lo olvides. El amor es una totalidad.

Solo escucha. Ante la primera defensa, ante la primera justificación, piensa NO SÉ. Quizá es así, NO SÉ. A lo mejor es mi ego que quiere salir airoso, el que se defiende ahora. Entonces espera, reflexiona en silencio. No contestes, no respondas automáticamente. Deja un espacio vacío antes de hablar. Observarás que algo sucede, que algo cambia. Los mecanismos automáticos ya no tienen poder sobre ti. Estás escuchando, confiando y amando. Ya no temas, no hay nada ni nadie de quien defenderse. Tu pareja es parte de ti.

CAPÍTULO 10

Te amo tanto y no quiero discutir contigo

¿Cuántas veces discutes con tu pareja? Una vez por día, dos veces por semana, 10 por mes, 12 por año. Si tu respuesta fue la última, eres, entre todos los seres humanos, uno de los más afortunados.

¿Qué es lo que mata una relación? Las discusiones

Sí, peleo con mi pareja. ¿Y ahora qué? Las discusiones son estresantes, tóxicas y desgastantes. Y en general, la mayoría de las veces no conducen a ninguna solución, aunque existen las discusiones «saludables», que se caracterizan por tratar un asunto o tema particular. También ocurren cuando la pareja decide sincerar sus sentimientos de ese momento, aclarar confusiones o malos entendidos de un problema particular que ha surgido. Al mismo tiempo dentro de la discusión positiva, la pareja propone un desenlace al problema, una resolución del asunto que conduce a ambos a hacer un nuevo planteamiento o un cambio de conducta en la relación. Estas discusiones son las que llevan al crecimiento de la pareja. Lamentablemente, las discusiones «no saludables» son las que provocan conflictos más comunes, sus principales características son argumentos irracionales que no llegan a ninguna solución.

Antes de iniciar una discusión, aunque a veces los impulsos no nos permitan pensar con claridad, lo ideal sería preguntarnos: ¿Vale la pena discutir por esto? En otras palabras, ¿vale la pena sacrificar la paz y la calma que reina ahora entre nosotros por este asunto? Si el tema es insignificante, seguramente te convendrá seguir en paz y evitar la discusión; si, en cambio, el asunto es algo realmente importante para la salud de la pareja o la familia, entonces, detente a pensar «cómo» podrás hacer para explicarle tu desacuerdo sin herirlo ni ofenderlo.

Situaciones por las que, en general, no vale la pena discutir

- Si se puso ropa que no te gusta: en todo caso, dile que te gusta mucho más cómo le quedan otras prendas.
- Si te regaló exactamente lo mismo que en tu cumpleaños anterior: ríete y díselo, tal vez no se había dado cuenta. Luego, por supuesto, ve a cambiar el regalo.
- Si te dijo «chuchi» delante de tus amigos: susúrrale en el oído que prefieres que te lo diga en la intimidad.
- Si se le quemó la comida: ríete y deja que lo solucione de alguna manera.
- Si se compró algo para ella o él porque quería darse un gustito: felicítalo, quién no necesita un «premio al esfuerzo» de vez en cuando.
- Si le gusta llamar a su madre todos los días: si te molesta escuchar cómo contesta una a una todas las preguntas que le hace «la bruja», enciérrate en otra habitación y sube el volumen de la música.
- Si una vez por semana se junta con su grupo de amigos: sigue su ejemplo y hazlo tú también. Es muy bueno que la pareja se «airee» de vez en cuando.

Situaciones por las que, en general, vale la pena intercambiar opiniones

- Si están en una reunión y te menosprecia o trata mal.
- Si quiere seducir a alguien delante de ti.
- Si no te gusta cómo trata a tus hijos.
- Si no se compromete con su rol de madre o padre.
- Si jamás te avisa cuando va a llegar tarde.
- Si no regresa a dormir a casa.
- Si te agrede cuando habla o está contigo.
- Si es irresponsable con su trabajo y eres tú quien debe hacerse cargo siempre del mantenimiento de la casa.

Estos son tan solo algunos ejemplos. Obviamente, la lista es infinita. El objetivo es que puedas darte cuenta de que hay motivos que son intrascendentes y no justifican una discusión, mientras que hay otros temas que ameritan una intervención de tu parte. Con calma y respeto, claro. Todo sea por la salud de tu pareja... ¡y la tuya propia! Las disputas o peleas son como una bola de nieve: comienzan por un tema sin importancia y luego siguen, se acrecientan y terminan en un desastre.

Las discusiones, en general, se producen por la tendencia humana de tratar de convencer al otro de un punto de vista en particular. Ante un desacuerdo con otra persona siempre pensamos que somos nosotros los que estamos en lo correcto. Entonces, no escuchamos los argumentos de los demás y arremetemos a pelear. No importan las razones del otro, simplemente se ignoran y no se escuchan. Y si se escuchan, se tratan de pasar por alto porque nuestro motivo o razón es más fuerte, más justificado y seguramente más exacto. No cabe duda de que toda persona piensa que es el único dueño de la razón.

¿Qué sientes cuando observas a una persona discutir o pelear?

¿Qué es lo primero que piensas?

¿Piensas que quiere ganar? ¿Que quiere dominar al otro?

¿Es por celos que discute o es por poder? ¿Y si ese alguien eres tú?

Te justificas mientras lees estas preguntas. ¿Sí o no? Lo mejor para ti es que seas sincero contigo mismo y te respondas a ti mismo la verdad. ¿Cuál es el motivo de una discusión?

Motivos que llevan a una discusión

En general, las discusiones se generan por pensamientos automáticos que no nos permiten escuchar al otro. Éstos tampoco nos dan espacio para registrar nuestros propios sentimientos, ni pensamientos.

Los pensamientos automáticos son como un diálogo interno con nosotros mismos a nivel mental. Este diálogo es expresado en forma de pensamientos o imágenes. Estos pensamientos se relacionan con estados emocionales intensos (como la ansiedad, la depresión, la ira o la euforia). A menudo forman «versiones» subjetivas de las cosas que nos ocurren que suelen ser bastantes erróneas, en el sentido de dar una falsa imagen o hacer una interpretación de las cosas y de los hechos equivocada. En general estos pensamientos están basados en «distorsiones emocionales» y se diferencian de la forma de pensar reflexiva o clara para analizar los problemas.

Los pensamientos automáticos no son reflexivos. Aparecen en la mente como mensajes recortados en forma de «palabras claves» como: «Seguro que viene con ese tema otra vez», «Todo lo hace sentir mal, ¿con qué va atacar ahora?» y «¿Qué está mal, a ver, que hice yo?».

Los pensamientos automáticos son involuntarios: penetran de manera automática en la mente. No son pensamientos reflexivos ni son producto del análisis o razonamiento de una persona sobre un problema. Al contrario, son «reacciones instintivas» ante determinadas situaciones donde aparecen sentimientos fuertes. En general, los pensamientos automáticos son diálogos internos, productos del miedo, la desconfianza, la falta de estima y la culpa. Estas reacciones son aprendidas en la infancia como un reflejo momentáneo de actitudes y creencias. En general, provienen de la familia, la escuela y otras influencias sociales. En esos periodos del crecimiento, la persona aún no ha desarrollado demasiado la capacidad racional de análisis. Estas reacciones son asimiladas y tomadas como propias de la personalidad. Se acumulan en la memoria, «esperando» a ser disparadas por situaciones con carga emocional. Es en ese momento, cuando la persona no se siente capaz de solucionar o enfrentar un tema, que estos pensamientos aparecen y se activan automáticamente.

Testimonios

Los que no discuten pero tampoco tratan de comunicar qué les sucede:

Patricia y José están casados hace 9 años. Se quieren, se respetan y parecen una pareja sumamente feliz. Pero como todo lo que brilla bien sabemos que no es oro, ambos reconocen que hace un tiempo todo ha cambiado entre ellos. Diariamente se llevan bien, muy bien. Inclusive ya no discuten y mucho menos pelean. Los dos siempre están de acuerdo y más que una pareja parecen mejores amigos.

«No nos peleamos, en realidad casi no hablamos», dice Patricia. «Antes lo que más me gustaba de él era su sentido del humor y su capacidad de sorprenderme siempre con pequeñas cosas que llenaban la relación de pasión. Ahora siento que nuestras vidas están apagadas y que perdimos nuestra esencia».

«Patricia era sumamente sexy cuando la conocí», explica José. «Siempre estaba lista para seducirme y eso era muy importante en la relación. Ahora siento que ya no es como antes, ella ya no le da importancia a esos detalles y nuestras relaciones sexuales se han convertido en algo mecánico y poco frecuente. Lo que más me deprime es la falta de romance o de pasión que reina en la relación desde hace un tiempo».

La historia de Patricia y José es también la de miles de parejas que han caído en la rutina de la relación y que aún están a tiempo de reconstruir la base, eso que los unió alguna vez antes de que el romance desapareciera por completo tornando sus vidas grises y sin brillo. «Nosotros discutíamos mucho pero ahora nos reprimimos», dice José y creo que no discutir o no llegar a un acuerdo lógico es peor. El silencio por miedo a una explosión irracional corroe las relaciones tanto como las discusiones.

En la relación de pareja podríamos afirmar que las discusiones son naturales, precisamente por las diferencias que todos tenemos; y a veces nosotros mismos somos los que cambiamos de hábitos o creencias y también es importante que la pareja lo sepa y lo entienda... Pero si no tratamos de minimizarlas, pueden llegar a convertirse en algo habitual y en un elemento pernicioso que conspira contra el clima de tranquilidad y comprensión que requiere el favorable desarrollo de toda relación. Lo más tremendo es cuando la pareja no puede comunicar sus sentimientos, entonces, cuando las discusiones se vuelven violentas, se quiebra la relación de la pareja aun más, como en el siguiente caso.

Los que se separan por las discusiones eternas

Alberto estuvo casado y muy enamorado de su pareja; pero a él le sucedió lo que a muchas parejas que crean un modelo negativo de relación y se comunican con discusiones. Ellos no se dan cuenta cómo éstas realmente debilitan el vínculo. Ahora, muy lastimado por haber terminado su matrimonio, confiesa:

Finalmente ella se fue, tomó sus cosas después de 5 años de matrimonio... esas discusiones que nunca terminan. ¿Los motivos? ¿Alguien sabe por qué empiezan los problemas y las discusiones matrimoniales? Recriminaciones que han estado en el alma de cada uno afloran violentamente en la boca y salen sin más filtro que una mente que busca cómo decir aquellas palabras con un filo más certero e hiriente.

Es increíble que dos personas que se amaron profundamente lleguen a terminar con tantos odios guardados y alimentados convenientemente durante años. Sí, es verdad, hay muchas cosas que me terminaron hastiando de mi pareja, pero ¿odios? No sé, creo que jamás la llegaré a odiar, la quise demasiado, la respeté demasiado, la admiré demasiado para manchar todo ello con odios bajos, que nuestro propio inconsciente desarrolla como mecanismo de protección ante nosotros mismos. Al decir todo esto se podría pensar que aún existe sentimiento en mis palabras, pero sinceramente no es así, me he preguntado lo mismo muchas veces y la verdad es que no volvería con ella; es una etapa pasada que cada día veo más lejana y ajena a mi vida, pero no puedo dejar de tener pena... pena por haber fracasado, pena por haber permitido perdernos tanto el respeto, pena por no haber terminado antes, pues menos daño nos habríamos hecho... y sobre todo mucha pena por mi hijo. Creo que si formo otra relación, ya aprendí que en peleas de pareja lo importante es escuchar y cuando alguno está enojado o con mucha pena, no es el tiempo de hablar o de tratar de arreglar las cosas porque no se toman las mejores decisiones.

El caso de Alberto es el de muchas parejas que no se detienen a pensar por qué una relación se vuelve un tormento de discusiones y éstas provocan sentimientos que jamás habíamos tenido o pensábamos que podíamos sentir. En general, lo cierto es que en una discusión ¡nadie gana! Si crees tener la razón y te sientes ganador, piensa en tu pareja, ¿cómo crees que se siente? Has logrado hacerla sentir inferior, has lastimado su amor propio. Ninguna discusión llega a un final feliz si no se trata de encontrar una solución a la relación de pareja.

Los que disfrutan de las discusiones

Elena tiene 24 años y confiesa que le gusta discutir con su pareja. Muchas personas creen muy erróneamente que cuando uno ama es bueno pelearse para mantener la llama de la pasión:

La realidad es que creo que me encantan las peleas con mi pareja... no se por qué, pero me entretienen; mi novio se dio cuenta hace más de dos años y casi no me discute nada... Pero a veces, yo lo hago estallar de rabia y le pregunto por qué siempre peleamos por las mismas tonterías, aunque sé que soy yo quien las provoca... Quizás lo hago inconscientemente para buscar luego la reconciliación. (Sonrisas). Creo que un día él se va cansar de mí... De todas maneras no está bien pelear todo el tiempo y tengo miedo porque ya establecí este modelo de relación y no puedo cambiar a otra forma más sana de comunicación.

Hay muchos casos similares de parejas con estas mismas características. Se puede ver cómo algún integrante de la pareja o los dos buscan el choque o la confrontación por cualquier motivo. Una discusión no es una confrontación deportiva. No se discute para ganar sino para superar un supuesto problema. Si luego de la discusión tú admites que el otro tiene razón, no lo vivas como una derrota. Los dos salieron ganando en la medida en que el conflicto se superó. Hacerle sentir al otro que perdió lo mostrará vulnerable y luego será hostil y agresivo. Esto conducirá a un círculo más grande de discusiones. Una relación así, sólo conduce a la tortura de los dos involucrados. Las diferencias y los desacuerdos agravian menos que la forma de comunicarlos. Idealmente una discusión no tiene por qué lastimar; por el contrario, puede ser simplemente una excelente oportunidad para plantear nuestras diferencias e insatisfacciones. Es la ocasión pertinente para comunicar nuestros desacuerdos y a la vez es un momento atractivo para probar nuestro avance en la senda del crecimiento personal porque se requiere ampliar o restringir nuestro punto de vista para integrar y enriquecer el punto de vista de la pareja en la discusión. Para lograr esta restricción de pensamiento necesitamos sentirnos apreciados y respetados. Si tu actitud no es afectuosa, la autoestima de tu pareja puede resultar herida al incorporar tu argumento, tu idea o tu punto de vista. Es importante saber que el secreto para evitar las discusiones es la comunicación afectuosa y respetuosa.

A continuación se plantea una síntesis de las situaciones más comunes en las discusiones de una pareja y sus posibles soluciones.

Gritar cuando se discute

Si notas que al desatarse el momento de la discusión ambos están gritando, trata de irte del lugar en el que se está produciendo el evento e intenta buscar un sitio de la casa para respirar profundamente y contar hasta diez. Una vez que estés preparado intenta hablar pausadamente, evita calificaciones ofensivas, ya que empeoran la situación. Es básico que ambos hagan propósitos para mejorar la calidad de tiempo, espacio y contenido de la comunicación para lograr concentrarse en la solución del conflicto.

Los gritos no conducen a nada positivo, sólo a la violencia. Es importante, más allá del problema que lleve a una discusión, prometerse usar una palabra clave para no volver a gritar. Por ejemplo, cuando uno de los dos comienza a gritar pueden usar las palabras «energía positiva» o «cancelemos esta discusión». La idea es colapsar al otro con estas frases y detener los gritos... Gritar es señal de inseguridad. Aquel que sabe lo que dice, lo expresa muy tranquilo.

No me abraza o no me besa

Ha pasado el tiempo, llevan algunos años de convivencia y se dan cuenta de que escasean los abrazos, los besos y las palabras dulces. Muchas discusiones aparecen por la falta de afecto. No se debe demandar el afecto, intenten recuperar aquellas expresiones de cariño y amor que tanto gustan. Un abrazo diario reconforta, un beso hace sentir bien y una palabra afectuosa alegra nuestra jornada. Es importante dar y recibir.

¡Siempre tiene dolor de cabeza! o
¡Se ha quedado dormido!

Expresiones como estas son típicas en la pareja. Otra razón para las discusiones es la falta de interés en el sexo de uno de los integrantes de la pareja o los tiempos incompatibles del deseo sexual. Evita poner como excusa el dolor de cabeza y los síntomas de cansancio cuando no son verdaderos. La clave es dialogar sobre el sexo, sincerarse, darse cuenta de lo que está causando la falta de deseo sexual. Es conveniente hacer cambios para intensificar el deseo sexual a través de juegos sexuales, cambiar de horarios y lugar de las prácticas sexuales, pasar más tiempo juntos en la intimidad, utilizar más intensamente las caricias corporales y palabras eróticas. Estos temas serán desarrollados en la última parte de este libro.

¡No aprecia lo que hago!

¿Y qué pasa contigo, te valoras a ti mismo? Es un grave error pretender que nuestra pareja nos valore, nosotros somos los que debemos apreciar nuestros actos porque así el otro los utilizará como modelo de espejo. Tienes que empezar a cuidar tu espacio personal reconociendo tu valía, cualidades y capacidades. Dentro de la convivencia hay un espacio compartido con la pareja pero también hay un espacio tuyo que debes amar, valorar, cuidar y respetar.

Otra trampa que provoca discusiones son las excusas

Ante una discusión, aparecen las excusas para defender o atacar, pero éstas no resuelven el problema y muchas veces lo acrecientan. Antes que nada hay que comprender bien a fondo la naturaleza de las excusas o justificaciones, cómo es que funcionan, cómo las creamos y finalmente, cómo las creemos sin pensar que en realidad se trata de excusas.

¿Quién usa excusas? Yo no y tú tampoco... no utilizamos excusas, son razones. Por eso mismo, porque las excusas son negadas por las cualidades que les hemos atribuido, entonces la mente necesita colocar una barrera a la conciencia para que no pueda ver los niveles o marcos de pensamiento superiores. Ahí reside la magia y fuerza de las excusas, en la negación de las mismas.

¿Cómo me deshago de mis excusas?

Ahora piensa por qué no has tenido los logros deseados, cuál es la razón por la cual no los has conseguido, deja que tu mente te dé todas las excusas o razones necesarias para no hacerlo. Si te preguntas ¿qué te detiene?, ¿por qué es tan difícil?, ¿qué tan importante es para mí alcanzar este objetivo y cuál sería el beneficio?, te será más fácil encontrar las excusas que están limitándote. Busca esas «razones» y evalúa cuáles son reales y cuáles son sólo excusas. ¿Está en mis manos resolver el problema? ¿Qué tendría que hacer?

EJERCICIO PARA LIBERARTE DE TODA EXCUSA

Relájate, cierra los ojos y piensa en tu excusa o excusas y visualízalas. Date cuenta qué tan válidas son. Si consideras que no valen la pena, respira profundo y cada vez que exhales mueve esas imágenes lejos de ti, poco a poco hasta que desaparezcan o casi no las puedas percibir.

Ahora tu espacio está libre de ellas. Retoma y visualiza en este momento la imagen tuya con tu meta ya alcanzada. Respira profundo e instálala enfrente de ti a una distancia adecuada, donde te sientas motivado y satisfecho de saber que la puedes lograr.

Las racionalizaciones inconscientes pueden ser un autosabotaje que trae frustración y limitan tu verdadero desarrollo vital. Cuando descubras una excusa, trata a tu mente como si fuera un niño, simplemente muéstrale el camino correcto sin demasiado alboroto, como si su excusa fuera un juego en el que se distrae y un reto a vencer para mejorar tu calidad de vida. Así evitarás las discusiones y no necesitarás defenderte de lo que has hecho porque es lo correcto.

¿Por qué surgen las discusiones?

Se necesitan dos para una pelea y quien no tiene la razón es normalmente el que más habla.

Cuando las discusiones no se pueden evitar es porque muchas veces existen estructuras de pensamientos o emociones que son nocivas y tóxicas, se disparan desde el mundo interno de uno de los integrantes de la pareja de forma totalmente inconsciente. La sensación es que la persona reacciona programada como un robot ante determinadas emociones o pensamientos y entonces reacciona de forma defensiva, agresiva o sin afecto hacia los demás. Como en los siguientes casos:

Los autoritarios: Esta forma de reacción es un hábito de mantener las reglas rígidas y exigentes sobre cómo tienen que suceder las cosas. Cualquier desviación de esas reglas o normas se considera intolerable o insoportable y conlleva a una alteración emocional extrema.

Pensamientos claves: «*No debería...*», «*Tengo que...*», «*No tengo que...*», «*Tiene que...*».

Esta forma de racionalización no conduce a nada y hace que la persona se distancie de sus seres queridos.

Consejo: A estas personas hay que plantearles las cosas reflejándolas como en un espejo. Si ellos ordenan hacer una determinada cosa, tú debes hacer lo mismo pero sin tono autoritario. Por ejemplo, si él o ella afirma: «Quiero que vayamos a tal lugar,» tú le contestas, «Si tú me acompañas a tal lado». Esto colapsará al autoritario porque sentirá que por todo lo que pide tiene que dar en pago alguna otra cosa. Este mecanismo le hará perder su autoridad y se volverá más racional y lógico, más humano. No se recomienda pelear con este tipo de personas, es mejor desgastar su autoridad con estos modelos: hago lo que tú dices, si tú haces lo que yo quiero.

Los que siempre quieren tener razón: La idea de tener la razón es como la sensación de ganar un trofeo, las personas se pierden en la racionalización total. Tomemos un ejemplo: una pareja que discute frecuentemente por la manera de educar a los hijos. Cada uno se dice: «Yo tengo razón, él/ella está equivocado». No están de acuerdo en la forma de hacer el amor. En la manera de administrar el dinero. No importa cuál sea el tema, terminan enredados en continuas discusiones que generan irritación. No llegan a ningún entendimiento. Se trata solamente de una lucha de poder, la ambición es resaltar la razón particular de cada uno.

Pensamiento clave, denotan una distorsión como: «Sé que estoy en lo cierto; él/ella está equivocado».

Consejo: Como se dice popularmente: *a los locos hay que darles la razón.*

Es lo que se recomienda hacer, darles la razón hasta que se calmen y luego plantear el verdadero punto de vista a tratar.

Los que sienten o generan culpa: La tendencia es atribuir la responsabilidad de los acontecimientos totalmente a uno mismo o a otros, sin una base real suficiente, sin tener en cuenta todos los factores que contribuyen a los acontecimientos. Proyectar un error imaginario o real sin buscar una causa concreta o real para resolver un problema o un conflicto. Los ejemplos pueden ser: un hombre que le echa la culpa a su esposa de no saber educar mejor a sus hijos o una pareja que se culpa uno al otro de los problemas que tienen en la relación. La culpa a menudo lleva a la persona a defenderse, a actuar y a pensar de manera equivocada. El culpar siempre creará un problema más grande que el conflicto original.

Pensamiento clave: «*Mi culpa*», «*Es culpa de...*».

Consejo: Tenemos que observar que si alguien nos culpa de alguna situación, existe una voz interna dentro de nosotros que se identifica con aquel que nos culpa de algo o desea poner todos sus problemas en nosotros. Entonces aparecen automáticamente en nosotros sentimientos negativos. Pero por otro lado, siguiendo este ejemplo, si el aspecto culpable interior acusa ese recibo, se provoca el juego completo del conflicto. Este mismo mecanismo se repite en todo lo que deseamos, sentimos o pensamos. ¿Cómo se puede modificar el sentimiento de culpa? He aquí algunos pasos a seguir para aprender a transformar la culpa.

TRASFORMANDO LA CULPA

Instálate cómodamente unos minutos para formularte a ti mismo las siguientes preguntas y para aprender de las respuestas que surjan.

- **Primer paso:** Dirige tu atención hacia tu interior y trata de completar la siguiente frase: *La culpa que siento es como si una voz interior me acusara de...*
- **Segundo paso:** Una vez que has escuchado y reconocido esa voz interior de culpabilidad, conviértela en un personaje imaginario, sigue escuchándola, déjala fluir con libertad y escucha de qué te acusa. Por ejemplo:
  - a) De lo que te acuso es...
  - b) Lo que siento hacia ti por lo que has hecho es...
  - c) Mi modo de castigarte es...
  - d) La norma que has transgredido es la que dice que...
- **Tercer paso:** Registra todo lo dicho anteriormente y comienza a ordenar la situación porque este hecho permite sacar a la luz y ver con claridad cuál es el código que está imperando en tu

interior. Es importante que logres definir con la mayor precisión posible el contenido de la norma en juego entre el que culpa y el culpable.

- **Cuarto paso:** Una vez que hayas completado los tres pasos, registra todo lo que el personaje que culpa le dice al culpable. A menudo el que culpa experimenta algún sentimiento de dominación, autoritarismo o poder sobre el culpable.

- **Quinto paso:** Procura que el diálogo continúe hasta que alcancen un acuerdo que ambos puedan pactar, lo que implica que cada uno sienta con claridad que no hay sometimiento en su aceptación sino el reconocimiento de que la norma que han construido es realizable, deseable y necesaria. El acuerdo mutuo provoca la disolución del conflicto, por lo tanto, la persona se siente que ha llegado a liberarse de sus sentimientos negativos. Todo conflicto mantiene la misma polaridad, al comprender el mecanismo puedes manejar todos tus sentimientos en su dimensión real. Cuando resuelvas y conozcas el mecanismo que genera, podrás observar que o bien tu pareja no te culpará más o tú no permitirás que nadie lo haga.

Los desconfiados: Los que tienen la tendencia a interpretar sin base alguna los sentimientos e intenciones de los demás. A veces, esas interpretaciones se basan en un mecanismo llamado proyectivo, que consiste en asignar a los demás los propios sentimientos y motivaciones. Ellos piensan que los demás son similares a ellos mismos. En general, se proyectan los sentimientos negativos hacia los demás. Por ejemplo, una persona está esperando a otra en una cita y ésta tarda cinco minutos y, sin mediar prueba alguna, comienza a pensar: «Sé que me está mintiendo y engañando».

El problema aparece cuando la persona da por hecho que los demás se van a aprovechar de ella, le van a hacer daño o la van a engañar. Frecuentemente, sienten que han sido ofendidos profun da- e irreversiblemente. Contraatacan con rapidez y reaccionan con ira ante los ultrajes que perciben. Son personas con las que generalmente es difícil llevarse bien y suelen tener problemas de relaciones personales. Su suspicacia y hostilidad excesivas pueden expresarse mediante las protestas directas, las quejas recurrentes o por un distanciamiento silencioso claramente hostil.

Pensamiento clave: «Él/Ella tiene que haber hecho esto».

Este modelo de razonamiento automático se basa en la desconfianza interna.

Consejo: Si tienes una pareja desconfiada, es muy posible que tú no le estés generando la confianza necesaria; la comunicación con este tipo de persona debe ser sincera y abierta sin ningún lugar a dudas. También en este caso aconsejo que hagan una visualización que pueda ayudarles a liberar de alguna manera su propia desconfianza interna.

EJERCICIO PARA LIBERARSE DE LA DESCONFIANZA

Primero: Respiren profundamente y traten de buscar en su interior un núcleo o lugar donde se sienten protegidos, puede ser una cueva, una casa, un palacio, etc. Ustedes son los que deben elegir el lugar que les inspire confianza.

Segundo: Cuando se sientan en ese lugar bien protegidos, traten de buscar en el pasado alguna situación que provocó desconfianza.

Tercero: Cuando encuentren esa circunstancia, imaginen que un sentimiento superior de compasión los bendice y los invade como si fuera una ola de amor que baja del cielo. El cielo representa en esta meditación su capacidad de fe y amor interna que todos los seres humamos poseemos.

Cuarto: Sientan que su corazón se abre y se llena de compasión. Sientan cómo comprenden cualquier situación pasada donde hayan sido heridos, y la dejan ir. Perdónense a sí mismos ahora por cualquier cosa en la que fueran partícipes, que haya creado esa circunstancia. En la medida en que recobren la confianza interna, todo lo que digan o hagan será claro, sincero.

Los controladores: A través de las palabras y de las acciones, este tipo de persona desea controlar a su pareja. O bien, la persona suele creerse responsable de todo lo que ocurre a su alrededor con respecto a su pareja. También puede tratarse de un individuo que se siente impotente y que no tiene ningún control sobre los acontecimientos de su vida. Este individuo suele creer que para cubrir sus necesidades son los otros quienes han de cambiar primero su conducta o actitud.

Pensamiento clave: «Si mi pareja cambia de actitud yo me sentiría bien».

Consejo: Crea un espacio personal bien delimitado. Es fundamental poner límites claros a este tipo de personas y recalcar que ellos no son los dueños de tu vida. Formar parte de una pareja no significa anularse uno mismo. Si uno se deja controlar y supeditar constantemente a los deseos y necesidades de la pareja, acabará sintiendo que no tiene libertad para actuar y sin ésta no hay relación sana posible. Trata de comunicarle a tu pareja controladora que en una relación en la que cada parte asuma la responsabilidad de sus actos, nadie necesita ser controlado por otra persona.

Los chantajistas: Las personas chantajistas emocionales se caracterizan por presionar consciente o inconscientemente a otra persona para lograr los propósitos deseados. También tienden a explotar de enojo o aparente rabia cuando el otro no realiza sus deseos. De esta manera un chantajista, para obtener control sobre el otro, trata de presionar hasta en las cosas más simples de la vida cotidiana.

Es importante considerar que no existe una chantajista sin un chantajeado, ambos miembros sufren de manera diferente. En apariencia mientras más obediencia, sumisión y sometimiento se tiene a las peticiones del otro, más se le ama, pero en realidad esto es completamente falso. Por ejemplo, el chantajista olvida los sentimientos del otro y sólo actúa en lo que considera correcto (su propio lente de percepción), y el chantajeado cede hasta con una mirada a las pretensiones del otro con tal de «no pelear». Hay temas simples (ver un canal de TV, elegir un regalo social) generadores de grandes conflictos. Al chantajista sólo le interesa satisfacer sus propias necesidades.

¿Cuáles son los tipos de expresiones más comunes de chantaje emocional? ¿Por qué surte efecto el chantaje emocional? Los chantajistas tienden a abusar de los puntos débiles de su pareja; quieren provocar un sentimiento de culpa en el otro. Tratan como sea de presionar y controlar las conductas del otro e intimidarlo por todos los medios (sutil o abiertamente). Utilizan todo lo que saben de su pareja en la intimidad compartida o los secretos del otro como información para ejercer el control sobre éste. Explotan y pierden el control cuando se los contradice. Se hacen las víctimas o los victimarios según les convenga. Desvalorizan a sus parejas en el momento que éstas se sienten débiles o sensibles por algún acontecimiento personal. Amenazan sin motivos, como por ejemplo: «Ya verás que las cosas de hoy en adelante van a ser diferentes».

Palabras claves: «Si me dejas, te mataré»; «Si me dejas, jamás volverás a ver a tus hijos»; «Siempre me sacrifico por ti y tú no puedes hacer nada por mí»; «Si no puedes aceptar esto, iré a buscar lo que necesito en otro lado»; «Si te vas ahora mismo, te juro que cuando regreses no me encontrarás aquí»; «Qué harías tú sin mí».

Consejo: Para solucionar cualquier problema, lo esencial es «aceptar que se lo padece». Deben establecer límites, ello evitará tener una relación desgastante y disfuncional. Expresar los sentimientos propios sin temor a lo que la pareja opine. Aceptar que como en toda fórmula química, cada uno tiene una parte de responsabilidad en el binomio chantajista-chantajeado. Dejar de ceder tu propia estimación y poder personal a la pareja para mantener una falsa paz. Aprender a decir «no» cuando alguien nos presiona a hacer algo fuera de nuestra decisión personal. Los extremos son disfuncionales: ni sumisión, ni altanería con el otro. Recobrar la autoestima mermada por el chantajista y trabajar con el complejo de inferioridad que se forma en algunas personas. Recurrir a una asesoría terapéutica en caso de considerarse necesario.

Los falsos jueces: Es la costumbre de valorar como injusto todo aquello que no coincide con los deseos de este tipo de persona. Por ejemplo, una novia que suspende la cita porque está cansada y desea dormir, su novio, sin tener evidencia, piensa: «Es injusto que no desee verme». La persona cree tener la verdad y se cree dueña de la justicia divina. Tampoco se pregunta a sí misma quién tiene la verdad. No respeta al otro pero desea hacerse respetar.

Pensamiento clave: «*No hay derecho a... *», «*Es injusto que... *».

Consejo: En una pareja cada uno debe manifestar sus límites, sus carencias, sus vacíos y hasta sus sentidas deficiencias, sin sentir que va a ser enjuiciado por ello. Sería bueno reflexionar qué tipo de pareja elegiste y por qué necesitas un juez y no alguien que te ame. En una relación de amor debe estar ausente el juicio o el desprecio. La contención de la pareja es fundamental para sentirse amado. Este movimiento mutuo, de uno para el otro, se da precisamente en esa íntima confianza que se sabe no traicionada ni enjuiciadora, por graves que sean las carencias y necesidades que haya que superar en el camino.

Los que siempre se quejan: En general, la queja se produce por el deseo de que el otro sea a imagen y semejanza de nuestras necesidades. También por no aceptar la realidad, existe la constante queja. En una relación, una persona puede reprocharse o quejarse así: «Lo elegí diferente de mí, pero ahora quiero que sea igual a mí porque... ». Se puede leer entre líneas detrás de este conflicto que la persona eligió a alguien con la fantasía de cambiarlo y manipularlo a su antojo.

Podríamos decir que a veces la gente se separa por lo mismo que se enamora. Se elige primero por lo opuesto, por aquello que complementa y por lo tanto, fascina. Sin embargo, cuando la pareja queda enfrentada cara a cara, sin idealizaciones, aparecen las frustraciones. Y por alguna razón interna, en lugar de buscar una salida que satisfaga al vínculo en su totalidad, se piensa en cambiar al otro. Lo que por supuesto no sólo es imposible sino conflictivo. Las personas con estas características no aceptan otro modelo de relación más abierta.

Pensamiento clave: «*Quiero que sea así, me gustaría que sea de esta forma*». «*No entiendo por qué no hace lo que le digo*».

Consejo: Las personas, para no producir cambios y mantenerse en estado de queja constante, tienden a no preguntarse: «¿En qué puedo ser responsable por esto o lo otro?».

Es importante antes de seguir avanzando, analizar con más profundidad la queja, uno de los mecanismos más tóxicos para relacionarse con el otro. ¿Qué función cumple la queja? ¿Para qué nos quejamos? ¿Qué queremos a cambio de esa expresión quejosa? En realidad, en vez de activar nuestros propios recursos para resolver el problema, lo que hacemos es emitir una queja al cosmos para que alguna entidad del otro mundo resuelva nuestros problemas.

La ley de atracción es una llave tanto espiritual como científica que se basa en que uno atrae a su vida lo que asimismo envía al universo. Es como un eco: lo que envías hacia fuera, luego lo vuelves a escuchar y reproducir con tu propia voz. Por ello, si vives con gratitud, generas gratitud; y si te quejas, atraerás quejas a tu vida. Cuando uno se queja, atrae a su propia vida insatisfacción, demandas e infelicidad. Para modificar este mecanismo y dejar el libro de quejas a un lado, es importante realizar este ritual de la dieta del amor.

EJERCICIO PARA LIBERARNOS
DE LAS QUEJAS

1. Escribe en un papel cuáles son las cosas que rechazas de los demás. Aquello que te provoca queja, por ejemplo: «No me gusta que me contesten mal cuando no entiendo alguna cosa».

2. Luego escribe cuáles son los defectos que tú posees. Aquellos por los que los demás constantemente se quejan de ti. Por ejemplo, que siempre llegas tarde a tus citas.

3. Cuando tengas toda la lista completa, trata de ver qué elementos se repiten en las dos listas. Por ejemplo: «No me gusta que la gente sea desorganizada», «A las personas que me rodean, no les gusta que yo pierda el tiempo buscando algo que nunca encuentro».

4. Estos factores se parecen. Se podría decir que son mecanismos idénticos. Están mostrando la falta de concentración o atención en las tareas o relaciones diarias.

5. Ahora que ya tienes claro algunos de los problemas, cierra los ojos y trata de visualizarte a ti mismo. Observa una imagen de ti mismo con una gran sonrisa y muy feliz. No hay quejas ni ideas negativas en tu mente. Te relacionas con los demás de forma perfecta.

6. Visualiza en tu interior una luz blanca que ilumina a tu pareja y a ti. Esa luz logra que se encuentren distendidos y satisfechos. Ahora ilumina la zona de tu trabajo. Todas las personas con las que trabajas están contentas. Termina la visualización iluminando tu hogar y tu familia. Observa a todos los que te rodean plenos de alegría y energía.

7. Esta visualización va a permitir desbloquear todas las áreas de tus relaciones incluyendo el trabajo. Sentirás que estás rodeado de armonía en todos los ambientes que te encuentres.

8. Si puedes, coloca lo que has escrito sobre los motivos de tus quejas en una vasija o un plato. Trata de quemar esas hojas terminando el ritual. Piensa mientras lo haces que has resuel-

to el problema de la queja. Ya no necesitas quejarte; ya posees todos tus recursos con inteligencia para resolver cualquier problema. Si tú trabajas con tus propias quejas descubrirás que nadie a tu alrededor tendrá alguna queja sobre ti.

Los que explotan como un volcán: Son esas personas que esperan que una situación que tienen con su pareja cambie de forma pasiva. No pueden expresar su descontento ni comunicar sus problemas. No plantean soluciones, como esperando que un milagro caiga del cielo. Luego de un tiempo, un día explotan sin ningún motivo aparente o concreto. Además, explotan por situaciones triviales. Por ejemplo, puede suceder que un hombre espera que la mujer cambie un hábito que no le gusta y nunca comenta nada. Un día discute de forma exagerada, crítica y tremenda sólo porque ella cambió de lugar su cepillo de dientes. Luego esa persona resulta o aparece como irracional a los ojos de su pareja. Nada se aclara y la discusión no tiene ningún sentido y tampoco se sabe por qué se originó. Después de explotar, la persona vuelve a la actitud pasiva.

Pensamientos claves: «No entiendo cómo no se da cuenta por sí misma»; «No entiendo cómo no sabe lo que pienso»; «Es obvio que si la miré así tiene que adivinar que... ».

Consejo: A estas personas hay que dejarles bien claro tus derechos y no permitir que te griten bajo ninguna circunstancia. Sería bueno que escribas estos principios en un lugar de la casa donde todos los puedan ver:

- Mi relación se basa en el respeto y está libre de toda señal de violencia física o psicológica.
- No permitiré ser agredido emocionalmente ni físicamente. Tengo derecho a buscar ayuda y orientación para mí, aunque mi pareja no lo desee.
- Tengo derecho a estudiar, trabajar y llevar una vida saludable.

- Tengo el derecho de velar por la paz y la igualdad en mi relación de pareja.

Está probado que cuando una persona tiene claros sus derechos y los manifiesta por escrito, su pareja respetará los mismos.

Es fundamental comprender que una relación de pareja se puede comparar al cuerpo humano: en el organismo todo funciona simplemente porque cada parte del mismo tiene un rol y éste es tan importante como el otro; por ejemplo, las células de la piel tienen características diferentes a las células que protegen el interior del organismo. Las células tienen la función de proteger, aunque sean distintas y ninguna es más importante que la otra. Cada rol permite que si actúan de forma orgánica, todo funcione en armonía. Así funciona el amor, cada persona tiene que proteger y ayudar al otro para que el organismo llamado «pareja» funcione. Cada uno debe respetar y comprender lo que el otro necesita para crecer como individuo y como pareja.

REGLAS DE ORO PARA TENER UNA DISCUSIÓN SIN PROBLEMAS

La felicidad de una pareja depende de la manera en que discute y se comunica; éste es el tema central de toda relación.
Si logras allanar las tensiones con risas y frases ingeniosas, la probabilidad de éxito es muy alta.

- Mirar a los ojos a la hora de expresar tus ideas. Una mirada esquiva produce por el contrario suspicacias y dudas. No denota seguridad en la persona que está exponiendo su idea y el otro puede dudar sobre sus intenciones.
- Estar a una distancia prudencial. Si estamos demasiado lejos tendremos que gritar y se puede perder alguna información

por el camino. Si estamos demasiado cerca, el otro puede sentirse cohibido o invadido en su espacio.

- Dejar hablar a la otra persona y no interrumpir. Cuando el otro termine, date unos segundos para comprobar que realmente no tiene más que decir y entonces empieza tú. Si avasallamos a la otra persona echándonos encima de sus frases, sentirá que la estamos agrediendo y la discusión será un fracaso.
- No terminar las frases del otro con lo que tú crees que va a decir o con «coletillas», pues puedes estar equivocado y no ayudarás a mejorar la comunicación con esta actitud.
- Respetar el turno de la palabra y dejar hablar también a la otra persona; el monólogo difícilmente sirve para llegar a una conclusión satisfactoria para los dos.

Nunca sabemos por qué nos enamoramos realmente. En cambio, podemos concluir que sabemos por qué una relación se desgasta y se quiebra. Nos defendemos del enemigo que está enfrente de nosotros, le tenemos miedo, lo aborrecemos, lo desafiamos, lo herimos. El otro es nuestro ser amado pero el defender nuestra posición y salir victorioso en una discusión se vuelve más importante que todo lo demás.

CAPÍTULO 11

Yo te amo pero sin celos

Los celos son un conflicto constante en el corazón de quien los sufre y enferman tanto el alma como la mente y las relaciones con los demás. Los celosos preguntan: ¿este mal tiene remedio?

Los celos: la sombra del amor

Este es el tema central de todas las novelas de amor y es la sombra más negativa de toda relación, ya sea de pareja, matrimonio o cualquier tipo de vínculo.

Los celos, en contra de lo que podría parecer y de lo que sugieren algunas letras de canciones, argumentos literarios o guiones de películas, no siempre son consecuencia de un gran amor, ni indican cuánto se quiere, se necesita o se desea a la otra persona. Además, normalmente quienes padecen estos ataques de celos son personas muy centradas en sí mismas.

Los celos normales son justificados porque nos invade un malestar al sentir que nuestra pareja expresa una atracción exagerada por otra persona que no somos nosotros. Los celos son un temor real de perder a la pareja, son nuestra respuesta al percibir un peligro en nuestra relación.

Los celos son patológicos mientras que por el contrario, la amenaza es sólo imaginaria y se inventa ese tercer factor. El problema se da cuando la furia y la intensidad de los celos sobrepasan lo normal, porque esos ataques de rabia y dolor desgastan la relación, la transforman en un infierno y crean una sombra en el amor. Por causa de los celos se puede llegar a la violencia familiar y a crímenes pasionales.

Los celos enfermizos surgen porque dejamos de ver a nuestra pareja como un sujeto y la empezamos a ver como un objeto de nuestra propiedad.

En muchas situaciones de celos hay sentimientos de posesión del otro, necesidad de controlar, inseguridad, envidia de la riqueza emocional del otro, y tener mayor cantidad de amigos y familia.

El amante celoso

Las personas muy celosas son frecuentemente apasionadas, ansiosas, proyectan en su entorno humano sus propias tendencias a la infidelidad. Buscan con avidez todas las pruebas de su presunto infortunio y se muestran refractarios a los argumentos racionales que les transmiten las personas cercanas con las que se sinceran.

Los celosos delirantes que se sienten abandonados, menospreciados y burlados, pueden llegar hasta la tragedia de perseguir con odio a su «amor» y no vacilarán en atacarlo. De ahí que este sentimiento genere tantos problemas, no sólo en la seguridad física de las personas directamente afectadas por casos criminales sino también en el equilibrio emocional de otras muchas cuyo bienestar psicológico se ve amenazado.

El celoso exige entonces a su pareja la descripción pormenorizada de su supuesta aventura y en su mente se mezclan el miedo al ridículo, a estar en boca de todos, el sentir con dolor que la otra persona vale más, la pérdida de autoestima, un deseo morboso de información (circunstancias de la otra relación, quién es, dónde se ven, desde cuándo...), un desmedido afán de control, un sentimiento de posesión exacerbado, la agresividad para con uno mismo... Vive la situación como si de una tortura se tratara e incluso con deseos de venganza, que van desde encerrarse en el silencio hasta el drama que con tanta frecuencia describen las secciones de sucesos de los medios de comunicación.

Algunos celosos lo confiesan, y otros padecen su mal en silencio. Existen señales de alarma para detectar un celoso, como estos ejemplos:

- Necesita controlar todos los movimientos de su pareja.
- Opina que eres un ingenuo o una ingenua y te pueden engañar.
- No le gusta que salgas solo o con tus amigos.
- No le gusta que lleves cierto tipo de ropa «provocativa».
- Arma una escena de celos sin motivos.
- Dice saber más de ti mismo y no le da valor a la propia imagen de tu persona.

Existen diferentes tipos de celosos. Te propongo revisar con cuál te identificas o identificas a otros. En la siguiente sección se ilustran los perfiles de celosos más comunes y las posibles soluciones para abordarlos. A continuación puedes detectar cuál es tu caso o el de tu pareja:

El posesivo

Sus celos no se limitan al sexo opuesto. Odia que cualquier ser viviente (madre, hermano, tía, perro, vegetal) le robe el tiempo y la atención de su pareja. No soporta sentir que —por un segundo siquiera— ocupa el segundo lugar en la mente de su amado.

En este caso, la solución es no someterse a los celos irracionales de esta persona y aprender a decirle NO ante cualquier situación que bloquee tu libertad. Es muy común que si tú has violado sus reglas ridículas, como no salir con tus amigos o volver siempre a la misma hora, es posible que el celoso te haga la vida imposible con discusiones irracionales, a las que no debes tomar como algo personal. También este tipo de celoso puede buscar una forma de castigarte, como por ejemplo no hablarte por horas. Lo que debes hacer en ese caso es ignorarlo como a un niño caprichoso, hasta que él mismo reanude el diálogo.

El espía compulsivo

Revisa agendas, husmea en la correspondencia, abre los correos electrónicos y hace todas esas cosas que molestan a cualquiera. La peor parte es que cuando la víctima del espionaje se queja, este celoso dice: «¡Ah! ¿Así que entonces escondes algo?». Este tipo de celoso es el más difícil de manejar. Pero se le debe tender alguna trampa para que deje de sospechar, como por ejemplo cambiar periódicamente las contraseñas de nuestro *e-mail* o cambiar de lugar las agendas. Una vez que esta persona es descubierta en su modo *operandis*, o sea, en su forma de actuar, si no es un celoso realmente compulsivo dejará de revisar todo porque sabrá conscientemente el error que comete. En caso de que siga de la misma forma, se aconseja hablar con el celoso seriamente y plantear algún tipo de terapia de pareja porque puede ser que el otro miembro realice cosas inconscientemente para llamar la atención todo el tiempo.

El que amenaza con irse

Este celoso avisa que lo peor que le pueden hacer es mentirle, que jamás perdonaría una traición. No dudaría en desaparecer si se enterara... y bla, bla, bla. Esto lo afirma sin ninguna necesidad porque es como una afirmación de abandono a su pareja que nunca le ha sido infiel. El que amenaza con irse sufre como muchos otros celosos de una necesidad compulsiva de controlar la vida de la pareja de forma total. Lo mejor en este caso es dejar que amenace sin tomar sus amenazas como verdades; de hecho, los que abandonan nunca amenazan con irse, lo hacen de verdad. No es el caso de este celoso que da la noticia pero nunca se va.

El sospechoso

Siempre teme y sospecha que su pareja viva recordando relaciones anteriores. Se imagina todo lo que su pareja ha compartido con otras personas y sufre. Le gustaría haber sido su primer amor con tal de estar presente en cada una de las memorias. Su peor faceta: pregunta lo que en realidad no quiere saber, pero al mismo tiempo tampoco tolera sentir que no sabe algo en relación con su pareja.

Hay que ser absolutamente sincero con estas personas y no permitir bajo ninguna forma que ellos inventen situaciones o te culpen de algún tipo de falta que tú nunca cometiste. La idea es evitar defenderse y querer demostrar que eres una persona inocente. Lo que hay que hacer es no permitir que ellos te culpen de nada.

El explosivo

Este tipo de celoso tiene repentinos ataques de celos por cualquier motivo y en cualquier lugar... La mayoría de sus apreciaciones y reclamos no tienen que ver con la realidad, lo único que consiguen es complicar la relación. «¿Y desde cuándo te gustan las películas de acción?», «Habrás conocido a alguien que influenció...»; o «¿Es un nuevo compañero de trabajo?, ¿cuántos años tiene?, ¿es soltero?, ¿te parece buen mozo?», son frases frecuentes en su boca. Una persona celosa sin límites parece que sólo desea complicar la relación afectiva, en vez de tener una relación real y sin problemas.

Los celos generan una adrenalina interna muy seductora, puede ser tan sutil que ninguno de los integrantes de la pareja puede percibirla. En este caso es aconsejable que ambos hagan una consulta profesional porque existe una relación negativa en esta pareja que provoca el sufrimiento y goce con los celos al mismo tiempo. El juego de los celos es un círculo vicioso muy peligroso. Puede ser que elijas una relación que no siempre esté focalizada en el amor sino en el placer del sufrimiento.

Catalina, de 35 años, confiesa que su vida era un infierno de celos y que volvía loco a su novio. Ella reconoce que no podía controlar sus celos:

Si yo no podía tener amigos, entonces él tampoco iba a tener amigas. Yo no creía que era celosa. Cuando comencé mi relación con Alberto, todo parecía muy normal. De hecho, nuestra relación era la envidia de mis amigas porque él era muy atento y romántico, me regalaba flores casi todos los días y siempre tenía tiempo para mí. Yo era muy feliz con él. Todo comenzó un día que apareció en mi casa y yo estaba con un amigo de muchos años, al cual no veía hacía mucho tiempo. Entró a mi casa y puso una cara terrible, fue muy desagradable con mi amigo, tanto que éste se fue muy pronto. Cuando quedamos solos, le pregunté qué le pasaba. Me dijo que no soportaba la idea de verme con otro hombre, a lo que le contesté que no era «otro hombre», sino un amigo del colegio. Se enfureció y comenzó a decirme que yo no podía tener amigos muy cercanos porque todos los hombres siempre quieren algo más. A partir de ese momento, todo cambió. Ya no podía juntarme con amigos ni siquiera si él estaba presente. Esto repercutió en mí de una manera muy extraña. Si yo no podía tener amigos, entonces él tampoco iba a tener amigas. Fueron dos años de reclusión, de centrarnos el uno en el otro, como si el resto del mundo hubiera desaparecido. Nuestra relación se transformó en una espiral muy terrible. Un día, en la universidad, lo ví conversando con una compañera sobre un trabajo que iban a hacer. En mi locura, le prohibí hacerlo. Finalmente, nuestra relación murió y yo quedé absolutamente seca. Ninguna de las restricciones que nos impusimos resultaron, sus celos fomentaron los míos y ambos terminamos desequilibrados.

Los celos forman parte de la relación amorosa. La ilusión que se tiene de ser único y extraordinario en el mundo se esfuma al entrar en escena «un tercero».

En una pareja es importante respetar la libertad de cada miembro, su estado anímico y sus necesidades. Cuando en ocasiones uno de los integrantes de la pareja se cree propietario de los sentimientos del otro, entonces el equilibrio se rompe y aparecen los celos.

Esto es lo que Eduardo, de 41 años, dice sobre los celos:

Soy celoso y posesivo, pero por suerte pude cambiar. A veces me pongo grosero y lo sé, pero el problema es que cuando me enamoro de alguien siento que me pertenece, como parte de mi mismo cuerpo. Siento celos de pensar que mi pareja puede sonreírle a otras personas. Me imagino cosas, no sé, tejo historias en mi cabeza... es extraño sentirse dueño de alguien que en realidad... no es tuyo... tengo dudas de si me quiere... Siento desconfianza cuando veo que mira a otras personas, de comentarios ambiguos que hace con sus amigos... Estoy observando sus cambios de actitudes, todo el tiempo, que me hacen imaginar que hay otro hombre. ¿Dónde está el amor? ¿Dónde están las caricias excesivas... y los besos eternos... ? ¿Dónde está lo que no encuentro en ella?... Antes no era así... o puede ser que tampoco me diera cuenta.... soy celoso... compulsivo, excesivo, apasionado y loco... soy así... y así me manifiesto... Trataré de controlar mis celos para que no me afecte que otros ojos la miren... Seré cauteloso... Estaré al tanto de sus movimientos pero no le demostraré que me importa que mi mundo gire sólo alrededor de ella...

Con Eduardo realicé una serie de visualizaciones para que pudiera comprender qué cosas de su pasado le provocaron tanta inestabilidad. Al trabajar con sus emociones, pudo tener una relación más abierta y libre con su pareja actual.

En la realidad cotidiana, los celos rompen y enturbian las relaciones. Los individuos celosos acaban minando, con su posesividad y persecución asfixiante, el goce y el placer del encuentro, el equilibrio en la pareja, que se basa en la ternura, la comprensión, la tolerancia y el respeto a la autonomía del otro. Si en un momento determinado nos sentimos víctimas de un ataque de celos que perjudica nuestro bienestar emocional, éstos son algunos consejos a seguir:

- Es fundamental ser consciente de los celos, sin quererse engañar a uno mismo.
- Comunicar los sentimientos a la persona cuyo comportamiento ha generado los celos, especificándole claramente las conductas que hacen sentir celos.
- Diferenciar lo que es falso, real o imaginario de la conducta de nuestra pareja acerca de los celos.
- Si se trata de un pensamiento irracional es importante ver la realidad y desterrarlo definitivamente.
- Será más fácil si cuentas con la ayuda de la otra parte. Pero no olviden también esa parte afectada, a la que deben comprender y ayudar.
- Invita a tu pareja a conversar de temas más personales, por ejemplo, acerca de temas de la infancia que posiblemente tenías temor de comentar porque fueron dolorosos para ustedes y los mantuvieron en silencio.
- Traten de compartir pensamientos íntimos con la condición de que no haya críticas ni comentarios negativos por parte de ninguno de los dos. Si ustedes erigieron barreras inconscientes, échenlas abajo de forma muy consciente.
- Hagan un examen a conciencia para ahondar y comprender cómo funciona la confianza que hemos depositado en la pareja y hasta dónde se expande nuestra lealtad o desconfianza.
- Dialoguen abiertamente, con serenidad y de forma objetiva, y examinen recientes conflictos con terceras personas, para ver cuál fue la actitud de ambos ante ellos.
- Nunca es tarde para rectificar actitudes equivocadas. Si te muestras dispuesto a cambiar tus hábitos erróneos, a tu pareja no le costará trabajo imitarte.
- La confianza entraña la total libertad de dejar a la pareja tener sus propias amistades y desarrollar sus propios intereses, sin que eso signifique que no puedan compartirse muchos momentos, amigos e intereses.

• Hagan una equitativa distribución de su tiempo. Tanto tú como tu pareja deben tener periodos de separación para hacer cosas individualmente y luego juntos.

De hecho, el amor verdadero sólo puede existir y perdurar entre dos personas que se sienten realizadas como seres humanos, que tienen confianza absoluta en sí mismas y prolongan esa confianza en la que sienten respecto a su pareja. En caso de que no puedas manejar tus celos, busca ayuda profesional en el campo de la psicología.

¿Qué hacemos con los celos si persisten y no nos permiten amar?

La persona celosa se podría decir que es una persona que no sabe o no puede brindarse total- o completamente, lo que entrega son partes desgarradas de sí misma.

• Ama a su pareja, pero desconfía de la reciprocidad de su amor.
• Requiere de su comprensión, pero no parece comprender que su pareja es un ser humano con su propia individualidad.
• Asume que su pareja tiene incontables atributos, mas teme que sean esos atributos los que los alejen.
• Considera que en realidad en sus sentimientos hay reciprocidad, pero sin saber por qué, teme perderlos. Y, entonces... ¿A qué se debe este acto de darse de manera fragmentada, de darse a cambio de una «garantía»? Los sentimientos dominados por los celos son realmente emociones sometidas por un afán infantil de controlar, de poseer y sobre todo de un intenso temor de perder al ser amado. Al hombre o a la mujer celosa se les percibe como chiquillos dominantes, queriendo mantener el control de su pareja, «cuidando» hasta el último detalle de su forma de actuar, su manera de relacionarse, de hablar, de caminar o de vestirse; como si el control absoluto fuera indispensable. No se parece a una relación adulta de dos seres que se complementan y que aportan recíprocamente los componentes físicos, emocionales y espirituales para amar.

Estas actitudes con frecuencia terminan con la relación. La persona celosa parece demostrarse a sí misma que ninguna pareja es de fiar, todas terminan alejándose, no se puede confiar en ninguna relación. Así la búsqueda de plenitud se repite de manera permanente y con los mismos resultados, produciendo un círculo interminable que siempre desemboca en el fracaso.

Pero... ¿existe una salida? Al parecer la única puerta abierta es la búsqueda interna y el reconocimiento de que el problema tal vez no esté en la pareja, sino en los propios temores internos. Por supuesto que reconocerlo nunca es fácil. Estos temores tienen un carácter inconsciente y la persona celosa realmente cree que algo «fuera de él (o ella)», «una fuerza omnipresente y omnipotente» controla sus fracasos. Pero por alguna parte debe ser posible romper el círculo. Si tú eres una persona celosa, haz un esfuerzo por viajar a tu interior, revisa hasta dónde las acciones de tu pareja te atormentan, pero también, hasta dónde se trata de tu propio miedo e inseguridad. Tal vez así podrás comenzar a definir si convives con alguien que te hace sufrir, o si este «alguien» es tu propio fantasma interior.

Conocer la causa de los celos

Aquí presento un ejercicio que he probado miles de veces con las personas que me consultan y funciona de forma totalmente exitosa. Tienes que buscar un espacio donde puedas relajarte por unos veinte minutos. Antes de comenzar, realiza algunos de los ejercicios de relajación que plantea este libro; por ejemplo, el trabajo con la respiración del segmento siguiente sobre el enojo puedes tomarlo como referencia antes de realizar esta visualización. Luego de la relajación, continúa estas instrucciones:

Primer paso: Después de estar muy relajado, trata de concentrarte mentalmente en las situaciones que te provocan celos. Luego, percibe los pensamientos que vienen a tu mente, estos pueden ser:

- No me quiere más.
- Está mirando a otras personas porque ya no me desea.
- Me va a dejar.
- Ya no soy importante en la vida de él (o ella).
- ¿Por qué habla con otras personas?
- Ya no confía en mí.
- Hace mucho tiempo que no me dice que me quiere.
- Sale más con sus amigos que conmigo.
- Conmigo no se divierte como antes.

Segundo paso: Reflexiona de forma consciente sobre estos ejemplos; hay pensamientos o dudas que pueden surgir en tu mente. Lo primero que debes tener en cuenta es hasta dónde estos pensamientos no son una proyección de tu propio deseo personal. Si luego de meditar crees que hay algo concreto y real, debes hacer otra relajación de unos minutos y pensar:

«En esta relación que me provoca celos, ¿en qué momento entregué mi poder y la valoración de mi propia persona, como cuando era un niño que sólo dependía de mis padres?» Continúa en el estado de relajación.

Tercer paso: Protege tu parte vulnerable necesitada de amor. Mientras estás relajado y concentrado, visualiza tu parte más vulnerable, puede ser una etapa de tu vida, tú mismo en el presente o alguna imagen del pasado donde estás temeroso y celoso de ti mismo. Observa cómo están tus emociones. No te preocupes si sientes o aparecen imágenes de inseguridad, temor o sentimientos de abandono. Imagina que tomas entre tus brazos esa imagen vulnerable, la proteges y le das todo el amor que necesita.

Tienes que estar muy atento a sus verdaderas necesidades, a toda forma de reclamo, ya sea palabras o gestos que se manifiesten y que tú puedas comprender para ayudarlo. Seguramente lo mismo que te pide en tu visualización interna es lo que le pide a los demás. Es importante que utilices un cuaderno de anotaciones con fecha, para recordar cada situación después de haber realizado el ejercicio. Podrás ver tus transformaciones y el tiempo que te ha tomado realizarlas.

Te sorprenderá cómo, luego de hacer este ejercicio, las personas que tú amas cambiarán su actitud y comenzarán a manifestar sus sentimientos positivos hacia ti, y podrás ver que el hecho de no reclamar aumentará tu autoestima y que las emociones o pensamientos que provocaban los celos se disiparán cada día. Lo importante es que cada vez que surjan tus celos realices este ejercicio.

Todos tenemos en nuestro interior esa parte pequeña e insegura que no se ha podido mostrar y que está esperando ser amada. Recuerda que los celos también se originan por la misma necesidad de amarte a ti mismo y por haber abandonado en algún momento de tu vida a tu verdadero ser.

CAPÍTULO 12

Yo te amo tanto que el amor trasformó mi enojo

Todo ser humano tiene derecho a tener rabia, pero eso no te da el derecho de ser cruel.

El enojo y sus consecuencias en la pareja

Uno de los sentimientos más frecuentes en el ser humano es el enojo. Existen personas que parece que viven constantemente en este estado.

El sentir enojo o ira es normal. La respuesta que le damos a este sentimiento es lo que marca la gran diferencia. El gran problema puede ser si cada vez que nos enojamos nos dejamos llevar por este sentimiento y no somos capaces de ver más allá de nuestras narices, sintiéndonos como una olla a presión a punto de explotar. Muy a menudo, el enojo viene acompañado de pensamientos de venganza y esto nos puede llevar a humillar, criticar, juzgar, ofender, fastidiar y hasta a odiar a otra persona, sintiendo culpa por ello, o haciéndonos cada vez menos humanos e incapaces de convivir en el mundo, pues nos vamos encasillando en un caparazón blindado donde no dejamos penetrar a nadie y nos empezamos a aislar de la realidad y a vivir en el infierno.

Las consecuencias de nuestro enojo, dependiendo del grado en que lo manejemos, pueden llegar a ser muy importantes. Por ejemplo, si en el trabajo el jefe, la secretaria o algún empleado hace algo que me molesta y me causa enojo y que no puedo manejar, puedo trasladar este sentimiento a mi casa, a mi pareja y a mis hijos, causando un deterioro en las relaciones familiares y organizando una guerra donde no hay necesidad.

La cuestión es, ¿qué puedo hacer contra el enojo? Es fundamental aprender a manejarlo, ya que puede hacerse presente muchas veces a lo largo de nuestra vida. Y no es malo sentirlo, pero lo importante es cómo reaccionamos al mismo.

Para poder manejarlo, primero tengo que preguntarme a mí mismo esto:

¿Para qué me sirve el enojo en estos momentos?

¿Cuáles son los pensamientos que me provocan este enojo?

¿Qué pasa si no manejo mi enojo?

¿Cómo puedo superar este sentimiento ahora para pensar claramente?

Si tú estás convencido de que el enojo no te sirve y que te ha acarreado problemas en tu vida y tu relación, es tiempo de que analices el origen de esta emoción. Debes averiguar qué elementos disparan tu enojo. ¿Qué patrones repetitivos observas en tus sentimientos de enojo o reacciones, y cómo se asocian con tu pasado?

Por ejemplo: ¿Cuáles son las asociaciones de tu vida personal, en tu pasado, que disparan tu enojo? ¿Qué patrones repetitivos observas en tus sentimientos de enojo o reacciones, y cómo se asocian con tu pasado?

Aprender a respirar y liberar el enojo

El poder sobre los sentimientos lo tenemos nosotros mismos y una de las técnicas más eficaces para poder manejarlos es la respiración. Ante un enojo que no puedes manejar, haz lo siguiente:

1. Respira profundamente 2 o 3 veces, cerrando los ojos.
2. Explora tu cuerpo y date cuenta en qué parte se encuentra este enojo; generalmente se encuentra en el pecho y se manifiesta como tensión en los hombros o el vientre.
3. Ahora que lo tienes localizado, ponle un color negro, como si fuera un humo negro que se instaló en ese lugar.
4. Empieza a respirar profundamente y observa cómo va saliendo cada vez que exhalas.
5. Continúa hasta que este sentimiento se haya calmado o haya desaparecido de tu cuerpo.
6. Ahora siente la tranquilidad y la paz en tu cuerpo por unos segundos y date cuenta de que puedes controlar tus sentimientos.
7. Abre los ojos y observa al mundo desde un punto de vista más amable, aceptando el hecho de que ninguna persona puede hacerte enojar.

Después de haber hecho este ejercicio, que es muy fácil, ya que se puede hacer en cuestión de pocos minutos, por ejemplo, retirándose al baño u otro lugar para estar a solas, regresas y hablas con tu pareja, y si ella está calmada, le dices qué te enojó o enfadó por su actitud o comentario. Explícale el porqué y probablemente te sorprenderás de la respuesta, ya que lo más seguro es que hayas interpretado mal su actitud y sus motivos; o quizás ella esté arrepentida por haber sido tan impulsiva y agradezca la oportunidad de poder disculparse.

Susana tiene 25 años y mucho miedo al abandono. Muchas veces, el miedo reprimido causa un enojo irracional. Susana no se daba cuenta de que sus necesidades emocionales se filtraban a través de su enojo, lo cual no es positivo para una relación. Aunque es relativamente fácil reconocer que nos enojamos, a veces no es fácil identificar las causas.

Ella comenta:

Yo me di cuenta de que me enojo antes de que mi pareja se vaya a trabajar o a reunirse con sus amigos o adonde sea... busco una excusa

para que se quede y empiezo con la cara larga, no hablo, cruzo los bra-
zos, hago gestos de enojo, ¡vaya! ¡Toda la caracterización!

Luego él dice que mejor se va, que no quiere que me enoje y que
como necesito calmarme, mejor se va. Sigue el puchero, el decirle que
lo siento mucho pero que todo lo que necesito es que me abrace.
Entonces, vamos al sofá, que es el lugar de la reconciliación. Esta vez
todo es ternura y paciencia, con besitos suaves en mi espalda y cari-
cias en mis piernas. Él dice que si quería eso, mejor le hubiera dicho
o tomado la iniciativa en lugar de pasar media hora pensando qué
había dicho o hecho para que me enojara.

Esta forma del enojo y del capricho es muy común y no es la mejor
para provocar el deseo sexual o amoroso de la pareja, ni para atraer
la atención del otro. Puede ser que en unas dos o tres oportunidades brinde algunos de sus beneficios, pero al final de cuentas, el
otro se da cuenta y lo que sucede es que se cansa de los caprichos
infantiles de su pareja.

Luego de que Susana trabajara con su niño interior (técnica ya
explicada en otro capítulo) pudo reevaluar su necesidad de atraer
a las personas a través del conflicto.

Alex, de 40 años, se arrepiente de haber manejado sus frustraciones y enojo con su propio trabajo y de haber desplazado estas
emociones negativas a la pareja. Él confiesa:

Me apena reconocer que mi enojo constante y mis frustraciones de
trabajo fueron el principal problema en mi antigua relación. Nunca
le comuniqué a mi pareja lo que yo pensaba ni lo que sentía y por qué
me enojaba ante cualquier situación frustrante...

¿Inseguridad, miedo? Tal vez, pero no me gusta sentirme vulnerable
ante la otra persona; no me gusta que sepa exactamente qué siento y creo
que esta situación hace que me pierda de relaciones maravillosas. Esa
idea de que el hombre no puede ser frágil siempre me afectó mucho.

El ejemplo de Alex es algo muy habitual en las relaciones. No saber
expresar los sentimientos o ideas crea frustración y ésta se produ-

ce cuando existe un bloqueo emocional interno que impide expresar las emociones y la capacidad de actuar. Muchas personas tienden a cubrir la frustración con el enojo.

Verbalizar el enojo con sabiduría

Una reacción muy común ante el enojo es «taparlo». Cuando se hace esto, es como ponerle la tapa y transformarlo en algo muy poderoso (como el vapor en una olla a presión cuando se tapa en el momento del mayor hervor). Para llevar a cabo una descompresión de esta emoción, a veces tan explosiva, hay que aprender a manejar el enojo. Esto implica que hay que reconocer que estás enfadado o disgustado, que debes enfrentar tus sentimientos y hablar acerca de ellos.

Por ejemplo, si llegas del trabajo a tu casa de mal humor, cualquier cosa que tu pareja realice puede causarte irritabilidad. Entonces, en lugar de permitir que tus emociones crezcan y hagan erupción, debes permitir que esta emoción salga en forma controlada, expresando verbalmente algo como esto: «Estoy de muy mal humor. No es tu culpa. Tratemos de esperar que me relaje». Esto exige unos 15 o 20 minutos de autocontrol y luego, la emoción negativa se ha ido. Expresa tu disconformidad de forma directa, pero sin agresión. Explica tus sentimientos a la otra persona sin miedo, sin dar rodeos. El otro no es un ogro y podrá ponerse en nuestro lugar si nosotros le explicamos qué nos pasa. Examina tus sentimientos y lo que te ocurre en el momento. Guardar resentimientos sólo servirá para que salgan todos a la vez en la siguiente discusión. Evita la agresividad, que no ayuda a la hora de comunicarte con tu pareja. El que recibe esta agresividad se pondrá a la defensiva y entrarán en una batalla campal; por otro lado, la otra persona puede cerrarse de tal manera que tampoco conseguirás tu objetivo. Intenta enfrentarte a tu pareja de forma tranquila y pausada, defiende siempre tu punto de vista pero respetando el del otro, ya que también tiene derecho a opinar y su opinión es tan válida como la tuya. ¿Qué te hace pensar que eres tú el que está en lo cierto?

Si puedes entender que cada ser es único, ya tienes la batalla ganada. Por más enojo que haya, debes decirle: «¡¡Eres tan especial para mí!!». Es importante hacerle saber a tu ser querido cuánto significa para ti.

Una de las maneras de aliviar el estrés que provoca el enojo es hablar en voz alta contigo mismo. El sonido de tu propia voz, combinado con el alivio de expresar tus sentimientos impide que la tensión se acumule en tu interior. Luego es bueno seguir con afirmaciones positivas como: «Me siento más aliviado ahora».

Debes aceptar el hecho de que ninguna persona puede hacerte enojar o hacerte feliz o triste. Nadie puede fabricar una emoción dentro de otra persona. Tú eres el único que tiene el poder para crear una emoción dentro de ti. Y por el mismo motivo, sólo tú puedes eliminarla.

Explorar las emociones

El mundo de las emociones ha sido considerado siempre un misterio, especialmente cuando una persona percibe un desacuerdo emocional y racional en su interior. A continuación veremos algunas pautas para conocer y controlar nuestras emociones de enojo, ira, amor y tranquilidad.

- Mantener una actitud tranquila ante los estímulos que nos provocan temor, enojo o ira.
- Controlar el lenguaje, ya que el control de las palabras ayuda a disciplinar las emociones.
- Aprender a leer los mensajes subliminales de las personas que quieran influenciar en tu estado emocional.
- Entrenar nuestra mente a proyectar situaciones nuevas y positivas.
- Evaluar qué emociones provocamos en los demás.

- Chequear nuestra respiración ante una situación emocional fuerte y respirar tranquilamente.

Sanar las reacciones de la agresión y el desamor

Para hacer el cambio de la agresión a la aceptación, necesitas sanar los problemas que existen dentro de ti mismo, limpiar lo que crea resistencia y te impide respetar y aceptar. Puedes usar los siguientes pasos para restablecer el respeto y el aprecio con tu pareja.

1. **Descubrir y curar la herida.** Tienes que comprender que la razón por la que estás en conflicto con tu pareja es que ella ha reactivado alguna herida en ti. Sanar la herida es reconocer el hecho que tú has permitido que te lastimen; entonces, la necesidad de resistirse al afecto o la armonía desaparece y surge una tregua en la relación.

2. **El control de los pensamientos.** Por ejemplo, una esposa que siente que «a él no le importan mis necesidades... siempre es tan egoísta», podría recordar una serie de cosas que el esposo ha hecho y que, en realidad, demuestran su cuidado. Esto le permitirá a ella pensar algo como: «Bueno, de vez en cuando se preocupa por mí, aunque lo que acaba de hacer haya sido desconsiderado». Esto último abre la posibilidad de cambiar y de alcanzar una resolución positiva; lo anterior sólo sirve para fomentar la ira y el daño.

3. **Aceptar en un cien por ciento tu responsabilidad en la pérdida de respeto y afecto.** Las relaciones no son, como se dice usualmente, una división en porcentajes iguales. Cada persona es responsable en un cien por ciento de la presencia o ausencia de amor en una relación. Una vez que comprendas que la pérdida de amor es tu responsabilidad, tendrás que enfrentar aquellas características del otro/a que no puedes resistir.

4. **Perdonarte a ti mismo.** El perdón no es para la otra persona, el perdón es para ti mismo, porque al abrir tu corazón, puedes

comprender la situación que te lastimó o te causó un sentimiento negativo. Cuando comprendes las causas de tus penas
a través del perdón, puedes comprender al otro. Cuando te
perdonas a ti mismo, se disuelven en tu interior las emociones
conflictivas que crean el enojo. Cuando restauras el amor en el
vínculo, sanas tu relación y tu herida de las agresiones y el desamor. Podrás aprender a nutrirte de otro tipo de aspectos más
amorosos de la relación y entonces surgirá una nueva expresión de amor, total y sin sombras.

CAPÍTULO 13

Yo te amo y nuestra comunicación es perfecta

Lo principal de un vínculo es saber cómo manejar los conflictos. Todas las parejas deben saber que el desacuerdo forma parte de todas las relaciones, y gracias a él crecemos e intercambiamos ideales y sentimientos y ganamos en amor.

La comunicación asertiva

Las palabras no se las lleva el viento, las palabras dejan huella, tienen poder e influyen positiva- o negativamente. Las palabras curan o hieren a una persona. Por eso mismo, los griegos decían que la palabra era divina y los filósofos elogiaban el silencio. Piensa en esto y cuida tus pensamientos, porque ellos se convierten en palabras, y cuida tus palabras, porque ellas marcan tu destino. Medita sabiamente para saber cuándo y cómo hay que comunicarse, y cuándo el silencio es el mejor regalo para ti y para los que amas. Eres sabio si sabes cuándo hablar y cuándo callar.

La comunicación es la forma en que trasladamos información a otra persona. En las relaciones interpersonales y sexuales, muy pocas personas saben cómo comunicarse en forma correcta y muy pocos conocen la técnica o el arte de comunicarse íntimamente con los demás. La comunicación asertiva es la habilidad para desarrollar un buen intercambio con el otro, además de auto-respetarnos y tener la habilidad para hacer sentir valiosos a los demás, que es el componente esencial para el equilibrio en las relaciones humanas.

Ésta es una forma de expresarse con autoafirmación, o sea, en una forma íntegra y sincera, con total seguridad. Es una forma de establecer vínculos, hablando de nuestros sentimientos con una elocuencia y manifestación personal oportuna y directa, respetando la posición propia y la de los demás. Una comunicación asertiva es, en definitiva, una manifestación verbal y no verbal que es honesta y mesurada para los involucrados en el tema.

Tenemos que comprender que cuando existe un conflicto con la pareja, no por ello se detiene el mundo, no se puede dejar de hablar, se debe aprender a reconocer que la vida de pareja debe continuar por encima del problema, del enojo o del conflicto. Es decir, la comunicación no puede suspenderse. Los demás temas de la vida cotidiana deben tratarse como si no existiera el conflicto. Es importante tener en cuenta lo siguientes puntos para una buena comunicación.

- Cuando discutes con tu pareja, di «Yo creo», «Yo pienso», «A mi me parece». Enfócate en el problema y no en acusar o agredir a la persona. Por ejemplo, «Me gustaría que la reunión no sufriera interrupciones», en lugar de decir, «Tú siempre estás interrumpiendo las reuniones».
- Evoca hechos y no juicios. Por ejemplo: «Llegaste tarde 20 minutos y esto ya sucedió antes. Quiero que sepas que este tema me afecta cuando se repite con frecuencia». Entonces, lo mejor es decir: «Trata de respetar mi tiempo como yo respecto el tuyo».
- Expresa tus pensamientos, sentimientos y opiniones. Por ejemplo: «Me pone mal, me siento relegada/o cuando no llegas a tiempo». En lugar de «Tú siempre llegas tarde a las reuniones conmigo, esto es un desastre... bla, bla, bla». Lo mejor es decir: «No voy a esperarte la próxima vez que llegues tarde; es mi responsabilidad también cumplir con mis horarios».
- Clarifica tus requerimientos. Por ejemplo: «Por favor haz el esfuerzo de salir antes de tu trabajo; trata de hacerlo, por favor. Así podemos disfrutar y yo estoy más relajado».

Uno de los problemas más comunes en la comunicación se genera cuando se intenta leer la mente de la gente o se espera que ellos la lean. Si deseas que la gente responda a tus ideas y requerimientos, necesitas decir las cosas tal como son y expresarlas de forma que los demás te respondan favorablemente.

El poder de la verdad es liberador

La palabra hablada es la expresión más perfecta de nuestro pensamiento, nos revela el mundo interior y es el vínculo más potente y eficaz de nuestras relaciones recíprocas. La palabra es uno de los privilegios humanos más grandes y constituye la expresión más perfecta de nuestro pensamiento.

El lenguaje dirige nuestros pensamientos hacia direcciones específicas y, de alguna manera, nos ayuda a crear nuestra realidad, potenciando o limitando nuestras posibilidades. La habilidad de usar el lenguaje con precisión es esencial para una buena comunicación con la pareja... Aquí se presentan siete reglas de oro para mejorar tu relación:

1. Utiliza cuidadosamente con tu pareja la palabra «NO». La frase que contiene NO, para ser comprendida, trae a la mente lo que está junto a ella. El NO existe apenas en el lenguaje y no en la experiencia. Por ejemplo, piensa en «No... ». No viene nada a la mente. Ahora, voy a pedirte, NO PIENSES EN EL COLOR ROJO... Te pedí que NO pensaras en el color rojo y probablemente pensaste. Procura hablar en positivo, di lo que quieres y no lo que no quieres. Por ejemplo, una persona le dice a otra, «No me digas eso», pero debería decir algo como, «A mi me gustaría que utilizaras otro lenguaje cuando hablas conmigo».

2. Fíjate como utilizas la palabra «PERO», que niega todo lo que viene antes. Por ejemplo: «Pedro es un muchacho inteligente, esforzado, PERO...», sustituye el «PERO» por «Y» cuando sea oportuno.

3. Habla de los problemas o de las descripciones negativas de ti mismo utilizando el verbo en pasado. Cuando conjugas una acción en el tiempo pasado, programas y colocas tus limitaciones atrás en tu mente y creas una idea en el presente con el fin de provocar un cambio positivo en el tiempo presente. Esto te permite cambiar tus pensamientos. Por ejemplo, «Yo tenía dificultad en hacer esto o aquello...».

4. Habla de los cambios deseados para el futuro utilizando el tiempo presente. Por ejemplo: en lugar de decir «Voy a lograr», di, «Estoy logrando».

5. Sustituye el «SI» por «CUANDO». Por ejemplo, en lugar de decir, «Si consigo ganar dinero, voy a viajar», di, «Cuando consiga ganar dinero, voy a viajar».

6. Suplanta «ESPERO» por «SÉ». Por ejemplo, en lugar de decir, «Espero aprender eso», di, «Sé que voy a aprender eso». ESPERAR suscita dudas y debilita el lenguaje.

7. Reemplaza el CONDICIONAL por el PRESENTE. Por ejemplo, en lugar de decir, «Me gustaría agradecer su presencia», di, «Agradezco su presencia». El verbo en presente es más fuerte y concreto.

Necesitamos tener en mente que aprender a hablar correctamente, positivamente, claramente y sin doble sentido nos permite cambiar nuestra realidad a través de la palabra. El poder de la palabra tiene mucha fuerza espiritual y concreta en todo tipo de relación. Por ello, es importante que la pareja realice el siguiente ejercicio:

Tomen asiento uno frente al otro y, por turnos, hagan las preguntas que necesiten para aclarar o evaluar con detenimiento cómo está funcionando el vínculo erótico y afectivo entre ambos. Cuando uno de los amantes responde, traten de agradecer cada respuesta, porque es una forma de abrirse y aceptar mejor la entrega del otro. Las preguntas pueden ser las siguientes:

- ¿Qué esperas de nuestra relación que hasta ahora no hayamos alcanzado?
- ¿Percibes que todo lo que hacemos en pareja ayuda a nuestra evolución?
- El goce que sentimos unidos es total, pero ¿todavía hay más para entregar de nosotros mismos?

Procura que las respuestas sean cortas, por ejemplo:

- «Todos los aspectos de mí mismo en la relación han sido hasta ahora...».
- «Deseo establecer una relación más íntima...».
- «Busco sentirme más pleno y lo estoy logrando contigo...».

Continúen repitiendo la misma pregunta hasta que no haya nada más que decir sobre ese tema. Cuando finalicen, traten de encontrar los puntos que comparten y aquellos que resultaron más importantes, conmovedores o sorprendentes. Si realizan este ejercicio con frecuencia, sentirán una comunión completa e incomparable entre ambos. Las inspiraciones que surgen mediante la palabra hablada con el corazón, producen placer y apartan el dolor. La fuerza de la palabra se adueña del alma, la domina, la convence y la transforma en un hechizo de amor.

Prestar atención a la comunicación
verbal y no verbal

Hay un aspecto que muy pocas veces es tomado en cuenta: el lenguaje no verbal. Esto puede entenderse como miradas, roces o actos.

Es revelador saber que cuando existen incongruencias entre el lenguaje no verbal y el verbal, tienen más impacto los mensajes no verbales que las meras palabras. Hay que evitar este tipo de situaciones que llevan a posibles problemas. Un gesto es cualquier acción que envía un estímulo visual a un observador.

Los gestos se encuentran en un segundo canal de comunicación; aquéllos que sean apropiados a las palabras que se dicen, servirán para acentuar el mensaje que deseas trasmitir a tu pareja. Es importante utilizar énfasis, franqueza y calor. Nunca des mensajes contradictorios con tus gestos. Si estás mirando a otro lado cuando dices algo que para el otro es importante, (por ejemplo: «Me importa mucho lo que te sucede»), pero estás mirando cómo luce otra persona, tu interlocutor no aceptará esta afirmación verbal como algo cierto. Otro ejemplo: comentas a tu interlocutor que te sientes muy cómoda, mientras mueves las piernas todo el tiempo durante la conversación, mostrando ansiedad o desagrado. Nadie creerá en tus palabras.

Para utilizar la comunicación asertiva no verbal, sigue los siguientes ejemplos:

Mantén tu cuerpo firme mientras deseas clarificar tu punto de vista y mantén una actitud segura.

No te muevas mucho del espacio donde te encuentras mientras hablas porque puede crear dispersión en la otra persona.

No te acerques excesivamente a la otra persona porque puedes invadir el terreno personal del otro cuando estén discutiendo.

Mantente a una distancia que puedas ver todo lo que sucede en ese momento, como un observador que mira desde arriba, desde otro nivel de comprensión. Observa todo lo que sucede como un testigo, sin involucrarte en la situación que estás viviendo. De esta forma podrás tener más claro hasta dónde podrás llegar con esta situación negativa.

Mira a tu interlocutor a los ojos (no demasiado fijamente porque la otra persona puede interpretar esa mirada como agresividad). Cuando estés hablando con tu pareja, no estés mirando a todos lados: a la ventana, al techo o al suelo.

No cruces los brazos, mientras más te abras con tu cuerpo, puedes comprender mejor al otro. Si te cubres la boca mientras hablas, puedes dar señales de que estás mintiendo u ocultando algo importante.

Toma conciencia de los movimientos de tu cabeza. El tipo de orientación espacial de tu cabeza denota el grado de intimidad/formalidad de la relación. Cuanto más cara a cara es la orientación, más íntima es la relación y viceversa. Por ejemplo, si mueves la cabeza en forma afirmativa, puedes revelar mensajes diferentes según tu ritmo. Cuando son rápidos, significan «entiendo; continúa» o bien pueden indicar que queremos que esa persona se dé prisa y termine lo que está diciendo. Cuando son moderados, nos están diciendo, «comprendo y estoy de acuerdo»; y cuando son lentos, significan «comprendo, pero estoy un poco confundido» o «no estoy del todo convencido». La inclinación de la cabeza es otra pista que podemos interpretar de diferentes formas. Una inclinación hacia delante y hacia un lado significa «te escucho». Y cuando va acompañada de una sonrisa y contacto visual, aumentan los sentimientos de simpatía hacia esa persona y habrá más probabilidades de recibir apoyo y cooperación. Cuando la inclinación se produce hacia un lado y hacia atrás, quiere decir, «estoy pensando tu pregunta». Una clara inclinación hacia un lado significa «estoy interesado y tal vez atraído».

Con cada detalle de tus gestos estás dando información acerca del cuándo y el cómo: «Me importas, te tengo en cuenta, quiero darte, deseo lo mejor para ti, te acepto, te reconozco, existes». La comunicación no debe contar solamente con la palabra, se tiene que apoyar con los gestos.

Una comunicación sin culpas y con valorización

Es importante tratar de no echar la culpa a otros, criticar o atacar como si fuera una guerra. El otro es tu pareja, por lo tanto, está de tu lado. Por ejemplo, expresa los sentimientos gratos que tienes para con tu pareja y habla siempre en primera persona.

También reconoce tus actitudes negativas, pero no digas, «me haces sentir incómodo», «me tiene descontento», «me confundes». Di, en cambio, «me siento confundido», «no entiendo qué sucede». Esto provocará que tu pareja te escuche sin sentirse culpable o responsable de lo que te sucede, porque tú te haces cargo de tus sentimientos sin herir al otro.

Siempre es positivo aprender a valorar al otro porque tu pareja también tiene necesidades, ansiedades y momentos negativos; tú también los tienes y posiblemente no te das cuenta hasta dónde el otro tiene paciencia contigo.

La otra cara de la moneda

Tu pareja debe saber que puede contarte cualquier cosa porque tú le vas a prestar toda tu atención. Saber escuchar los ayudará a comunicarse mejor, a crear lazos especiales de complicidad entre ustedes y a saber qué quiere, qué necesita o qué preocupa al otro. Practica con esta frase mágica: «¡Te escucho... háblame de ti!». ¿Cuántas veces le has dicho a tu amigo esta frase, pero no a tu pareja?

Ponte en el lugar del otro

Tu pareja no puede ni debe comportarse igual que tú; enfadarte por todo lo que hace sin tratar de entenderla o intentando cambiarla es un error. Aunque deben tener cierta afinidad, no tienen por qué pensar igual. Entender esto los ayudará a ser mucho más comprensivos el uno con el otro, más tolerantes y justos.

Si los dos se comprenden, es muy importante decir, ¡Gracias! Una necesidad básica del ser humano es la de ser apreciado. No hay mejor forma de decir a una persona que es importante lo que hace por nosotros que agradeciéndole. No en forma mecánica sino con calor humano.

La libertad bien entendida

Este es uno de los puntos más difíciles de llevar a cabo, ya que normalmente, aunque la queramos para nosotros, nos cuesta mucho darle libertad a nuestra pareja. Cada miembro de la pareja tiene derecho a sus momentos de independencia e intimidad, a moldear sus proyectos, aficiones o seguir sus ilusiones sin sentirse coartado por el otro.

Aunque te parezca lo contrario, controlar a tu pareja, querer estar siempre con ella o prohibirle hacer ciertas cosas, simplemente por inseguridad, es lo que más puede alejarte de ella. Una pareja no supone un contrato de esclavitud sino de colaboración. La postura más generosa y beneficiosa para la relación es apoyar a la pareja de un modo constructivo en su desarrollo individual.

Lo más importante es decir: «Perdóname, me equivoqué». Decir esto no es tan fácil, sin embargo, cuando cometes un error que ofende o perjudica a otras personas. Aprende a decir con madurez: «perdóname, me equivoqué».

Disposición de llegar a acuerdos

Es fundamental que la pareja comprenda que un problema que atañe a la relación no lo puede resolver sólo una de las partes. Es importante decidir si es un problema que les concierne a los dos. Se debe elegir el momento adecuado, evitar plantear un problema cuando el otro está cansado o enfermo, cuando hay otras personas delante o cuando no tenemos tiempo suficiente para poder terminar la resolución.

Es bueno especificar bien el problema e intentar aislarlo del resto de los componentes que nos pueden llevar al error.

Ciertas habilidades ayudan a resolver los problemas, como por ejemplo, mantener una postura activa, dando soluciones posibles sin descartar nada de antemano, o no dejar pasar el problema ni convivir eternamente con él.

Algo que no debemos olvidar es decir: «Ayúdame, te necesito». Cuando no podemos o no queremos admitir o expresar nuestra fragilidad o necesidad de otros, estamos en un grave problema. No te reprimas. ¡Pide ayuda!

El afecto antes, durante y después

Mantener el afecto ante cualquier situación conflictiva es muy importante. Por ejemplo, luego de una discusión, acariciarle la mano, mirar con amor al otro, abrazar a la pareja. Las carencias afectivas suelen terminar con muchas parejas. El afecto es la demostración del amor, algo fundamental una vez que el enamoramiento y la pasión empiezan a decaer. Es muy importante mantener siempre una actitud cariñosa hacia nuestra pareja y hacerle demostraciones de cariño pese a que lleven mucho tiempo juntos. No sentirse queridas es una de las principales quejas de las mujeres.

El cariño es algo que debe cuidarse cada día, ya que es lo que más fácilmente se pierde con el tiempo y la rutina. Conoces tanto a tu pareja que no crees que necesite tus mimos y caricias. Si no recibimos cariño, debemos hacérselo saber a nuestra pareja para ver si se trata de una cuestión de descuido o existe una causa más profunda.

Las dos palabras más importantes que le puedes decir a alguien son: «Te amo». Ningún ser humano puede sentirse realmente feliz hasta no escuchar que alguien le diga «Te amo». Atrévete a decírselo a tu pareja, a tus padres, a tus hermanos, a tus hijos. Si nunca lo has hecho, haz la prueba y verás el resultado. Di también «Te admiro». Cada miembro de la pareja tiene alguna cualidad o habilidad que merece reconocimiento. Todos, en algún momento, sentimos la necesidad de que se nos reconozca algún logro o meta alcanzada... ¿Cuándo fue la última vez que le dijiste esto?

Ejercicio para reconciliarte contigo mismo y con el otro

No siempre es suficiente ser perdonado por alguien. Algunas veces tendrás que aprender a perdonarte a ti mismo.

Las emociones negativas son programaciones del pasado; están relacionadas con nuestra infancia. Si nuestras emociones no están claras, se vuelven tóxicas, es como timonear un barco arrastrando el ancla.

Este ejercicio tiene como objetivo sanar las emociones negativas que te atormentan y no te dejan relacionarte con amor. Es un proceso de evocar emociones, es un modo sutil de comenzar a comprender qué te sucede y por qué repites ciertas relaciones. Además, muchas veces discutimos y estamos enojados con el otro, pero no nos damos cuenta de que es ante todo con nosotros con quien debemos mejorar nuestra relación.

Primer paso: Realiza una relajación. Cierra los ojos y busca en tus recuerdos y elige una persona que evoque una emoción en tu vida que te provocaba frustración, agresión, ira (puede ser tu pareja presente o alguna cosa que te haya quedado pendiente con otra relación u otra persona que evoque alguna de estas emociones negativas mencionadas anteriormente).

Segundo paso: Mira los ojos de la persona que estás recordando. Reconoce la emoción en los ojos de la otra persona (si la otra persona no te permite mirar a sus ojos, entonces siente la emoción que crea resistencia y separación). Siente la emoción equivalente dentro de ti. Trata de sentir que la emoción de la otra persona y la tuya es una sola (debes sentir su emoción y dejarle sentir la tuya, y no dejes que haya ninguna resistencia en absoluto). Reconoce la emoción y déjala ir, vive la emoción como una ola de agua que pasa o como una nube que sigue su curso.

Tercer paso: ¿Hay alguna otra emoción que haya surgido ahora? (Trabaja con ella de la misma manera). Abraza a la otra persona. Abre tu corazón a la otra persona y permite que el amor fluya hacia el corazón abierto de esa persona y regrese a ti, hasta que el amor fluya libremente en ambos sentidos. A medida que el amor crece, trata de observarte a ti mismo dentro de un centro de luz, como dentro del sol. Siente que los rayos solares limpian todas las relaciones y las emociones negativas hacia cualquier persona.

Cuarto paso: Imagina que, debido a las experiencias negativas de otros momentos de la pareja, se habían creado entre ustedes cordones de energía negativa. Visualiza estos cordones como tiras negras que se han originado debido a las discusiones y malentendidos y que son como una soga que los ata a los dos, que quizás los intoxica. Aléjate un paso de la otra persona. Ahora, siente cómo la luz del sol limpia la energía entre ustedes dos, liberando todas las cuerdas que los unían. Asegúrate de que la energía esté completamente limpia.

Quinto paso: Crea una nueva cuerda de luz hermosa entre ustedes dos. Puede ser el mismo rayo solar. Imagina que desde el corazón de la persona y el tuyo se desplaza un rayo de color rosa, liberando así todas las resistencias que hay entre los dos. Donde haya resistencia en tu corazón, permite que la luz de color rosa limpie tu enojo, resentimiento o sentimientos conflictivos. Imagina estas emociones conflictivas como un humo negro que se libera cuando la luz rosa limpia tu corazón.

Sexto paso: Agradécele a la persona las lecciones del pasado. Libera a la otra persona con amor. Siente físicamente cómo se aleja la energía de la otra persona. Cuando estés listo/a, abre lentamente los ojos.

Este proceso interno de limpieza de las emociones tóxicas te permitirá atraer a tu vida cada vez más situaciones de placer y armonía.

En síntesis, para tener una comunicación asertiva y perfecta es útil pensar en términos de «nosotros» y no de «yo». Debe tenerse la sensación de ser dos compañeros que trabajan juntos por la misma causa; la relación, creando un estilo de vida que ya no es el mío ni el tuyo, sino el de ambos, que tiene sus raíces en el amor.

CAPÍTULO 14

Yo te amo y esto me provoca un sentimiento de protección y buen humor

El humor es lo más parecido al amor porque permite muchos niveles de comunicación. Siempre se comienza con una sonrisa. Después el alma ve la belleza de aquel que la hizo sonreír. En ese juego se llega con alegría a zonas impensables.

Cultivemos el humor y despertemos a nuestro niño interior

El buen humor y la sonrisa son naturales e innatos en el individuo y una de las pruebas más contundentes es que desde su nacimiento los niños ya se ríen. Con el paso de los años muchas veces el humor se va perdiendo y las personas se ríen menos, pierden la capacidad de juego, de ver el lado cómico de las cosas. Los hechos y las circunstancias se tornan demasiado personales y esto afecta o provoca estrés. Por eso, es muy importante mantener vivo el niño interior, con su inocencia y capacidad de amar y reír. En la próxima sección de este capítulo se explicará qué es el niño interno y qué función emocional tiene en nuestra vida.

Sentido del humor

En la relación de pareja, lo más importante es ganarle a los problemas o conflictos con un arma infalible: la jovialidad. El buen sentido del humor se encuentra en primer o segundo lugar, según el país, en las tácticas para encantar a otra persona, ya sea en relaciones personales o de trabajo.

Ser jovial e ingenioso protege el vínculo de pareja porque la capacidad de reírse y el afecto constituyen la mejor fórmula para reparar una relación tras una discusión o crisis. Un comentario gracioso, un buen chiste o una simple sonrisa pueden ser decisivos para persuadir a cualquier persona, por más difícil que sea una situación o un conflicto amoroso.

El sentido del humor constituye sin duda una de las capacidades más valoradas en nuestro tiempo. El humor se podría contar o agregar a los cinco sentidos que ya tenemos. Este sentido nos protege como un talismán del estrés, el infarto y una buena porción de males de ahora y de siempre. Cuanto más evolucionada es una persona en el plano espiritual y emocional, más sentido del humor tendrá porque no se identifica con las circunstancias, y además, sabe que puede manejar su destino. Por lo tanto, ninguna circunstancia la saca de su centro o la separa de su esencia única y especial. Sin embargo, también existe un límite para el humor porque éste puede ser una barrera para hablar de asuntos serios, y las bromas reiteradas impiden la comunicación.

¿Qué perfil de humor tienes?

El sentido del humor es algo difícil de definir porque tiene muchos significados. Entre las tipologías más frecuentes se encuentran las siguientes:

Disfrutan del humor: personas que detectan y disfrutan con facilidad del humor de otros o de una situación divertida.

Sin sentido: su risa apunta a lo absurdo de ciertos hechos o personas.

Irónicos: tienen ingenio sutil y, por lo general, juegan fácilmente con las palabras. Comparten su humor con los demás.

Sarcásticos: para muchos es la versión negativa de la ironía, es decir, se trata de personas que se ríen de los rasgos negativos de los demás. Muchas veces utilizan una posición de poder para burlarse.

Hostiles: dados a la burla, al remedo y, en general, al humor agresivo. Buenos para reírse de los demás, sin aceptar que se rían de ellos.

Quienes se ríen de sí mismos: para muchos es la forma más madura de humor porque refleja la conformidad de la persona consigo misma, por lo que no teme exponerse a la burla de los otros.

Humor paranoico: personas que sufren con el humor de los demás, ya que piensan que se están burlando de ellos. Al pasar ante un grupo, si escuchan una risa se atemorizan y avergüenzan. Generalmente está ligado a una mala experiencia infantil de burla cruel.

¿Otra propuesta de placer?

La alegría es un sentimiento incondicional que logra afinar las fibras más hondas del corazón, generando deseos bellos y melodiosos hacia el ser que amas. La gente reacciona ante una broma sobre el sexo con una risa nerviosa o en forma divertida, pero esto es solamente un reflejo instintivo que utiliza como forma de descarga, porque el humor erótico permite relajar al individuo de las represiones y disociaciones milenarias, que aun hoy se mantienen sobre el sexo. A través de la risa, una persona canaliza y libera tensiones de la energía sexual que tiene reprimida. El humor en una relación sexual es un condimento diferente y muy saludable para los amantes. La broma, cuando tiene una carga erótica, rompe la rutina, libera viejos rencores entre la pareja. La sonrisa relaja el cuerpo y ayuda a que la comunicación sea más fluida.

El humor es la clave ideal para que los amantes realicen juegos e intercambios de placer. ¿Alguna vez te has atrevido a gozar haciendo el amor con humor y erotismo? ¿Has pensado que podías compartir con tu pareja humor, risas, además de sexo, caricias, susurros y gemidos? Cuando la comunicación sexual está bloqueada, ¿nunca has probado con el humor?

Todas las personas en un primer encuentro intentan ser atractivas, especiales y sensuales porque estos son patrones o condicionamientos que el ser humano desea expresar. En cambio, a través de la sexualidad y la risa, los amantes pueden sentirse más aptos para una relación afectiva o sexual y no estar tan expuestos o vulnerables al otro. El humor y el sexo forman una combinación tan perfecta que logra relajar y soltar el cuerpo, alejando el dolor, la frustración, el miedo, aliviando el estrés y produciendo bienestar. En el cuerpo, la carcajada origina una doble dosis de hormonas y de vitalidad sexual. En la segunda parte de este libro seguiremos profundizando sobre el tema sexual.

Por ello es importante que comiences a incorporar el sentido del humor a todos los niveles de tu vida. Aquí mencionaremos algunos beneficios del buen humor:

- Atrae y retiene el amor
- Potencia la salud y la sexualidad
- Fortalece la motivación individual y de las relaciones
- Estimula la innovación
- Optimiza la comunicación interna
- Favorece el aprendizaje
- Integra las relaciones
- Fortalece las relaciones

- Crea un entorno más agradable y humano para vivir
- Genera inocencia y capacidad de aprender

La forma de comunicarse con humor es muy genuina y tenemos que tratar de recuperarla porque mantiene la capacidad de juego de nuestro niño interno siempre latente.

El fascinante niño interno

Cuando aparecen bloqueos en nuestras relaciones es fundamental ponernos en contacto con nuestro niño interior, con esa parte interior vulnerable y sensible que no recibió suficiente amor o que necesita más amor y atención. El niño interno es aquel que resuelve los asuntos que afectan al adulto que llevamos dentro. El trabajo relacionado con el niño interno se conecta con ponerse en contacto con las etapas de nuestro crecimiento, de nuestro desarrollo, aquellas que fueron heridas o paralizadas debido a estímulos o a algo demasiado intenso para poder ser manejado. Podríamos pensar que el niño interno está en nuestro corazón, vive ahí, necesita cosas y desea cosas para mantenerse vivo. Lo más importante que este niño necesita es AMOR. También necesita ser reconfortado acerca de conflictos y dolores y que le aseguren que eso no sucederá de nuevo. Necesita expresar sus sentimientos acerca de lo sucedido a alguien que lo comprenda. Quizás ese niño interno recuerda que para recibir amor o ser aceptado tuvo que ser o hacer lo que otros querían, decidiendo aceptar esa forma de amor porque no conocía otra forma mejor. También el niño pudo haber actuado de una forma determinada en sus relaciones en la etapa de su desarrollo por temor a sentirse invadido, sofocado o ignorado.

El niño interno es la parte pura e infantil que todos llevamos en un rincón de nuestra alma. En nuestro interior todos los seres humamos poseemos esa parte pequeña, vulnerable, necesitada de cuidado y protección, que además es mágica y posee una maravillosa capacidad de profundidad. En muchos casos, y por miles de razones, ese niño no se ha podido manifestar y está esperando a ser amado, conocido y valorado. Piensa en tu niño interno como alguien que vive en tu corazón, deseando y necesitando ciertas cosas que te permitan a ti y a él mantenerte vivo. Esta parte de uno es aquella que necesita expresar sus sentimientos acerca de lo sucedido en el pasado a alguien que lo comprenda. Se siente mucho más cómodo en compañía de otras personas que entienden sus sentimientos. En una relación saludable de pareja, existe el cuidar y compartir, pero a nivel adulto. Si deseas que tu relación actual sea estable y que exista felicidad para ti y tu pareja, debes sanar o conocer a tu niño interno. Además, este trabajo interno te ayudará a comprender más a tus hijos.

Sanar al niño interno

Gabriel, de 30 años, es un hombre inteligente, cálido y algo tímido. Reconoce que cuando era niño sintió un rechazo hacia el carácter de su padre y, al no resolverlo con los años, atrajo a su vida a una pareja que presentaba las mismas características de su padre.

Recuerdo que mi padre solía enojarse y ponerse furioso sin ningún motivo. Conforme yo crecía, temía repetir ese patrón de conducta, pero casualmente atraje a mi vida a mi esposa, que se enoja fácilmente y a veces parece que lo hace sin ningún motivo. Ahora trato de vencer este temor de repetir el circuito de la ira con mi niño interior cuando siento que mi pareja o alguien va a descargar en mí su rabia o algún sentimiento negativo que yo no provoqué. Voy rápidamente hacia mi interior, lo tomo en mis brazos y le repito suavemente: «No es acerca de ti, no tiene nada que ver contigo. Esta persona únicamente está expresando su dolor y todo está bien». Esta técnica parece dar resultado; alejo un poco el dolor que sentí cuando mi esposa se enojó con mis hijos sin un motivo demasiado serio, impidiendo mi resentimiento al no reaccionar, y ella también pudo detener su ira.

A través del ejercicio del niño interno, Gabriel identificó y comprendió los sentimientos de hostilidad hacia su padre, lo que permitió que el temor hacia su propia imagen de niño maltratado se trasformara y su pareja modificara su actitud.

Llegado el momento, podemos darnos cuenta de que atraemos hacia nuestra vida personas con problemas que nos recuerdan un episodio que no podíamos resolver en nuestra infancia y que de alguna manera es una lección que teníamos que aprender.

CARACTERÍSTICAS DEL NIÑO INTERNO

Amistoso y feliz: los niños piensan que el mundo es amistoso; tienen esperanza; para ellos todo es posible. Este optimismo innato es parte esencial de nuestras dotes naturales y es parte de lo que se denomina fe infantil.

Inocente: los niños viven el momento y están orientados al placer. No distinguen claramente entre el bien y el mal. Al principio, sus movimientos carecen de dirección, porque están tan interesados en todo que les es difícil escoger una cosa. Por ello, el niño se inmiscuye en lugares prohibidos, toca cosas no seguras y prueba sustancias nocivas.

Dependiente: el niño no puede satisfacer sus necesidades mediante sus propios recursos, por lo que tiene que depender de otros para cubrir dichas necesidades.

Emotivo: las emociones, al no estar bloqueadas, fluyen en los niños de un extremo al otro; pueden reírse, llorar, sentir dolor y al mismo tiempo seguir jugando, porque su cuerpo está abierto al momento presente.

Abierto y flexible: la apertura y la flexibilidad son características del niño como resultado de la habilidad que tienen los niños para adaptarse a situaciones nuevas todo el tiempo, por no estar apegados al pasado.

Jugador incansable: la capacidad de jugar y divertirse en los niños tiene un alcance mucho mayor porque la imaginación del infante desempeña un papel esencial. Si consideramos la infancia como una etapa de juego libre y creativo, podemos percatarnos de que todo ser humano tiene la capacidad de jugar.

Son fieles a sí mismos: la integridad también hace al niño especial, único y maravilloso. Él cree y sabe que nadie es exactamente como él. Los adultos a veces perdemos, por diferentes motivos de la vida cotidiana, la capacidad innata de ser libres, fieles a nosotros mismos, y nos refugiamos cómodamente en nuestro interior.

Espiritualidad y magia: la espiritualidad involucra también la sensación de conexión con algo más grande que nosotros mismos. Los niños son creyentes naturales; saben que existe algo superior a ellos mismos.

Imaginación: los niños tienen una capacidad y un pensamiento mágico natural para resolver problemas a través de la imaginación.

Capacidad de amar: el niño ama de forma natural, sin conocer, sin juzgar; el amor se expresa a través del niño como un canal libre. Los bloqueos para sentir y amar aparecen luego de que el niño incorpora los condicionamientos sociales, culturales y su educación familiar.

Lista para hacer feliz al niño interno

Aquí mencionaremos algunas actividades o acciones que el niño interno necesita para sentirse satisfecho:

- Estar en casa con la familia y sentir la calidez del hogar
- Estar en contacto con la naturaleza para experimentar una conexión espiritual con la misma
- Ser reconocido y amado por tus amigos o pareja

- No tomar decisiones precipitadas
- Mantener el cuerpo en excelentes condiciones
- Sentir confianza y compasión por los demás
- Estimular los sentidos con cosas bellas como vistas hermosas, olores y sabores
- Alentar nuevos talentos y habilidades
- Ser uno mismo
- Ir a un parque de diversiones

Siempre es importante que complazcas y deleites a tu niño interior, que lo mimes y lo cuides, porque esas pequeñas acciones te facilitarán tus relaciones y estarás siempre feliz. A continuación, encontrarás algunos ejercicios para esto:

- Regálate o busca algún juguete favorito: una muñeca, un tren eléctrico, juguetes de construcción, una casa de muñecas, un yo-yo, un papalote, burbujas, aros.
- Organiza una fiesta de disfraces.
- Juega un día por mes con pintura, barro, tinta o pinta con los dedos. Realiza una actividad creativa y disfruta explorando los materiales.
- Descubre cosas favoritas que te hacen feliz, como bailar, montar en bicicleta, tener una cena con amigos, ir al cine a ver una película de dibujos animados, hacer un video con tus hijos.
- Lee algunos textos que te marcaron en la infancia.

Cuando yo comencé a trabajar con mi niña interior, encontré un libro que leía de muy pequeña, un libro de cuentos de hadas y duendes. Al leer los roles mágicos de cada personaje, recordé la tremenda capacidad que teníamos para llenar cada espacio, cada momento, con una aventura sacada de nuestra propia imaginación. Cómo éramos capaces de tomar roles y coordinarlos con nuestros pares. De esta forma, algo que podría ser muy aburrido, puede transformarse en la más grande de las aventuras.

Desde mi punto de vista, nuestra vida podría mejorarse en

todos los niveles si trabajamos con nuestro niño interno, no sólo en forma personal sino también con nuestra pareja. ¿Te imaginas si tu pareja de vez en cuando fuera como tu amigo de infancia con quien juegas e inventas realidades paralelas? Sería maravilloso, la relación siempre se renovaría, sería tan especial y enriquecedora. Los adultos deben tomarse un tiempo para soñar entre los dos, que uno haga de adulto y le pregunte al niño qué desea o que los dos se conecten con el niño al mismo tiempo y se permitan jugar.

Conexión con el niño interno

Nunca dejes de llevar a tu niño interno de la mano adonde quiera vayas, nunca dejes que se esfume de ti ese niño. Donde quieras que te encuentres, tu niño interno estará contigo, lo cuidarás y protegerás, y él te devolverá la alegría y la fe que necesitas. Es imprescindible tomarnos tiempo para dedicarnos a nuestro niño interior. Tengas la edad que tengas, hay en tu interior un pequeño que necesita amor, aceptación, juego, diversión y risa.

Primer paso: busca un lugar adecuado donde puedas estar tranquilo. Relájate o realiza un ejercicio de relajación.

Segundo paso: trata de recordar algún momento de tu infancia en el que tuviste algún problema o en el que sentiste que vivías un momento muy importante de tu vida. Por ejemplo, si te mudaste de estado, te cambiaron de colegio, perdiste un familiar, un perro o algo que te sucedió con un profesor del colegio, si nació un hermano o perdiste la atención de tus padres. Puede ser algo que te contaban tus padres que tú hacías de niño y que te provocaba conflictos con ellos. Cualquier episodio desde cuando eras un bebé hasta alrededor de los 8 o 12 años de edad.

Tercer paso: Cuando recuerdes aquella situación, trata de revivir el hecho y ver cómo ese niño se sentía. Visualiza al niño, pero además piensa y siente cómo hace lo que hace. Identifícate con él, percibe el mundo y la vida a través de sus ojos. Registra tu cuerpo como ese niño y siente sus emociones infantiles. Contempla a tu niño interior y observa qué aspecto físico y emocional tiene y cómo se siente. Realiza este ejercicio y trata de sentir lo que el niño percibe. Respeta y permite todas las sensaciones que te aparezcan en tu cuerpo y trata de ser consciente de tus pensamientos.

Cuarto paso: Pregúntale al niño diferentes cosas dependiendo del hecho que sea, pero siempre con un tono muy amable. Intenta comprender qué le sucede a ese niño, si está triste, qué necesita, cómo puedes satisfacerlo o cuidarlo. Nadie puede conocerlo mejor que tú. Permite que juegue, que se exprese, y no dejes de interrogarlo: qué le gustaría hacer o qué necesita decir, por qué no se animó a hacerlo en aquel momento que tú recuerdas. También, observa cómo actuó cuando no le prestaban atención o cuándo le sucedió ese hecho que lo aflige o angustia. Y cómo esa decisión o promesa que se hizo a sí mismo en el pasado sigue influyendo de forma negativa o positiva en tu vida adulta.

Quinto paso: Si la promesa que se hizo a sí mismo es negativa, explícale que en ese momento no tenía opción ni conocía la vida lo suficiente y quizás ese pacto era el correcto, para ese tiempo. Pero ahora tiene la oportunidad de cambiar para no sufrir más. Tranquilízalo y consuélalo. Pídele disculpas. Dile cuánto lamentas haberlo tenido abandonado. Has estado alejado de él durante demasiado tiempo y ahora deseas compensarlo.

Sexto paso: Prométele que nunca volverás a abandonarlo. Dile que siempre que lo desee puede acercarse a ti, que tú estarás allí para él. Si está asustado, abrázalo. Si está enfadado, dile que está muy bien que exprese su enfado contigo y que no tenga miedo de comentártelo a ti. No olvides decirle lo mucho que lo amas.

Séptimo paso: Una vez que hayas avanzado con este trabajo y tengas claro que el niño está haciendo lo que necesita, tranquilo y feliz, habla sobre tus deseos como adulto, comparte con él tus aspiraciones antes de tomar una decisión y averigua qué piensa él de aquello que deseas hacer ahora. Coméntale aquello que vas a hacer, ya sea algo en relación con tu trabajo, pareja o sobre algún tema muy importante para ti. Él te ayudará con su magia a que eso que deseas se manifieste. Muchos bloqueos ocurren porque tu niño interno no está de acuerdo con las decisiones que el adulto toma.

Por último: Medita cada día, habla con él y chequea siempre el estado emocional de tu niño interior. Realiza esto todos los días, aunque sea unos minutos mientras viajas o antes de salir de tu casa, o en la noche antes de dormirte. Es una de las cosas más importantes que puedes hacer para construir la confianza y la seguridad en ti mismo, especialmente para estar abierto a amarte a ti mismo y a los demás. Cuando aparezca un bloqueo en tus relaciones, ve directo hacia tu niño interior, pregúntale, consúltale la razón o el porqué sientes que tus emociones están cerradas o bloqueadas. Qué necesita él expresar que tú como adulto no permites. Autorízale a expresar sus sentimientos, sus ideas y sus respuestas a través de sensaciones físicas como dolor en el cuerpo o con escenas y memorias pasadas. Él responderá siempre la verdad y te sorprenderá siempre como todo niño porque para él la vida es siempre algo nuevo. En cambio, para ti, como adulto, no existen tantas sorpresas y muchas veces no ves las cosas claras o trasparentes porque crees que lo sabes todo.

Experiencias de una niña interna

Kim, de 37 años, confiesa sobre su vida y cuenta claramente cómo superó sus conflictos:

Cuando mis padres se casaron eran muy jóvenes y cuando yo nací, me dejaron en la casa de mis abuelos, ya que por razones de salud era lo mejor. Mis abuelos tenían buenos recursos económicos. Viví con mis abuelos hasta tener 13 años, cuando ellos murieron. Tenía un hogar lleno de amor. Al morir ellos, pasé a vivir con mis padres y mis hermanos menores. Mi padre maltrataba moral y físicamente a mi madre. Cuando tenía 18 años, mis padres se separaron y durante ese tiempo mi vida fue muy difícil. A los 21 años me casé y tuve mi primer bebé. Me divorcié cuando mi hijo tenía catorce años. Ese mismo año me gradué de la universidad y empecé a trabajar, fue difícil para mí trabajar pues no tenía quién me ayudara en la familia, pues mi madre nunca lo ha hecho. Luego de un tiempo, conocí a un hombre que siempre me apoyó y se enamoró de mí. Yo era una mujer con muchos temores e inseguridades, me sentía sola, vacía y triste. Hasta que comencé a hacer el ejercicio de acercarme a mi niño interno.

El diálogo con mi niña interior

Apareció mi niña y yo le pregunté en el rol de adulta: «¿Extrañas a tus abuelos?».

«Por supuesto que los extraño», contestó ni niña interna a mi parte adulta.

«¿Y por qué no los llamas?»

«Ellos ya no están», me contestó, «se fueron al cielo. Sin embargo, hay cosas que no puedo olvidar, los ojos verdes de mi abuela, la voz dulce de mi abuelo...»

«Llámalos», insistí yo como adulta, «ellos viven en tu interior, en tu corazón».

Entonces aparecieron mis dos abuelos en la escena. Abrazaron con mucha fuerza y amor a mis dos partes, la adulta y la niña. Yo me sentí muy feliz, como si curaran con cada abrazo una vieja herida de mi corazón. Medité con esos abrazos durante un tiempo bastante largo, casi tres meses. Observé mis cambios y, en cada diálogo con mi niña interna, percibí que vibraba de alegría. Me sentía cada día más feliz y tranquila, estaba más contenta y mi relación con mi nueva pareja comenzó a funcionar de forma perfecta.

Ahora me doy cuenta de que mi niña interna es una parte real de mí. Lo mejor de mi vida sigue floreciendo dentro de mí porque las semillas de amor de mis abuelos siguen creciendo y me siento muy amada, especialmente, por mí misma.

Es una experiencia fascinante cuando logras descubrir la importancia de tu niño interno en tu vida y en tu relación de pareja porque es a él a quien tenemos que seguir alimentado, prestando la atención que necesita y llenándolo de los honores que el alma anhela y que espera para lograr la plenitud y nuestra felicidad en las relaciones con nuestros seres amados.

CAPÍTULO 15

Yo te amo y
quiero demostrarte mi ternura

«La ternura no es solamente algo físico. Es una delicada sensación, una emoción espontánea, un sentimiento que irrumpe y cura el corazón de viejas heridas invisibles.»

La ternura:
la mejor receta para un amor duradero

¿Cómo definir la ternura? Podríamos afirmar que la ternura es una sensibilidad que nace del alma y se expresa a través del cuerpo. Este sentimiento especial es un don natural y crea una atmósfera interior de armonía y comprensión entre dos seres que se aman. Aunque también se puede sentir ternura por todo lo que existe en el universo, y esto hablaría muy bien del ser humano que se enternece y se sensibiliza por cada situación u objeto.

La verdadera ternura se recibe y entrega de forma espontánea, pero las personas tiernas también saben reconocer, aceptar, estar abiertos y atentos al afecto del otro. La ternura no es como la pasión, que nace como un volcán y se apaga como un fósforo. La ternura nos envuelve como un lago cálido que purifica y que se queda quieto envolviendo la piel y el corazón. La ternura se ve en los pequeños y grandes detalles, es delicada, suave, cálida, se deja traslucir, se insinúa en una mirada tímida, en una caricia a tiempo, en un beso sorpresivo.

A veces, por el rápido devenir del tiempo, la ternura queda olvidada. La mujer espera ternura del hombre y el hombre la sueña sin decir nada aunque también la anhela de su mujer. En ambos, la ternura crea una atmósfera de compañerismo, de saber que uno cuenta con el otro más allá de la pasión. Semejante convicción es para ellos una gran ayuda y refuerza la conciencia que tienen de su unión. Es importante expresar la ternura con naturalidad y en todo momento, pero sobre todo en los momentos de crisis, ya sea por un problema emocional, físico o económico. La verdadera ternura brinda contención a la pareja.

Intenta repasar estos días cuántas veces deseaste que la persona que amas te tome entre sus brazos por sorpresa. ¿Cuántas otras te invadió la sensación de ausencia de ternura en tu relación? ¿Percibes que perdiste para siempre aquella pasión de los gloriosos primeros días de tu pareja?

Los condicionamientos sociales y los hombres son los que más sufren con este problema, nos han hecho creer que ser tierno es ser débil, pero no es así. La ternura no es una debilidad, es una fortaleza del corazón. La ternura es una adaptación a los ciclos de la vida mientras que la frialdad afectiva es un bloqueo producido por el miedo a sentir afecto o por el temor de sentirnos rechazados cuando deseamos expresar nuestros sentimientos.

Gran parte de los problemas de la pareja se originan en que no saben «hacer el amor», pero no en sentido sexual: no saben cómo se fabrica la arquitectura de una relación. El amor se construye con actos de amor y ternura, con besos, obsequios, detalles, abrazos, caricias, miradas, danza, seducción. Lograrlo implica tener conciencia de todos estos importantes elementos y accionar cada uno de ellos de forma permanente, no solamente un día del año.

Como he repetido en muchos de mis libros, no nos han enseñado a amar, no nos han explicado cómo hacer que el amor perdure, se trasforme, expanda, cambie, crezca y no se agote. Cuáles son los factores que alimentan las relaciones para que brillen, se liberen, para que nos produzcan placer y no dolor. Por supuesto, las crisis son parte de las relaciones, todas las personas atravesamos por diferentes circunstancias complejas, pero si se toman y se resuelven con respeto, consideración y ternura, son más fáciles de sobrellevar.

No hay pareja que pueda permanecer sin caricias o ternura, sin el deseo de besar, la necesidad de compañía, el placer de la cercanía. La caricia reconoce el cuerpo del otro como cuerpo de deseo, como lugar de placer, como espacio indispensable para que el amor deje de ser pura palabra y se convierta en lo más importante de la realidad humana.

Cuando te atreves a expresar el cariño que sientes por tu pareja de forma espontánea a través de tu mirada, gestos y sonrisas; de la caricia firme y delicada, de un abrazo vigoroso, de besos tibios, con palabras francas y simples, todo parece más sencillo, la jornada se vuelve plena y feliz.

Los tiernos abrazos

El contacto físico o la estimulación física son absolutamente necesarios para sentirnos amados. Un abrazo como forma de comunicación expresa aquello que no se puede decir con palabras. El abrazo proporciona sentimientos de placer. El abrazo puede ser superficial o profundo, pero siempre está provisto de emociones deliciosas. Las manos alrededor del cuello o de la cintura y la cara constituyen, sin duda, una demostración de amor tan necesaria como el alimento de cada día.

Jackie, de 32 años, tiene una pareja hace 8 años y aprendió a mantener su pasión gracias a la ternura que se prodigan ella y su esposo.

Cuando mi esposo me abraza, su abrazo me hace sentir protegida. Su ternura brota al recostarme sobre su hombro y esta brisa me envuelve en una fantasía como si fuera la primera vez que me toca. Después de ocho años de casados, cada vez que me abraza y me besa de esa manera especial, como esas primeras veces, siento que mi cuerpo flota de alegría... Luego de que mira el reloj porque se tiene que ir a traba-

jar o yo tengo que buscar a mis hijos al colegio, todo se acaba rápido, pero ¡cómo me gustaría quedarme más tiempo besándolo y abrazándolo como cuando sólo era eso lo que deseábamos los dos!

Esta experiencia es muy común en los matrimonios: no poseen el tiempo que necesitan para la ternura y la sensualidad. Por ello, se debe hacer un tiempo para que esta sensación tan especial de sentirse amado y de amar no se desvanezca y el amor siga latente a pesar del ritmo vertiginoso de cada día.

Existen algunos aspectos en común que tanto hombres como mujeres parecemos necesitar pese a nuestras tan mentadas diferencias, y es que no podemos sentirnos exentos a la hora de buscar la felicidad. No importa el sexo o las creencias, todos tenemos que admitir que necesitamos la ternura. Todos necesitamos esa cuota de protección y afecto, ya sea un buen abrazo a la hora de dormir o el consuelo si tuvimos un mal día en el trabajo; y sólo aquel que nos ama sabe cómo hacernos sentir seguros.

Además, existen muchas formas y modos de abrazar y de transmitir sensaciones mediante los abrazos. Estos sirven para dar energía y ánimos positivos, para querer y dejarse querer, para reconfortarnos tanto en cosas buenas como malas, para los momentos de tristeza, para compartir un instante de alegría o euforia, para felicitar, para demostrar cariño o aprecio. Los abrazos cambian según su intensidad, cuanto más fuerte sea el abrazo, tanto más se quiere transmitir; podemos pasar de la palmadita en la espalda al gran abrazo, ése que deja huella allá en lo profundo, ése que te aporta una inyección de energía positiva.

Visualiza la ternura que vive en ti

Realiza un ejercicio de visualización y relajación: siéntate o estírate en un lugar en el que sepas que nadie te va a molestar. Cierra los ojos lentamente y relájate. Permite que en tu mente aparezcan aquellos pensamientos de ternura, aquellos momentos en que no te has animado a abrazar o besar a las personas que deseabas. Recuerda situaciones concretas en las que no has sabido demostrar tu amor. Ahora imagina en tu mente que puedes hacerlo y que esa persona experimentará la vibración de amor que tú le estás enviando en el presente. Para el amor no importa el tiempo porque éste es atemporal. Lo importante es que te hayas dado cuenta de su necesidad y que esa persona vibrará contigo con armonía y paz.

Luego visualiza una luz cristalina que traspasa tu corazón como una onda pura y amorosa, siente la fuerza de la ternura, que todo el universo se apodera de ti. Repite este ejercicio todas las veces que lo necesites.

Gestos que expresan ternura

Aprender a escuchar los silencios que son momentos llenos de ternura, sobre todo aprovechar para escuchar las cosas que tú o tu pareja no se animan a decir o que son secretos silenciosos que sólo ambos conocen.

Un abrazo dado en el momento justo resume de mejor manera nuestros sentimientos, razón por la cual es muy importante saber acariciar y dejarse acariciar, halagar y besar.

Tomar la mano: a las parejas enamoradas les gusta el contacto físico e ir de la mano por la calle o por cualquier sitio para sentirse unidos como un solo ser. Si acostumbran entrecruzar los dedos, esto expresa la pasión y ternura que siente el uno por el otro.

Caricias en las mejillas o en el resto de tu cara: esta caricia demuestra estabilidad en la relación y la sensación de que nuestra pareja se siente atraída por nosotros.

Halago: ya sea un dulce piropo: «Luces maravillosa con ese vestido», «Tus ojos están más brillantes que nunca», «Te amo como la primera vez». El halago es un gesto muy especial que provoca auto-estima en el ser amado, y no debemos dejar de hacerlo todos los días de nuestra vida amorosa.

Palmadita en el muslo: es una forma de decir te deseo. Tanto hombres como mujeres la reciben con placer y alegría. También es un gesto muy espontáneo en las parejas para decir que eres sexy y que eres mío o mía.

Jugar con el cabello: ambos sexos cuando juegan con el cabello de su pareja, como peinándolo o tomándolo con las manos, llevan a cabo un gesto de ternura y una señal de interés en todo sentido hacia el ser amado.

La mirada: se puede acariciar con los ojos, con una mirada dulce, con esa forma de mirar donde uno siente que se pierde en el otro. Esa forma de expresar el amor es el mejor lenguaje corporal que podemos brindar como un regalo de afirmación de amor hacia el otro. Ambos sexos disfrutan cada vez que se dirigen a comunicarle algo a su pareja y se miran directamente a los ojos.

Besar: existen tanto besos como necesidades de expresar sentimientos de pasión, ternura o sensualidad. En mi libro *La dieta del amor* doy una lista de besos para realizar con amor, al igual que en la primera parte de este libro. El beso, por más tímido que sea, es uno de los platos más deliciosos que todos deseamos comer. No olvidemos que los besos no sólo son gratificantes en la boca sino en otras partes de cuerpo. Un beso en la mano es un gesto bello y refrescante para cualquier momento del día.

Abrazar: el abrazo brinda muchos beneficios ya que borra la sensación de soledad, ayuda a vencer el miedo, abre las puertas a las sensaciones y estímulos amorosos, ayuda a recuperar la autoestima, retrasa el envejecimiento y ayuda a reducir la ansiedad. Además, es tan gratificante, que ya mismo corro a abrazar a mi esposo.

Enviar un *e-mail* o dejar cartitas de amor por todos lados: enviar mensajes de amor que digan: «Te amo». Declara tu amor en una carta o *e-mail*, confiesa tus sentimientos para que la persona que quieres sea feliz y puedas compartir con ella tus sentimientos. Para el amor no se necesitan palabras complicadas, sólo decirle tus sentimientos, lo que sientes por ella. ¿Qué le dirías a esa persona que amas? ¿La quieres, no puedes dejar de pensar en ella, te gusta, la necesitas? Si deseas escribir lo que sientes en una carta o correo electrónico, hazlo todos los días, aunque sea una frase corta. ¡Encuentra tu inspiración y envía una carta o *e-mail* a tu amor!

También existen muchos bellos dibujos o ilustraciones que puedes enviar por *e-mail*, que dicen «Te amo». No esperes un día especial, hazlo ya, es una bella sorpresa.

Es increíble cómo funciona mágicamente la energía de la ternura. Cuando estaba escribiendo este segmento, mi esposo estaba viajando por su trabajo y yo me encontraba muy concentrada en el tema. Él me dijo:

—Hola, mi amor, ¿cómo estás?

En ese momento, yo empecé a balbucear algunas palabras entrecortadas. Luego le dije:

—*Muy bien, no has cortado la inspiración de mi libro. Aunque estaba escribiendo, voy a dejar de hacer todo para hablar contigo.*

—*Te puedo llamar más tarde, me contestó*

—*Mi amor, estoy escribiendo sobre la ternura. Si no soy tierna contigo que eres la persona que más amo en el mundo, nada de lo que escribo sería verdad. Te amo.*

Él se rió y se deleitó mucho con mi comentario.

Si realmente amas, no debes dejar a un lado una de las cualidades más hermosas e importantes del amor: la ternura.

Segunda Parte

SEXUALIDAD:
¿Y AHORA QUÉ?

«Me arrepiento... y cómo lamento las ocasiones que he dejado pasar de hacer el amor por ocuparme de tareas pendientes... ya que la sexualidad es un componente de la buena salud, inspira la creación y es parte del camino del alma... Por desgracia, me demoré treinta años en descubrirlo».

—AFRODITA DE ISABEL ALLENDE

CAPÍTULO 16

Yo te amo y te deseo

La sexualidad da origen al milagro de la vida, es mediante ella que la creación es posible, y es por eso que aunque lo negamos, la sexualidad rige gran parte de nuestra existencia.

El sexo después de decir «te amo»

Después de decir «te amo» la pasión y el sexo se convierten en temas más importantes en la relación de pareja y también en uno de los asuntos que más conflictos produce. A pesar de lo que la mayoría de la gente cree, la sexualidad no es algo ajeno a la vida espiritual, no es algo por lo que uno deba avergonzarse ni una cuestión reservada a la simple procreación de la especie. Tampoco es un mero instrumento de placer.

Han existido muchísimos intereses a lo largo de la historia para ocultar el arte divino de la sexualidad. Desde el comienzo de la historia de la humanidad se sabía que, para someter a la gente, había que reprimir el impulso sexual. A pesar de todo, el ser humano no se ha resignado a callar. Y no ha cesado de hablar o expresar la sexualidad y todo lo que ella implica en la vida personal, familiar y social. Mientras la literatura y la pintura se encargaron de hacer públicas las ideas y las actitudes individuales, las personas comentaban en secreto, a escondidas, los misterios del cuerpo y del placer que provocan las diferencias entre mujeres y hombres, los avatares de las conquistas y de los goces indescriptibles que se originan en la fusión de los amantes.

Sin duda, el mundo ha cambiado significativamente en todas sus dimensiones y ha dejado atrás gran parte de las creencias y los prejuicios acerca del sexo. Las nuevas generaciones se construyen de manera diferente: el cambio es un elemento definitivo.

En estos nuevos espacios la sexualidad tiene una presencia masiva y se ha infiltrado por todas partes, especialmente en los medios de comunicación. Hoy en día, se ha desplegado el sexo como lo que realmente es: una fuente de energía poderosa que facilita y ayuda a las personas a ser más felices e íntegras como seres humanos.

Autosatisfacción física y espiritual

No se sabe desde cuándo, pero hubo un momento en que los seres humanos se separaron de una visión integral del sexo y éste se tornó sólo en una forma física para obtener placer y el medio para procrear, dejando de lado todas las implicaciones espirituales.

Existen ejercicios de filosofías orientales muy antiguas que plantean una integración entre el plano físico y el espiritual. El fin «inmediato» de estas prácticas orientales es aprender a dar placer y a conocerte a ti mismo. En el plano físico o sexual es descubrir cómo darte placer. Conocer dónde y cómo te gusta que te acaricien y cuál es la zona más erógena para ti. Además, explorar los misterios de tu propio erotismo, único y personal, para luego comunicar a tu pareja o a tu amante y dejar que ella explore contigo. Ambos sexos se benefician de esta práctica pues aumenta y desarrolla la sensibilidad al tacto y el potencial orgásmico. Además de desvanecer fantasmas, tabúes y complejos con respecto a nuestra propio placer.

En estas prácticas se utiliza la masturbación como parte del aprendizaje. Estas técnicas se denominan «auto estimulación sensual» o «despertar al amante interior». Este concepto del amante interno no está relacionado con una idea psicológica o emocionalmente narcisista sino, por el contrario, espiritual. Tu amante interior es la parte de tu naturaleza interna, es quien te guía, te aconseja, te da fuerza, te da placer, quien siempre está cuando lo necesitas. Esa voz interior que te ayuda a vencer los momentos de tristeza y que te permite que sientas.

Cuando uno se ama a sí mismo, más a gusto se siente consigo mismo, más confía en uno mismo y más posibilidades tiene de tener éxito en las relaciones y en todo lo que se emprende, y por lo tanto, tiene más posibilidades de seguir el camino del corazón. El objetivo de despertar al amante interno es alcanzar una mayor plenitud interior, un mayor amor por tu propio ser y tu propio cuerpo como un elemento sagrado. Además, este contacto favorece la posibilidad de encontrar un amor real, a medida que tengas mayor claridad de tu verdadero amor y de todo lo que puedes darte a ti mismo y a los demás. Así tendrás más consciencia de lo que esperas del otro y viceversa.

CONECTARSE CON EL AMANTE INTERNO

Todos los sabios, santos y profetas que han investigado el camino de la verdadera espiritualidad concuerdan en que el reino de la divinidad está dentro de uno mismo: por ello encontrarás en tu interior tu sexualidad, tu amor y tu única y específica realidad.

Como explicaba en el segmento anterior de este capítulo, el sexo no es solamente una necesidad física. El ser humano posee su naturaleza física externa integrada por una realidad interna espiritual, que de hecho no están separadas, pero es la mente la que provoca la ilusión de que el cuerpo y el espíritu no son una sola entidad.

Para comprender la naturaleza real del amor y el deseo de su expresión a través del cuerpo, es necesario explorar el camino de nuestra conciencia interna. Podremos sentirnos satisfechos con nosotros mismos porque comprenderemos nuestra capacidad de brindar deleite y afecto tanto a nosotros mismos como a los demás. Sin duda, el conocimiento de nuestro mundo interior nos brinda seguridad y nos permite dar o recibir exactamente aquello que necesitamos.

A continuación se describen los pasos a seguir para realizar la exploración de nuestro amante interior:

Primer paso: utiliza la respiración completa para relajarte. La respiración completa consiste en trabajar tanto con los pulmones como con todo el abdomen para lograr una respiración correcta y profunda. La respiración debe realizarse desde el fondo del estómago, inhalando la mayor cantidad de aire posible y exhalando muy lenta y tranquilamente, siempre en una calma total y con todos los músculos del cuerpo tan relajados como sea posible. Puedes estar acostado, tendido sobre el suelo en un lugar cómodo y donde no te interrumpan durante unos quince o treinta minutos. Al principio, hasta que la respiración sea fluida y natural, es importante practicar este ejercicio mientras tu cuerpo reposa.

Segundo paso: presta atención a tus pensamientos y deja que pasen como una lluvia de energía. No te identifiques con ninguno. Luego de unos minutos de relajación, coloca la mano en tu abdomen y la otra en el pecho, exhala suavemente todo el aire por la nariz vaciando completamente tus pulmones. Trata de mantener los pulmones vacíos por unos segundos. Inhala lentamente inflando sólo el abdomen, hasta llenar completamente la parte baja de los pulmones; sin esforzarte, sentirás cómo tu diafragma se expande hacia abajo. En estos momentos la región baja y media de tus pulmones se encuentran llenas de aire.

Tercer paso: antes de exhalar el aire, despeja todos tus pensamientos, imaginando que se liberan también tus emociones y tensiones diarias. Luego, lleva el aire a la región superior de los pulmones, contrae ligeramente el abdomen y poco a poco expulsa el aire. Repite este proceso hasta llegar a un mínimo de 10 minutos.

Cuarto paso: ahora visualízate a ti mismo en un espacio virtual interior. Imagina que estás en un espacio vacío (ejemplo: en el aire) y desplaza todo tu cuerpo hacia esa zona. Puedes también imaginar una playa o un lugar que te guste.

Quinto paso: intenta moverte en ese espacio virtual, sentir el cuerpo y al mismo tiempo ser consciente de cada movimiento. Empieza por lo más fácil (mover pies, brazos) hasta lo más complejo (dedos, párpados).

Sexto paso*: imagina que tu amante interior se encuentra en ese lugar en tu mente, no importa el sexo que aparezca en tu espacio virtual, sólo concéntrate en complacerlo: trata de verlo claramente, conéctate y hazle las preguntas que deseas para saber qué es lo qué precisa y cómo se siente mejor. Por ejemplo: ¿Cómo puedo sentirme más amada? ¿Cómo reconocer mis deseos eróticos y no reprimirlos? Es fundamental que comprendas qué necesita tu amante interior para que luego todo lo que hagas pueda manifestar todo ese placer y amor en el mundo concreto.

Realiza este ejercicio del amante interno con una frecuencia de dos a tres veces por semana. Es fundamental que lo practiques para comprender tus emociones y bloqueos internos para amar y ser amado. A medida que investigues a tu amante interno, te sentirás más liberado/a y podrás expresar tus emociones con toda naturalidad. Además, con este ejercicio interno puedes llegar a encontrar la pareja ideal para ti, porque muy posiblemente buscarás una persona totalmente afín, compatible con tu personalidad y con una idea similar a la que tú has descubierto a través del amante interno.

Es importante llevar un cuaderno de apuntes con todas tus experiencias con las fechas, así puedes analizar y observar el desarrollo de la evolución de tu trabajo interno. Este ejercicio puede ser realizado en pareja o a solas.

Si tienes una pareja estable es muy importante que los dos realicen este trabajo interno. Uno de los integrantes de la pareja puede actuar como guía, conduciendo al otro al estado ideal para el encuentro con su amante interno. El que realiza el rol de guía puede hacerle preguntas, sin hacer interpretaciones psicológicas de ningún tipo, sino dando libertad a que la pareja se exprese. Tampoco deben hacerse comparaciones entre el mundo interior de la pareja (las imágenes o descripciones tanto físicas como emocionales que aparecen del amante interno durante el trabajo de visualización) y la otra persona. Se debe guiar al otro con total desapego de ideas o juicios, para que el interior se manifieste con total veracidad.

Todo este ejercicio se debe hacer mientras el otro continúa muy relajado y con los ojos cerrados, mientras va contestando y conectándose con su amante interior. Luego se pueden intercambiar los roles. Nunca debe hacerlo un solo integrante y el otro no, sino los dos por igual deben alternar los roles en el ejercicio guiado. Si tú le comentas a tu pareja el ejercicio y él o ella se niega a hacerlo, tú debes continuar o comenzar a realizarlo por tu cuenta. Pero recuerda que realizarlo en pareja ayudará a una comprensión total y plena de la relación, y además, acrecentará el crecimiento espiritual de forma total y positiva para los dos.

Florencia tiene 42 años y como muchas mujeres, por un problema cultural, rechaza o no acepta su sexualidad como algo natural y se siente inferior frente a los hombres. Su autoestima como mujer iba desapareciendo. Hasta que descubrió a su amante interior y pudo encontrar su verdadero amor, el amor a sí misma.

Siempre tuve problemas en aceptar mi sexualidad. Me comparaba básicamente con los hombres pero no me daba cuenta de ello, era totalmente compulsiva y adicta al sexo y al amor. Ninguna pareja me duraba más de dos años o tres, y ya estaba por cumplir 40 años y el pánico de volverme vieja y no haber encontrado mi estabilidad emocional me preocupaba.

En el ejercicio del amante interno, descubrí que mi figura interna era una mujer totalmente vulnerable, despojada de confianza en sí misma y de amor. La cuidé, le pregunté qué necesitaba y qué deseaba. Me di cuenta, después de trabajar por un período de 7 meses con mi amante interna, con una frecuencia de tres veces por semana, que al comenzar a conocerla, a aceptarla y darle el amor que necesitaba, luego yo podía estar más estable estando sola y no necesitaba irme a la cama con el primer hombre que me atraía. Además, podía pasar sola períodos más largos de tiempo sin sentir ansiedad o temor, sin distraerme en fiestas o en salidas innecesarias que no me conducían a nada.

Luego de unos meses conocí en una reunión de amigos a un hombre que parecía muy vulnerable, tenía casi rasgos femeninos en sus facciones y una gran sensibilidad. En otro momento lo hubiera rechazado inconscientemente porque se parecía demasiado a la imagen de la parte negada de mi personalidad. Pero después de mi trabajo interno, me llamó la atención. Ahora somos una pareja muy feliz y todo funciona muy bien en mi vida, el afecto, el sexo y la profunda amistad que tengo con él. Mi pareja comprende mis zonas más vulnerables, por lo tanto yo ya no tengo que fingir que soy fuerte como siempre lo había hecho. Perdí la necesidad de tener control en las relaciones y gané el amor hacia mí misma. Mi sexualidad cambió. Ahora puedo relajarme y sentir más profundamente a mi amado. Porque creo que a pesar de haber tenido innumerables relaciones sexuales ocasionales y duraderas, nunca había permitido que nadie penetrara en mi corazón.

No hay mucho que agregar: cuando la realidad interna de uno cambia, todas las circunstancias cambian.

El despertar nuestro poder interior, manifestando nuestro amor con satisfacción física y mental, provoca nuestra felicidad, sembrando una plataforma fértil para una relación plena con nuestra pareja y con nosotros mismos.

CAPÍTULO 17

Yo te amo
y me gusta darte y darme placer

Mientras me amaba, mi cuerpo vibraba delante del espejo.
Entonces en mi mirada encontré el reflejo de tus ojos, plenos
de pasión y fuego. Exploté en un mar de deleite.
A pesar de que tú no estabas presente, tus manos conducían a
*   las mías por la última ruta del placer y juntos gozábamos*
*   con la magia del amor.*

Viaje al placer: ¿solo o acompañado?

Esta segunda parte del texto tiene como objetivo profundizar sobre la sexualidad desde sus principios. Con el mismo criterio que en la primera parte, todo comienza y acaba (y con el permiso del lector) en uno mismo.

El comienzo de toda relación amorosa del ser humano es consigo mismo, después de haber pasado por los procesos lógicos y psicológicos de la infancia, la pubertad y parte de la adolescencia. La autoestimulación o masturbación es una de las prácticas sexuales primarias pero no menos satisfactorias que se pueden realizar. Consiste en la manipulación de los propios genitales para obtener placer.

El autoerotismo comienza a los pocos meses de vida de un ser humano cuando el bebé comienza a explorar su cuerpo y sus manitos llegan a los genitales como a cualquier otra parte del cuerpo que esté a su alcance. Esto no quiere decir que lleguen a sentir lo mismo que un adulto, pero sí una extrema satisfacción sensorial. ¿Se podría aseverar entonces que la masturbación es un hecho natural en el ser humano? Sin duda. Junto al desarrollo sexual biológico, se despliega con toda potencia el deseo del goce sexual. Desde la pubertad, el individuo comienza a tener conciencia de que la masturbación es una práctica de la actividad de la sexualidad. El individuo comienza a sentir en el juego auto erótico cada vez más excitación, lo que lleva a incrementarlo y llegar así a experimentar el orgasmo. Una idea muy difundida es que esta práctica es sólo para los jóvenes que están en la pubertad o adolescencia, lo cual no es cierto, en absoluto. Todos los seres humanos en diversas etapas sentimos la necesidad de masturbarnos, independientemente de la edad o género.

De hecho, muchas personas sólo pueden alcanzar el máximo momento de placer mediante este método debido a complicaciones de su propia intimidad, ya sean físicas o psicológicas, pero en estos casos, tampoco puede entenderse como una enfermedad o un comportamiento negativo o anormal.

Autoerotismo: ¿nunca lo intentaste?

El autoerotismo es una alternativa válida para la expresión sexual de una persona, tenga o no una pareja. Los conocimientos que obtiene el individuo de su propio cuerpo y la sensibilidad erótica, las fantasías que multiplican el placer, todo ello se transfiere a sus relaciones con otras personas y por lo tanto, constituye una posibilidad más para sus futuras fuentes de placer.

Aquí describiré un método bien sencillo y satisfactorio de cómo comenzar a masturbarse sin culpa y relajadamente.

En una habitación en donde te sientas seguro o tranquilo, donde nadie te va interrumpir, despójate de tu ropa (toda la ropa) y busca un espejo. Comienza a explorar tu cara, acaricia tus labios y mejillas. Observa cómo la energía erótica comienza a recordar cuando eras un bebé y te tocabas con satisfacción y sin sentimientos de culpa. Siente ahora lo bella que es tu piel y lo mucho que te atrae acariciar tu cuerpo. Desciende por tus hombros, observa y toca tus pechos. Comienza a acariciar tus pezones con mucha ternura y cuidado; si tienes un aceite que te ayude a lubricar tu piel, es mucho más placentero. Siente la energía que irradia tu pecho, tu corazón. Ahora desplázate por toda tu cintura. Continúa tocándote en el lugar que te brinde más placer. Si puedes, sigue sintiendo tu boca, toca tu lengua. Ahora continúa acariciando tu ombligo, tu espalda, glúteos, caderas, entrepiernas, tu sexo, aquí también espera, siente cada latido de tu cuerpo y el placer que te inspira, no dejes de sentir cada zona por igual. Explora tu parte íntima. Siente su calor y huele tu propio olor. Entrégate a un orgasmo si te sientes preparado para hacerlo. Relájate y disfruta unos minutos, deja fluir toda esa energía que generaste.

Lo importante de esta experiencia es que te hayas entregado a ti mismo, que te hayas amado con el mismo deseo con que amas a tu pareja o a otra persona. Eres un ser sensual. Si no sentiste la energía de tu propia sexualidad y erotismo, vuelve a intentarlo otro día, pero enfoca tu atención en lo que estás haciendo y sintiendo.

Si puedes compartir con tu pareja esta experiencia, esto ayudará a integrar la intimidad entre los dos. Habla con tu pareja e invítala a que haga lo mismo por su cuenta o contigo. Luego conversen sobre sus experiencias y planeen hacerlo juntos, cada uno explorando el cuerpo del otro de la misma forma que lo hicieron solos. Pregúntale a tu pareja qué siente, cuáles son sus partes más sensibles, qué les gustaría hacer después y qué no les gusta, cómo se sienten, pregúntale qué fantasía le gustaría hacer realidad. Hablen de todo lo que han experimentado en la relación sexual entre ustedes, pero eviten recordar otras experiencias con otras parejas porque a veces las comparaciones son negativas y pueden herir susceptibilidades. La gran mayoría de las parejas no conversan de su experiencia después del acto sexual.

ALGUNOS ASPECTOS POSITIVOS DEL AUTOEROTISMO

- La masturbación, además del placer que nos aporta, a muchas personas les alivia las tensiones.
- Al conocer lo que necesitamos podemos enseñárselo al compañero/a, lo cual evita mucha frustración e incomodidad y desgaste emocional.
- Es una forma de prepararse para el acto sexual; a veces el hombre se masturba para retardar la eyaculación y conseguir así una erección más duradera.
- Muchas parejas la utilizan para equilibrar la diferencia de los ritmos en el orgasmo, así, cuando uno de los dos eyacula antes, el otro lo masturba hasta alcanzar el orgasmo.
- El autoerotismo es un acto de redescubrimiento, exploración y contacto. Nos permite aprender acerca del propio erotismo, de nuestras zonas erógenas: qué nos agrada y qué necesitamos como individuos, ya que somos únicos y podemos ser expertos en lo que respecta a nuestro propio placer.
- El autoerotismo nos posibilita expresar de forma libre nuestros deseos y preferencias a nuestra pareja, haciéndole saber lo que más nos gusta.
- Es una forma por la cual aprendemos a valorar nuestros genitales y a disfrutar de nuestra propia excitación u orgasmos; de esta manera mantenemos activo el erotismo.
- Es un medio para sentirse sexualmente independiente y conlleva a una excelente preparación para posteriores relaciones sexuales.
- En el caso de las parejas que tienen problemas de frigidez o insatisfacción sexual, la masturbación permite un juego erótico tan apropiado que a través de este sistema llegan con total facilidad y libertad a un estado orgásmico.
- En el acto de la masturbación, el acariciarse uno mismo o a la pareja y utilizar aceites aromáticos ayuda a tener más sensibilidad y a agudizar así todos los sentidos, especialmente el tacto y el olfato.
- Te ayuda a sentirte más sensual.

Encontrando tu propio placer

Este ejercicio que se brinda a continuación es para explorar tu cuerpo y encontrar tus puntos eróticos y darte placer. El ejercicio consiste en darnos un baño con agua caliente perfumada con unas gotas de aceites esenciales afrodisíacos; pueden ser de rosas, sándalo, lavanda o algún tipo de aceite perfumado que te guste utilizar.

- A continuación, para calentar y suavizar el cuerpo, podemos untarnos la piel con alguna loción nutritiva. Puedes hacer este ejercicio en la cama o en un lugar cómodo.
- Comienza acariciando todo el cuerpo, incluye la cara, los pechos, el vientre y los muslos para ir exitandote poco a poco con estas caricias.
- Asimila el placer, no apresures el orgasmo, date tiempo, sin prisas, para apreciar las sensaciones sexuales en toda su intensidad.
- Para el hombre, se aconseja evitar la eyaculación, ya que en algunas escuelas orientales como el tantra, eyacular en una masturbación se considera un derroche de energía vital. Además, conteniendo y controlando el orgasmo se intensifica considerablemente el placer.
- A medida que el cuerpo se vaya excitando, se aconseja relajarse, respirar profunda y regularmente, hasta sentir cómo la ola orgásmica se desplaza por la totalidad del cuerpo.
- Tensar los músculos de las nalgas para intensificar el placer y potenciar la excitación con fantasías eróticas positivas para desarrollar nuestra mente, concentrándose plenamente en la experiencia física, son otros de los pasos a seguir en estos ejercicios sexuales.
- Cuando llegues al orgasmo, es importante dejarse llevar, entregarse plenamente al placer, expresándolo tal y como lo sentimos, sin ningún perjuicio ni tabú. Gimiendo, gritando, suspirando. Con toda la fuerza y el placer que experimentes.

Autoerotismo, descripción de la zona genital y experiencias femeninas

Siempre se consideró que la masturbación era cosa de hombres. De hecho aún hoy parece que lo sea. Apenas se habla de la existencia de la masturbación femenina. ¿Qué hay de malo en procurarse placer a uno mismo? Nada. No hay nada de qué avergonzarse, nada de qué sentirse culpable. Hay muchas razones para autosatisfacerse, aunque luego no se lo cuentes a nadie. Básicamente es liberador, divertido y sano.

La mujer tiene muchas posibilidades de llegar al placer tomando como base la masturbación, desde la manual hasta con juguetes diseñados para esta función. Y aquí la imaginación juega un papel muy importante. Pero tampoco estás obligada a masturbarte, lo más importante es cómo te sientes, por eso tú eres la que decides.

Conocer la anatomía de la mujer para saber cómo acariciar cada zona erógena es vital: el clítoris, la vagina, los labios vaginales, el ano. Los genitales tienen un nivel extremadamente alto de terminaciones nerviosas sensibles. Ellos proporcionan un gran placer cuando son acariciados, y por supuesto esta sensación se refleja en la parte del cerebro que controla la libido y la actividad sexual (el hipotálamo). Se puede tocar y acariciar las diferentes partes de los genitales femeninos en formas específicas para ayudar a llegar al clímax. Aquí explicaremos en forma separada, para una mayor compresión, la zona genital femenina.

Los labios externos o mayores

Estos labios se doblan por encima de la vagina y son extremadamente sensibles al tacto. Se deben realizar caricias suaves, especialmente hacia arriba y hacia abajo, por dentro y por fuera de los labios para animar la estimulación. El sexo oral también funciona en esta zona. Lamer a lo largo de los labios es muy excitante y acariciarlos con la punta de un vibrador también lo es. Cuando la mujer se excita, los labios se hinchan y se oscurecen debido al flujo sanguíneo que irradia esta zona durante la excitación. Éste es un signo para tener en cuenta y saber hasta dónde la mujer está excitada.

Los labios internos o menores

Los labios menores también tienen terminaciones nerviosas muy sensibles. Mientras la mujer se excita, esta zona se vuelve húmeda y lubricada. Esto permite que la pareja (o la mujer por sí misma) pueda utilizar la punta del dedo para acariciar los labios. Jugar con un vibrador o con sus dedos por encima de esta zona también puede ser altamente estimulante.

La entrada a la vagina

La mayoría de las terminaciones nerviosas sexualmente sensibles de la vagina están en los primeros 5 centímetros de la entrada de la misma. Esta zona se conoce como la plataforma orgásmica. Durante el orgasmo, se contrae y se relaja en olas de espasmos musculares. El resto de la vagina tiene muchas terminaciones nerviosas pero son mucho menos sensibles. Por ello, el tamaño de un pene no es relevante debido a la incapacidad de la parte superior de la vagina para reaccionar a la estimulación. Se puede insertar suavemente en la plataforma orgásmica un vibrador con la punta redondeada para aumentar la estimulación.

El clítoris

La punta del clítoris se encuentra en la apertura de la vagina. Mirándolo desde fuera tiene más o menos el tamaño de un guisante, aunque el tamaño difiere según la mujer. El clítoris se encuentra debajo de piel, de donde sale de forma erecta durante la estimulación sexual. El clítoris es un órgano extremadamente grande, con nervios que se conectan con todas las partes de la zona genital femenina. Aunque sólo una parte muy pequeña sea visible, la estimulación del clítoris es vital para la completa satisfacción sexual femenina. Tanto las caricias, lamer y rodear con el dedo con frotamientos rítmicos en los labios y el clítoris son cosas que funcionan muy bien en esta zona y resultan muy estimulantes. Si el clítoris se expone a demasiados frotamientos en esta fase puede causar inflamación, dolor e incomodidad en vez de estimulación. Cualquier vibrador que se concentra en el clítoris estimula, pero especialmente los que caben en un dedo o que están amoldados a la vulva.

El punto G

Si deseas encontrarlo, lo más fácil es que te acuestes en la cama con algunas almohadas bajo la pelvis de tal manera que la entrada de la vagina quede elevada (similar a la posición ginecológica); luego de que tu compañero lubrica tus dedos y tu vagina, busca una zona más rugosa ubicada en la pared anterior (a menos diez del cuadrante de un reloj imaginario). Cuando se estimula el punto G y éste comienza a hincharse, por lo general, puede sentirse como un pequeño fríjol esponjoso y en algunas mujeres se hincha hasta alcanzar el tamaño de una moneda.

Si deseas tener un orgasmo, no debes presionar fuerte ni constantemente sino más bien suave y moviendo el dedo de derecha a izquierda y hacia atrás o en círculos: o sea, pasar por el punto G sin apretar ni concentrarse en él directamente.

El punto G puede ser estimulado por los dedos del compañero (con un tipo de movimiento «ven aquí»), con un consolador o con el pene. La posición que más tiende a la estimulación con el pene es la de la mujer sentada sobre el varón. Muchas mujeres dicen experimentar múltiples orgasmos por este tipo de estimulación y algunas experimentan la emisión de fluido orgásmico. El orgasmo que resulta de este tipo de estimulación suele ser una sensación interior profunda.

Estimulación anal

A algunas mujeres les gusta que las acaricien o las penetren por el ano durante el acto sexual o la masturbación. Las terminaciones nerviosas son tan sensibles como la zona genital. Se debe practicar el sexo anal con mucha cautela ya que se puede rasgar el interior del ano. La mujer es la que tiene que guiar a la pareja y le tiene decir hasta dónde el placer es fuerte y hasta dónde el dolor es fuerte. Se puede utilizar, también, además de la penetración natural, un vibrador, el sexo oral o el dedo.

Testimonios

A continuación se presentan tres confesiones de mujeres que han encontrado en la masturbación una forma de concretar sus fantasías, mejorar la relación con su pareja y autoafirmarse como mujeres en el tema sexual.

Celia, de 27 años dice:

Tengo experiencia porque realizo la masturbación desde mi adolescencia y me gusta ahora hacerlo con todo. Para mí es importante estar excitada mentalmente o fantasear para masturbarme. También es importante estar sola. Uso las yemas de los dedos para la estimulación real, pero es mejor comenzar con golpecitos o frotando ligeramente sobre el área general. Al aumentar la excitación, comienzo a estimularme el clítoris y finalmente alcanzo el clímax con un movimiento rápido sobre el capuchón clitoridiano. Usualmente mis piernas están separadas y de vez en cuando también estimulo mis pezones con la otra mano.

Jana, de 33 años dice:

Si estoy apurada (presionada por el tiempo,) uso el vibrador sobre la base del clítoris, con las piernas abiertas. Con los dedos me froto alrededor de la base de mi clítoris, y cuando estoy cerca del orgasmo, muevo mis dedos de manera circular encima de mi clítoris. Mis piernas siempre están separadas y alterno las manos para no fatigarme. Con la otra mano me acaricio los senos, que es mi zona más erógena. Y muevo mucho mi cuerpo cuando tengo el orgasmo.

Mara, de 38 años, dice:

Usualmente me masturbo con el dedo y toco mis pechos con la otra mano, pero no siempre. Usualmente uso un movimiento hacia atrás y hacia adelante en mi vagina, o sólo mantengo mis dedos allí un momento. Mis piernas están muy abiertas, con mis rodillas levantadas, cerca de mí. A veces me muevo mucho, dependiendo de la intensidad de mis sensaciones en ese momento. No me arrepiento de nada, me gusta disfrutar del buen sexo con mi compañero o sola. Es muy liberador, aunque a veces utilizo un vibrador, sólo me gusta usarlo el día que me masturbo, no me gusta incorporarlo con mi pareja para que él no se sienta mal por el hecho de necesitar un vibrador. Otra técnica que utilizo: cruzo las piernas, empujo mi pelvis contra un objeto suave (una almohada es lo mejor) y fantaseo. Este es el método probado y verdadero. Disfruto tocándome, pero no es tan bueno como esto. Realmente me muevo muy poco; solamente cuando estoy lista para el orgasmo entro en una acción real. Cuando me masturbo, usualmente oprimo mucho las piernas (o las cruzo una alrededor de la otra) y uso una toalla, deslizándola contra mi clítoris rítmicamente hasta que me llega el orgasmo.

Descripción de la anatomía genital masculina, el punto G del hombre y experiencias masculinas sobre la autosatisfacción

He aquí una descripción de la zona erógena masculina para comprender mejor cómo funciona:

El pene es el órgano de la copulación. Su función es llevar el esperma al aparato genital femenino durante el coito. Es además un órgano de micción, pues alberga la porción final de la uretra. Los genitales externos son: pene y escroto. El cuerpo del pene contiene tres cilindros de tejido eréctil: los dos cuerpos cavernosos, paralelos entre sí, y el cuerpo esponjoso, situado debajo de ellos y que contiene la uretra. Durante la excitación sexual, el tejido eréctil se llena de sangre, poniéndose duro y erecto. En el adulto, el pene promedio tiene un tamaño de 6.4 a 10 cm en estado flácido y un poco más de 2 cm de diámetro; en estado de erección se extiende de 12.5 a 17.5 cm de longitud con unos 4 cm de diámetro. Pero estas medidas no son categóricas.

El pene se puede considerar en dos porciones: una posterior, el glande o cabeza del pene, y otra anterior. La parte anterior en estado de flacidez o reposo es blanda y cilíndrica y cuelga verticalmente. El glande está cubierto por un pliegue o piel llamado prepucio. Es como un capuchón y puede replegarse hacia atrás para dejar al descubierto la cabeza del pene, excepto en los niños recién nacidos. Poco después del nacimiento, a algunos niños se les extirpa esta piel en un proceso llamado circuncisión.

El glande es la cabeza del pene. En los varones no circuncidados está cubierto por el prepucio, que puede retraerse, unido al glande por una banda de tejido situada en la superficie inferior del mismo llamado frenillo. Posee numerosas terminaciones nerviosas, lo que provoca que pueda resultar molesta su manipulación cuando ésta no se hace con cuidado.

El escroto o bolsa escrotal es la superficie cutánea que cubre los testículos. La bolsa escrotal se divide en dos mitades, correspondientes a cada testículo y sus estructuras adyacentes. La función principal del escroto es mantener y controlar la temperatura natural de los testículos. En determinadas ocasiones, especialmente cuando hace frío, las fibras musculares del escroto hacen que todo el saco se contraiga o se encoja, acercando los testículos al cuerpo para mantenerlos más calientes. En otras condiciones, como cuando hace calor o se está en relajación completa, el escroto se vuelve más flojo y suave, con la superficie lisa. Entonces los testículos cuelgan más separados del cuerpo, para así mantenerse más frescos.

Es una piel sensible, fina y de color oscuro, caracterizada por pliegues transversales, muy irrigada y rica en terminaciones nerviosas, que le otorgan su característica de sensibilidad.

La estimulación anal de la próstata produce una fuerte excitación y éste placer especial está directamente relacionado con lo que se llama el punto G del hombre. La existencia de este punto masculino es aun más controvertida que el punto G femenino. Desde el punto de vista fisiológico, ha sido identificado en la próstata, alrededor de la uretra, en el cuello de la vejiga. Efectivamente, la estimulación de la próstata puede desembocar en un orgasmo más intenso que alcanza mayor eyaculación. El «punto G masculino» es una zona también conocida como punto A. Para un hombre es difícil encontrar esta zona ya que la única forma de palparlo directamente es a través del ano. La mejor posición para descubrirlo es colocarse de espaldas con las rodillas dobladas, insertar el dedo en el ano y presionar contra la pared frontal. Así se sentirá la próstata como una masa firme del tamaño de una nuez que, al ser estimulada, produce una intensa excitación sexual.

Consejos para la masturbación masculina

En general, el hombre se masturba sujetando con una mano el cuerpo del pene e imprimiendo un movimiento rítmico de vaivén, al mismo tiempo que acaricia el pene de arriba a abajo. La mayoría estimula también el glande. Algunos consiguen llegar al orgasmo frotando el glande cada vez más rápido. Para otros, con una sensibilidad extrema, esta maniobra puede ser dolorosa. El nivel de presión, la rapidez y la amplitud del movimiento varían de un individuo a otro.

Lo más importante es el ritmo: la regularidad crea la tensión sexual. También puede acariciar, masajear o sujetar los testículos al mismo tiempo, o frotar la zona situada entre los testículos y el ano. Presionar la base del pene aumenta la sensibilidad y facilita la erección. Para cambiar, también se acaricia suavemente con los dedos el pene y los testículos hasta tener una erección, luego se utilizan 2 o 3 dedos y el pulgar, en lugar de utilizar toda la mano, para efectuar el movimiento de vaivén.

El orgasmo suele tardar entre 2 y 5 minutos en alcanzarse, aunque depende del estrés, el cansancio y la excitación. La mayoría acaricia el pene (o frota el glande) cada vez más rápido cuando siente que va a llegar el orgasmo. Otros sujetan sus testículos o la base del pene mientras están eyaculando. Si se desea retardar la eyaculación, se debe ir más despacio o detener el movimiento, y luego volver a empezar. La sensación de placer durará más y el orgasmo será, sin duda, más intenso (aunque, al contrario, puede resultar menos fuerte si lo ha retardado durante demasiado tiempo). Cuando el hombre llega al orgasmo, ralentiza o detiene la estimulación. En ese momento, el pene y, sobre todo, el glande, son extremadamente sensibles.

Muchos hombres utilizan la saliva para lubricar el sexo; de esta forma las sensaciones de la masturbación se parecen más a las de una penetración. Sin embargo, a veces la saliva no es suficiente. La mejor solución es utilizar una crema o aceite hidratante, o mejor, un lubricante a base de agua. Estos lubricantes proporcionan una sensación diferente, ya que permiten un frote más intenso con toda la palma de la mano directamente sobre el glande (parte muy sensible). El lubricante a base de agua evita que los penes sensibles se irriten.

Experiencias de autoplacer masculino

Aquí se presentan tres experiencias diferentes de hombres que comentan cómo se masturban. Estos ejemplos pueden ayudar a tu imaginación.

Marc, de 33 años, dice:

El lugar más insólito donde me masturbé fue en el carril donde uno se detiene antes de una salida de autopista. Era de noche e iba conduciendo y recordando cómo me seducía una compañera de trabajo, que es casada, y con la que tuvimos una reunión porque se iba del trabajo. Fue una fiesta y ella asistió con su marido. En esta reunión su marido estaba en la mesa de al lado. Yo nunca sospeché que ella estaba interesada en mí, hasta ese día. Ella había bebido mucho y pasamos todo la noche excitándonos con comentarios y miradas. En un momento, me acarició la pierna por debajo de la mesa. Yo casi exploto de la excitación. Cuando volvía a mi casa de esa reunión estaba tan excitado que no podía concentrarme en manejar mi auto. Detuve el auto y me recosté un poco en el asiento y me estaba tocando mientras dejaba volar mi imaginación y los coches pasaban a mi lado. Pero tuve la mala suerte de que un policía paró con su auto, aunque afortunadamente no se bajaron.

«Buenas noches; ¿Algún problema?», me preguntó el policía bajando su ventanilla.

«No, ninguno. Me estaba quedando dormido porque me duele la cabeza y preferí parar un rato que dormirme al conducir, claro. Pero ya me siento mejor, gracias», contesté.

Yo estaba con los pantalones en los tobillos, ligeramente recostado en el asiento, y ellos sólo veían hasta la altura de mi pecho.

«Bien, conduzca con cuidado. Buenas noches».

Esa fue una experiencia muy curiosa porque la imaginación y la excitación sexual fueron más fuertes que el hecho racional de esperar a llegar a mi casa para masturbarme.

Fabio, de 25 años, dice:

Yo no me masturbo, me hago el amor casi todos los días cuando me ducho. Comienzo a tener alguna fantasía sexual, especialmente con ex parejas, y toco mi miembro hasta llegar a la eyaculación. Aunque ahora vivo en pareja, siento que es una descarga que necesito antes de comenzar el día.

Peter, de 24 años, dice:

Cuando era adolescente, me masturbaba en cualquier sitio y situación. A veces, sentía la necesidad de hacerlo y me iba al primer baño que encontraba. Luego comencé a reprimir esta necesidad porque varias personas me comentaron cosas muy negativas sobre el tema. Esta represión me causó ciertos problemas en mis primeras relaciones. Tuve que consultar un experto en el tema debido a que sufría de eyaculación precoz. Después, comencé a masturbarme antes de tener una relación con mi pareja para poder retardar el orgasmo. Al tiempo descubrí que ya no necesitaba masturbarme para tener un relación normal y me di cuenta de que había sido esa información equivocada sobre la masturbación lo que me había causado el bloqueo sexual.

MITOS FALSOS SOBRE LA MASTURBACIÓN

Las afirmaciones que citaré a continuación son falsas y es importante comprender que el autoerotismo fue muy reprimido durante siglos. Por ello, estos condicionamientos negativos sobre este tema están muy arraigados en las personas y se ha creado alrededor de este fenómeno de la masturbación un sistema de creencias e ideas no reales que fueron pasando de generación en generación. Aquí mencionaremos algunos de estos casos:

• Es una forma infantil de sexualidad que debe abandonarse en la madurez.

- Es un pobre sustituto de lo que «realmente interesa», es decir, el coito.
- Es algo compulsivo. Una vez que uno empieza ya no puede detenerse.
- El deseo de masturbarse desaparece cuando uno forma pareja.
- Es perniciosa física/emocional/mentalmente.
- Los orgasmos que uno experimenta al masturbarse son inferiores a los que procura el acto sexual.
- La masturbación es algo privado, para hacer en soledad, para no compartir.
- El sexo es algo para dar a los demás; por lo tanto, la masturbación es egoísta y autoindulgente.
- Sólo se masturba la gente solitaria, aislada o inadecuada.
- Los hombres se masturban, pero las mujeres no sienten deseos de ello o no lo necesitan.
- Cuando uno se acostumbra a los orgasmos que proporciona la masturbación, luego no puede alcanzar la culminación en la relación con el otro.

Es importante que anules estas afirmaciones de tu conciencia porque no tienen ningún contenido real o verdadero. El autoerotismo es una forma más que puedes utilizar para fomentar una sexualidad más excitante con tu pareja.

CAPITULO 18

Yo te amo y deseo entregarte todo mi ser

La relación amorosa siempre comienza con una dulce y especial caricia, ante el primer contacto la piel se despierta, los sentidos vuelan y se encienden hasta explotar en un volcán de interminable pasión.

Masaje erótico para mujeres y la estimulación del punto G

Para que el masaje erótico sea efectivo, es necesario reconocer las reacciones de la persona que lo recibe, observar sus reacciones y, de acuerdo con ellas, profundizar o modificar los estímulos. El masaje es una forma excelente de despertar el sexo o de bajar las barreras de la vergüenza. Además, es una buena manera de excitarse, crear un espacio de intimidad y conocer el cuerpo de la pareja. También nos proporciona la oportunidad de concentrarnos única y exclusivamente en dar placer o en recibirlo.

Descubrir el punto G de la mujer en un masaje erótico es muy importante porque ese punto posee una sensibilidad sexual extrema que, con estimulación, culmina en general en un intenso orgasmo. Además, una vez conocido ese punto a través del masaje, es más fácil encontrarlo en el momento que se realiza la penetración.

Lo mejor para descubrir cuáles son las necesidades de la mujer es pedirle que te guíe con su mano y te enseñe lo que más le gusta. Cuando comiences con el masaje, no es necesario que te concentres sólo en los genitales, recuerda también los senos y la zona de los muslos, que tienen mucha sensibilidad erótica.

Las mujeres pueden llegar al orgasmo mediante estimulación de su punto G o por estimulación del clítoris. Muchas mujeres caracterizan el orgasmo del clítoris como más fuerte y el orgasmo del punto G como más profundo. Aquí, los pasos a seguir: siempre, al comenzar con las caricias y la masturbación de tu compañera, es muy importante lubricar tus manos. Explora los labios internos y externos con tus dedos. Percibe lo que sientes cuando tocas sus labios exteriores e interiores con el dedo, siguiendo con movimientos muy delicados, suaves y siempre tratando de acariciar otras zonas erógenas como los pechos, el cuello o sus muslos. Con tu dedo índice, busca acariciar en forma sostenida pero suave la zona del clítoris. Y acaricia suavemente la vagina con tu otra mano, siempre con los dedos muy lubricados. Puedes usar una variedad de movimientos lineales y circulares con tu dedo, pero siempre en forma muy delicada y sostenida. También puedes seguir su mano. Si ella tiene un sitio en el cual le gusta ser acariciada y además goza del sexo oral, puedes utilizar los dos métodos. También puedes estimular con tu lengua el clítoris o la vagina y utilizar el dedo para seguir penetrando la vagina.

Introduce un dedo gentil profundamente en la vagina y cuando esté lista y lubricada, un segundo dedo. Coloca tu pulgar cubriendo el ano. No lo insertes. En vez, presiona ligeramente mientras mueves tu dedo. Si ella te pide que lo hagas puedes hacerlo pero por un tema higiénico se recomienda utilizar la caricia vaginal separada de la penetración anal. Ahora coloca la palma de tu mano en su monte de Venus (donde se encuentra el vello púbico) e introduce tus dedos ligeramente sobre los labios vaginales. Presiona ligera pero firmemente tu palma contra el monte de Venus, comienza a mover tu mano en un movimiento circular. Repite estos movimientos hasta que ella llegue al orgasmo. Levanta tus dedos y acaricia muy ligeramente los labios vaginales a un ritmo sostenido.

Si deseas ir más profundamente, una forma excelente de aprender a darle placer es colocar tus dedos sobre los de ella mientras ella se masturba, especialmente llevando el ritmo que ella necesita.

Para llegar a encontrar el punto G, inserta tu dedo pulgar en la vagina, cubre con tu mano el clítoris y deja que tus dedos se posen en su monte de Venus. Alterna la estimulación entre el punto G interno (techo de la vagina), el clítoris y el punto G externo (encima de la vejiga). Presiona firmemente en el punto G, como pulsando un timbre. Presiona, suelta, presiona.

Es muy común que en ese momento la mujer desee ser penetrada, y una de las ventajas de la estimulación del punto G es que muchas de las mujeres que la reciben afirman que experimentan multiorgasmos y que sus orgasmos son más duraderos y profundos.

Cómo provocar multiorgasmos en los hombres con masajes

Si el hombre no está circuncidado, toma el pene y con una mano mueva la piel hacia la base del mismo y cubra con los dedos de la misma mano alrededor de la base para mantener la piel estirada. Usando la otra mano, mueva rítmicamente el pene presionando de manera que se estimule el órgano y llegue a la erección. Inmediatamente, frota el pene entre las dos palmas, como si estuvieras frotando un palo para crear una fogata. Es importante utilizar una crema o aceite lubricante para no irritar el pene. El hombre puede llegar o no a eyacular con este masaje, pero si lo hace sentirá una explosión de placer.

Desbloquear la energía es otra forma de masaje erótico. Envuelve la cabeza del pene con su mano y gira tu mano como si trataras de abrir el picaporte de una puerta. Las manos, como siempre, deben estar muy lubricadas. Ahora gira lenta- y delicadamente hacia el lado contrario, repitiendo este movimiento muy lentamente de un lado al otro. Este masaje desbloqueará los problemas de erección y además mejora la circulación del pene y le da una flexibilidad especial. No apliques mucha presión en este masaje.

Otro modelo de masaje es tomar el pene y cerrar la mano en forma de puño, permitiendo que el pene penetre la mano. Con esta mano bien lubricada realizamos un movimiento ligero, rotando muy lentamente el puño. Antes de que la cabeza del pene salga del puño, con la otra mano tomamos la cabeza del pene y la cubrimos. Él sentirá que está penetrando más y más profundo dentro de una vagina. Sentirá un placer indescriptible. Puedes usar una mano para frotar los testículos con delicadeza, con movimientos desde el ano hacia el pene. Con esta forma de masaje el hombre puede llegar a sentir orgasmos sostenidos o multiorgasmos.

Se ha descubierto que el hombre también cuenta con un «sitio estratégico» de sensibilidad extrema, al punto que, si se sabe explorar, puede ser estimulado para desencadenar orgasmos de dimensiones extraordinarias. Como comentábamos en la sección de la zona erógena del hombre, este punto se encuentra en la próstata. Podrás sentirlo como la forma de nuez que tiene la próstata si introduces con toda suavidad y delicadeza un dedo por el conducto anal y lo guías a través de su pared frontal. Aproximadamente entre 3 cm y 5 cm, o entre 1 y 3 pulgadas hacia el interior. Presionas hacia delante, es decir, hacia su pene hasta notar el pequeño abultamiento a esa altura.

La posición que facilitará esta actividad es estando él acostado boca arriba con las rodillas contra el pecho, que para él será más excitante si la pareja se coloca en esa postura e inicia la exploración. Continúa este masaje suave y pausadamente, con la mano bien lubricada, hasta que lo hagas llegar al orgasmo, que será mucho más intenso que uno normal.

Consejos para prevenir el dolor:

- Evita molestias o heridas teniendo las uñas bien recortadas.
- Usa guantes de látex o un preservativo para una mayor protección.
- Aplica en el dedo un lubricante.

- Antes de introducir el dedo, toca suavemente la parte externa del ano, haciendo círculos. Introduce la punta del dedo un centímetro dentro del conducto anal y gíralo pausadamente haciendo círculos en su interior.

Es importante preguntarle al hombre si siente placer y no explorar más si él decide detenerse.

Experiencias de masturbación mutua

La masturbación mutua es una muy ventajosa forma de preparar el camino hacia el coito. Es una práctica que consiste en la estimulación recíproca de los genitales para proporcionar placer y excitación sexual. A través de las caricias descubrirás con todo detalle el cuerpo de tu pareja. Y mediante estos juegos podrás expresar de forma libre tus deseos y preferencias, haciéndole saber a tu pareja lo que más te gusta y las zonas en las que más disfrutas con el masaje. En esta práctica sexual es muy importante que exista una comunicación clara para saber con exactitud qué siente y desea tu pareja en cada momento, ya que existe gran variedad en cuanto a gustos, e incluso, una misma persona puede desear diferentes estímulos según la ocasión. Gracias a las manos se pueden realizar movimientos con una gran precisión, que harán que los dos puedan disfrutar las mejores sensaciones.

Fabio, de 24 años dice:

Conocí a mi novia hace algunas semanas y como vivimos en diferentes estados del país, hemos decidido comenzar a tener sexo por teléfono. A ella le encanta y lo hacemos 5 o 6 veces por semana. Ella recientemente ha estado usando un vibrador y me siento bien cuando escucho que llega al orgasmo. Es muy excitante. Ella imagina mi pene en su vagina y yo me imagino dentro de ella cuando me masturbo. Es el momento orgásmico para los dos. Si tienen la oportunidad y están lejos de su pareja, es bueno utilizar este método. Estoy seguro de que serán gratamente sorprendidos.

Pablo, de 33 años dice:

A mi mujer y a mí nos encanta masturbarnos, ella me ha hecho sentir absoluta confianza conmigo mismo y mi sexualidad. Mi mujer y yo comenzamos a realizar esta experiencia de la masturbación mutua luego de cinco años de casados y nos da unos resultados únicos. Nos acostamos uno junto al otro y nos empezamos a tocar lentamente. Su mano izquierda me estimula mientras mi mano derecha, con el dedo medio, acaricia su clítoris. Yo enseguida me excito anticipando nuestra sesión de masturbación mutua. Nuestra respiración se vuelve más fuerte, ella comienza a mover sus caderas para seguir mis caricias y mi pene late en su mano. Pronto ella desliza su mano hacia abajo entre sus piernas, abriendo sus labios vaginales, tocando su clítoris. Ella lleva mi mano hacia su pecho, a su pezón. Sus dedos hacen círculos en su clítoris, frotando más intensamente. Ella desliza un dedo entre sus labios, empujándolo adentro. Después vuelve a su clítoris, acariciando el lado derecho, su lado sensible. Su mano izquierda continúa estimulándome; estoy más allá de la excitación sabiendo que ella se está tocando. Pongo mi brazo derecho debajo de ella, alcanzo y acaricio sus pezones. Sus pezones se ponen grandes y muy duros cuando se excita. Tengo que ser cuidadoso, deteniéndome de vez en cuando, para que ella llegue al clímax sólo mediante la estimulación de los pezones. Sus caderas han comenzado a empujar su vulva hacia arriba, queriendo encontrarse con sus dedos. Gime y se mueve incontrolablemente. Yo estoy por llegar al clímax. Su estimulación sobre mi pene ha aumentado, sus dedos me aprietan más fuertemente. Difícilmente puedo resistirme al orgasmo. Sus piernas están muy abiertas, ella empuja dos dedos profundamente entre sus labios, alcanzando su punto G. Ella usa su dedo pulgar para frotar su clítoris mientras sus dedos se mueven hacia adentro y hacia fuera de su vulva. Ahora ella está gimiendo fuertemente, gritando debido a lo excitada que está. Ella comienza a llegar al clímax. Sabiendo que ella está en el proceso

Mabel Iam

del orgasmo, comienzo a relajarme y a sentir que llego yo también. No puedo detenerlo, mi pene está latiendo, estoy eyaculando Ahora ella está moviendo su mano hacia arriba y hacia abajo tan rápido que mi eyaculación nos cubre a los dos. Mi cuerpo comienza a moverse como si tuviera convulsiones. En estos momentos ella está en pleno orgasmo; gimiendo, sus caderas empujan rabiosamente hacia arriba tratando de forzar sus dedos más adentro de sus labios. Su orgasmo parece durar para siempre. Luego de llegar ella descansa su cabeza sobre mi hombro y ambos nos dorminos...

Es fundamental guiar a la pareja con los movimientos propios; es la mejor manera de transmitir los deseos y los mayores placeres. Otra forma de aprender la forma de masajear a tu pareja es prestar atención a los gestos, indicaciones, movimientos y demostraciones de placer de la pareja.

CAPITULO 19

Yo te amo tanto que deseo besar todo tu cuerpo y alma

Se me hace agua la boca con tu sabor.
Siento ahogarme con tu miel blanca mientras te mueves y
*   gimes de embriaguez.*
No quiero despegar mis labios de tu sexo hasta que explotes y
llegues a percibir toda la magia de mi lengua y mis labios
*   húmedos.*
Deseo verte estremeciendo de placer dulcemente con toda el
*   alma y el cuerpo.*

El sexo oral: placeres y bocados

Luego del juego sexual del autoerotismo, se puede lograr un placer distinto con los labios y la cálida lengua en las zonas eróticas. Es importante recordar que nuestro cuerpo puede gozar a través de la piel de forma extraordinaria y sensual, y ésta se puede explorar en sus miles de texturas y sabores con la boca. Estos diferentes tejidos y gustos de la piel se conjugan maravillosamente tanto en el cuerpo femenino como en el masculino. En este capítulo exploraremos el sexo oral, que es una práctica muy gratificante para la pareja. El cunnilingus (sexo oral para satisfacer a una mujer) y la felación (sexo oral para saciar a un hombre) son prácticas habituales tanto en parejas del mismo sexo como en parejas heterosexuales. El sexo oral se puede practicar en diferentes posturas, pero siempre es la boca la que proporciona el placer.

El placer oral para la mujer

El cunnilingus es una técnica que se puede aprender y perfeccionar, y hay que seguir ciertos pasos para disfrutar de sus beneficios. Existen razones físicas y psicológicas en cada mujer u hombre para sus preferencias y variados gustos en las relaciones. Cada uno goza de forma distinta y responde a estímulos diferentes, pero el juego sexual no tiene límites cuando se trata de explorar todas las posibilidades de la sexualidad. En lo que se refiere a la técnica del sexo oral, el éxtasis que se logra es una experiencia deliciosa, especialmente si se realiza con total maestría, conciencia y amor. Esta técnica se puede realizar antes o después del coito, pero se aconseja realizarla como parte del juego sexual previo.

Las posiciones

Como el sexo oral puede durar mucho tiempo, la pareja tiene que encontrar una posición cómoda. La mejor posición para adoptar en el sexo oral para la mujer como receptora es acostada de frente y con las piernas levantadas, o arrodillada sobre la cabeza de su pareja, bajando su vulva sobre la boca de aquél. En esta posición ella puede observar la cara de su pareja. Pueden utilizar una almohada debajo de la cabeza de la persona que realiza el cunnilingus para levantarla hasta la altura de la vulva. También, la mujer puede ubicar una almohada debajo de sus caderas para levantarlas hasta el nivel de la boca de su amante.

Otra posición para el sexo oral es la mujer yaciendo de espaldas con las piernas abiertas y su pareja ubica su cabeza entre sus muslos. En esta posición la mujer está más cómoda, pero no puede ver a su compañero. Si el amante que practica el sexo oral lo necesita, también puede descansar el peso de su pecho sobre una almohada.

Cómo crear el deseo del sexo oral

Comienza deslizando tu lengua por el pecho, baja de a poco por el vientre de ella, luego desliza tu lengua y tus labios suavemente por sus piernas y rodillas, acariciando y abrazando el interior de uno de sus muslos. Luego, pasa la lengua por toda la zona de los muslos. Continúa suavemente y ya podrás notar el grado de deseo de tu compañera. En ese momento acércate con tu lengua a las zonas cercanas al pubis.

No olvides el estímulo

Al mismo tiempo que utilices el sexo oral, no ceses de acariciar con tus dedos bien lubricados los senos, el vientre y todas las partes del cuerpo que puedas. Cada mujer reaccionará de forma diferente a las caricias y tendrá sus propias preferencias. Pregúntale si le gusta que estimules ese lugar a medida que vas cambiando la zona donde colocas tu lengua o tus manos. Es importante saber lo que a ella le gusta acerca de tu manera de acariciar o lamer: si le gusta de una forma más dulce, más profunda, más directa o más firme.

Toque, ritmo y lengua

Hay mujeres que desean que el sexo oral sea con la lengua más firme y rígida, y que el masaje oral sea suave y lento, y a otras les gusta un toque rápido y con la lengua más rígida. Hay una pequeña regla que es importante comprender para el que realiza el sexo oral y es que se debe mantener un ritmo uniforme una vez que se ha encontrado el clítoris para que la mujer no pierda la concentración. Muchas veces, a una mujer durante el sexo oral le molesta que su pareja cambie el ritmo, especialmente cuando está cerca del orgasmo.

Escucha sus deseos

Si la mujer ya sabe lo que le gusta, escucha sus deseos antes de comenzar con un ritmo determinando. Antes de llegar a lamer el clítoris, mueve la lengua sobre su vulva de todas las maneras que te imagines. Descubre su clítoris por accidente. Acaricia, besa y lame la parte interna de sus muslos. Lame suavemente el área donde se unen su vulva y sus muslos. Desliza tu lengua lentamente sobre el monte púbico y los labios mayores. En cada zona es importante tomarse un tiempo para saber cómo reacciona tu compañera. Siempre de a poco y con un ritmo pausado, desliza tu lengua entre sus labios mayores y menores. Cuando la mujer quiere guiar la forma en que es acariciada, lo puede hacer con instrucciones verbales, sonidos audibles, gestos con las manos y movimientos del cuerpo. Ella tomará la cabeza de su pareja con sus manos y guiará la boca de su amante hacia el lugar que más le guste. El compañero debe estar abierto a esta posibilidad y no pensar que sabe más que ella. Muchas mujeres temen perder a sus parejas por ser demasiado exigentes en la cama. Por ello, hablar antes y después del sexo es muy importante para aclarar las necesidades de cada uno.

Cómo no cansarse

Muchas veces, la persona que realiza el sexo oral puede cansarse, por eso es importante tener la mandíbula relajada. Mantén la boca semi abierta, evitando morder a la compañera. No se debe extender toda la lengua, es mejor mantener tu boca cerca del clítoris porque cuando sientes que te cansas puedes seguir con el ritmo de tu mano y luego comenzar de nuevo con la lengua. Cuando pases la mano por la vagina, debe estar siempre muy lubricada ya sea con saliva o un aceite. Trata de que sea un aceite sin sabor, para que no te moleste su sabor a la hora de continuar con el sexo oral.

Penetrar con la lengua

La mujer puede disfrutar cuando tú insertas tu lengua en su vagina, estimulando sus paredes vaginales. No es necesario insertar tu lengua muy profundo, pues usualmente los tejidos más sensibles están cerca de la entrada. Coloca tu lengua en el orificio de la vagina y penétrala con ésta. Separando con tus manos en forma muy suave los labios mayores, para realizar una mejor penetración, debes seguir estimulando el clítoris al mismo tiempo con el dedo. Cuando ella parece estar lista para llegar al orgasmo, desliza hacia atrás su capuchón clitoridiano con tus dedos lubricados y lame sobre su glande clitoridiano que es exquisitamente sensible, para que llegue a sentir un orgasmo más profundo.

Olores imprevistos

Si la mujer siente que sus genitales huelen o saben mal, debe preguntar a su pareja qué piensa. Su pareja puede disfrutar el olor que ella encuentra desagradable. Pero antes de hacer el amor es muy recomendable tomar una ducha juntos, para que los dos se sientan cómodos, o un baño relajante de inmersión que los ayude a estimular la relación sexual. Quizás la mejor forma para que la mujer acepte y conozca su olor y gusto genital normal y sano es oler y probar sus dedos durante el acto de la masturbación. Se debe tener en cuenta que la flora genital de la mujer cambia con su ciclo menstrual; su nivel de excitación sexual es más intenso y el olor que va emanar también depende de su dieta y del periodo menstrual.

Afeitado a la nueva moda

Algunas parejas encuentran que la práctica del recorte o afeitado del vello púbico de la mujer facilita el cunnilingus. Hay mujeres que encuentran el cunnilingus más placentero y la higiene personal más sencilla cuando están completamente afeitadas. Y algunas parejas, por el contrario, prefieren todo el vello púbico cubriendo los genitales femeninos porque lo encuentran más sexy. Afeitar y recortar el vello púbico es una cuestión de elección personal, no un requerimiento para el sexo oral.

¿Cómo reconocer los signos de gozo y satisfacción en una mujer?

Las mujeres deben ser honestas con su pareja, jamás fingir placer u orgasmo. A pesar de ello, muchos hombres siempre dudan, me preguntan y consultan constantemente cómo estar seguros si su pareja goza. He aquí algunos detalles para conocer y observar:

- Durante el acto sexual, cuando la mujer goza, se distiende y sus ojos se cierran.
- Mientras tiene el orgasmo, ella hace esfuerzo para que los órganos sexuales se unan lo más estrechamente posible.
- Después del orgasmo, si la mujer anhela la unión sexual, se observará un cambio en la respiración. Los orificios nasales se dilatarán y su boca quedará entreabierta.
- Durante la relación, si desea ardientemente ser satisfecha, su transpiración será abundante.
- Durante el orgasmo ella jadeará y no podrá controlar el tono de su voz.
- Si su deseo ha sido calmado, su cuerpo se distenderá y sus ojos permanecerán cerrados como si estuviera dormida.
- Durante el orgasmo, sus ojos estarán cerrados y los orificios

nasales dilatados y difícilmente podrá hablar, su mirada sigue fijamente a la del hombre.

- Sus orejas se enrojecerán y su rostro también, pero la punta de su lengua estará ligeramente fina.
- Sus manos estarán ardiendo, su vientre, caliente, y al mismo tiempo, murmurará palabras casi ininteligibles.
- Su cuerpo se quedará como muerto y sus miembros flácidos.
- Debajo de su lengua, la saliva fluirá abundantemente y su cuerpo estará pegado al del hombre.
- Las palpitaciones de su vulva se percibirán fácilmente y estará muy mojada.

Experiencias femeninas sobre el sexo oral

Lila, de 34 años, comenta:

¡Sí, me gusta el sexo oral! Sí, sí, y lo grito a los cuatro vientos. Me resulta divino descubrir cómo mi pareja lo hace cada vez diferente, sentir la calidez de su aliento acercándose a mi sexo, a mi centro, la habilidad de sus manos y sus dedos, el ritmo, el juego con su lengua. Amo que sus labios carnosos me acaricien y se abran camino para entretenerme y verme. Me encanta ver la cara de mi pareja cuando disfruto.

Amaranta, de 43 años, dice:

El sexo oral es una sensación sensual y delicada. Cuando introduce su lengua me produce un gran placer, pero cuando su lengua se desliza entre mis senos, al tropezar con mi pezón, toda una corriente de pasión me recorre. Siento éxtasis.

La sensación del placer de mis senos es amplia e infinita, como es en profundidad la sexualidad femenina. Hay amigas que me han comentado que tan solo con el mero roce del tacto en el pezón encienden su deseo sexual, y yo soy una de ellas. Sea como sea, es una ima-

gen muy excitante cuando siento que los labios de mi pareja están por posarse en mis pechos y luego en mi pelvis.

Adalberto, de 45 años, dice:

Yo como hombre experimenté muchas veces el sexo oral pero recuerdo que una de mis amantes tenía un clítoris muy sensible, tan sensible que difícilmente podía ser tocado sin dolor. Un buen consejo que aprendí para darle placer oral a una mujer que tiene un clítoris sensible es relajar la lengua. Muchas personas cometen el error de poner rígidos los músculos de la lengua y lamer la punta del clítoris con la punta de su lengua tan pronto como comienza el sexo oral. Mantener la lengua plana, lamer los muslos y también el área púbica es algo que relaja a la mujer. Otra cosa que he descubierto es que una persona con un clítoris muy sensible necesita a menudo más caricias amorosas antes del juego sexual. Si la persona se siente amada y segura, probablemente su cuerpo responda más fácilmente al hacer el amor.

Técnicas de felación:
el placer oral para los hombres

Existen diferentes formas de proporcionar placer a un hombre que su pareja puede practicar con la boca. A continuación, algunos ejemplos:

Directa: La mujer toma la base del pene y lo introduce hasta el fondo de su boca, apretando fuertemente con los labios y mientras lo succiona lo va estirando hacia fuera de su boca, manteniendo la presión de sus labios. Luego introduce de nuevo el pene en su boca y una vez llegado a la base del pene, repetirá la misma acción anterior sucesivamente hasta que el hombre llegue al orgasmo. Para una mejor satisfacción del hombre, ella con el pene en su boca puede apretar con sus labios y va introduciéndolo y sacándolo sucesivamente sin dejar de hacer presión con los labios.

Mordiscos: ella también puede prodigarle mordiscos muy leves y delicados a los costados del pene. Ella toma el pene con los dedos lubricados por la base, como si tomara un helado, y, aquí vale la comparación, lo irá mordiendo suavemente con los labios y los dientes por los costados.

Besos: otro modelo de sexo oral es el beso. Ella sostiene el pene con una mano e irá besándolo suavemente a manera de pequeños mordiscos o pellizcos y luego deslizará su lengua por el prepucio. Es fundamental que el hombre guíe a su pareja con las manos hasta el lugar donde desee ser besado.

Succión completa: ella introduce todo el pene dentro de su boca (e incluso los testículos) apretándolo contra su garganta como si deseara devorarlo totalmente. La mujer también puede ayudarse con sus manos y aplicar movimientos de vaivén al tronco del pene. También puede utilizar una de las manos para acariciar los testículos y la zona anal de su pareja.

A algunas mujeres no les gusta el sexo oral, hasta el punto de no permitirse tocar la zona de los testículos. Esto se debe muchas veces a que algunos hombres poseen mucho pelo en esa zona y la mujer siente aversión. Es bueno que en ese caso se consulte con la pareja a qué se debe el rechazo, y si ésa es la razón, el hombre puede afeitarse la zona con mucho cuidado.

EL GUSTO DEL SEMEN

Es muy importante que ambos miembros de una pareja conozcan las preferencias eróticas del otro. Es aconsejable poner en práctica algunas reglas para hacer el amor, de manera que todas las situaciones sean claras. No a todas las mujeres les resulta placentero beber el semen del compañero, de manera que si no desean hacerlo, ambos deben acordar de antemano alguna señal para que él pueda quitar su pene a tiempo.

El sabor del semen depende en gran medida de la dieta. Una

dieta basada en pescado y carne produce semen con sabor muy agrio. Es importante recordar que deben evitar realizar una felación después de que el hombre haya comido espárragos porque producen un sabor muy amargo. Se ha comprobado científicamente que los hombres que utilizan en su dieta mucha miel y jugos naturales de frutas no cítricas producen un sabor dulce en su semen.

Existen actualmente diferentes complementos dietéticos que pueden cambiar el sabor del semen. Los creadores de estos productos sostienen que el sabor salado del semen del hombre puede cambiar por uno a manzana, naranja o frutilla. Pero no sólo los hombres pueden sorprendernos con nuevas experiencias gustativas, parece que estos productos también existen para las mujeres que deseen probarlos. El jengibre es un elemento para tener en cuenta. Además de ser un alimento afrodisíaco, tiene un efecto beneficioso para la fertilidad porque aumenta el volumen de esperma y mejora la movilidad de los espermatozoides.

Otro factor importante que determina el sabor del semen es el consumo de alcohol, cafeína, cocaína, marihuana, nicotina y otras sustancias que pueden darle un gusto sumamente agrio. El sabor del semen no depende solamente de la dieta, sino también de aspectos como la higiene. No es novedad que el semen contiene orina o líquidos preseminales que se unen en la eyaculación del hombre al llegar al orgasmo. A algunos hombres les gusta el sabor de su propio semen y les gusta utilizarlo como ungüento. Ellos rocían con el semen los pechos de la mujer u otras zonas y luego lo lamen.

OLORES, SABORES Y COLORES

No solamente las mujeres pueden ser coquetas, también los hombres pueden colocarse en el momento del acto sexual cremas o aceites en las nalgas y testículos, para suavizarlos al tacto y facilitar el sexo oral. Se pueden utilizar durante el acto sexual productos aromáticos para estimular una mayor producción de semen, como aceites de lavanda o almendra. Los aceites de lavanda o almendra contienen los olores y sabores que estimulan la producción de sangre en el pene, facilitando la erección y mejorando la calidad del semen.

Un ungüento fantástico para tener una experiencia de sexo oral increíble se obtiene al hacer un jugo con miel, canela, jugo de manzana o chocolate y utilizarlo como una dulce crema en la zona del pene. Las mujeres que disfrutan del sexo oral pueden usar lápiz labial con sabor mientras practican esta técnica. Pueden jugar con el semen en sus labios y besar a su pareja en todo su cuerpo, dibujando divertidas formas con su boca, y se pueden usar diferentes colores de lápiz labial. Este acto tan divertido se puede inclusive volver una nueva fantasía hecha realidad. Lo más importante en estos casos es que ambos se dejen llevar por sus tendencias, sentidos, creatividad y deseos, dejando de lado el aspecto racional y respetando el gusto de cada uno.

Adicta al semen

Recuerdo varias experiencias interesantes en mis conferencias o *videochats*, pero hubo una que me llamó particularmente la atención. Se trataba de una mujer que aseguraba tener una técnica perfecta para que su pareja tuviera dos erecciones y eyaculaciones en 20 minutos. Sarah era su nombre y afirmaba que su técnica era cien por ciento efectiva. Ella tenía alrededor de 31 años y comenta:

Primero, lamo su pene mientras lo miro en forma seductora, beso la punta del mismo más y más hasta que tengo todo su pene en mi boca. Subo y bajo, raspando los bordes con los dientes. Y poco a poco, me trago el semen. Trago el semen de una vez. Por supuesto, mi pareja ha llegado al orgasmo, pero allí no le doy descanso. Luego lamo

con intensidad el pene otra vez, varío el ritmo, saco mi boca totalmente y vuelvo a lamer la punta, y de nuevo succiono su pene todo
entero. Él vuelve a darme el semen en mi boca, una leche densa y
cálida. Saboreo el delicioso sabor que es tan característico del semen,
agridulce y mineral. Limpio el semen en su pelvis con mi lengua
hasta que no queda nada. Sin esperar, estimulo sus testículos con la
boca, y luego paso mi legua por su ano, y así puedo sentir su semen
una y mil veces nuevamente. El semen sabe distinto en cada hombre, pero ninguna de mis parejas ha rechazado este ritual. He probado todos los sabores posibles de semen y ahora pienso que me he
vuelto adicta. Creo que no puedo llegar al orgasmo si no pruebo primero el semen.

No a la menta

Entre los cientos de correos electrónicos que recibo por día, uno
llamó mi atención porque una mujer que no dio a conocer su identidad comentaba que ella odiaba el sexo oral, pero que su pareja la
obligaba a realizarlo. Un día decidió colocar en el pene de su pareja el sabor de su helado favorito: chocolate con menta. Entonces
pudo disfrutar del sexo oral en ese momento. Su pareja se encen-
dió completamente y la penetró salvajemente. La menta en su vagina la irritó, y ella tuvo que escaparse a darse un baño de inmersión
por una hora para tratar de sacarse la sensación de irritación y
comezón de su vagina. Luego consultó al ginecólogo y sintió vergüenza de explicarle el motivo de su irritación vaginal.

Los hombres son más tímidos para hacer confesiones con respecto al sexo oral, pero muchos comentan que además de que su
pareja se concentre en su pene y testículos, lo que les provoca más
placer es que lleguen al centro del punto G en la zona anal, el cual
se ha descrito en el capítulo anterior de esta misma parte del
libro.

El sexo oral mutuo:
69, la posición más famosa del mundo

La posición de sexo oral mutuo besando la zona genital de ambos es conocida en todo el mundo con el nombre de 69, ya que como puede observarse, los números se encuentran invertidos. El 69 es una de las posiciones más placenteras dentro de las prácticas sexuales orales; se lleva a cabo invirtiendo el cuerpo con la pareja, de forma que mientras uno succiona el clítoris, el otro está succionando el pene y acariciando los testículos. En esta práctica se pueden utilizar todos los consejos dados para la masturbación mutua y para el sexo oral en cada caso.

La postura del 69 es adecuada para el momento en que las dos personas sienten confianza en la relación. Comúnmente, esta posición se realiza cuando las dos personas están acostadas Hay quienes optan por la variante vertical. Uno de los integrantes de la pareja está de pie y carga o sostiene a la otra; mientras tanto, ambas realizan la estimulación genital. La persona que es sostenida se encuentra en posición invertida, de cabeza. En parejas heterosexuales suele ser el hombre quien carga a la mujer, pero en el caso de parejas homosexuales, se busca el balance según la fortaleza de los integrantes. También hay quienes se posan frente a un espejo para excitarse más.

El sexo oral es una técnica muy delicada, se necesita concentración y aprendizaje. Cuando se domina esta técnica, la pareja tiene aseguradas horas de inmenso y maravilloso placer.

CAPITULO 20

Yo te amo al derecho y al revés

Comenzaste a recorrer mi cuerpo con tus manos suavemente.
Querías descubrirme. Primero acariciaste mi espalda, mi cintu-
ra y luego continuaste deslizando tus manos por mis muslos.
Mientras con tu boca besabas suavemente mis rosados glúteos,
observaba cómo me explorabas y disfrutaba al ver tu mirada
dulce mientras tomabas mi cuerpo. En un mágico segundo los dos
nos encendíamos de pasión y sentía como me amabas de una
nueva forma nunca antes intentada.

Sexo anal y sus posiciones

El coito anal es la introducción del pene o de diferentes accesorios o juguetes sexuales en el recto. Esto produce mucho placer tanto en hombres como mujeres. El sexo anal era considerado «contra natura» en el pasado. Pero también se utilizaba esta práctica para preservar, falsamente, la virginidad y evitar embarazos indeseados. En el presente, no se acepta el término de antinatural, tampoco el de «contra natura», sino que se reconocen como variantes del juego sexual.

El ano es un esfínter muscular, y a diferencia de la vagina, no se auto lubrica, pero está compuesto igual que ésta de terminaciones nerviosas que generan placer o dolor (si no se realiza con el debido cuidado). El ano es un estrecho anillo y tiene como función controlar la eliminación de los residuos corporales. El tejido del recto es muy fino y delicado, por tanto puede desgarrarse con facilidad, proporcionando una salida de torrente sanguíneo de gran variedad de microbios y virus que provocan la aparición de enfermedades de transmisión sexual como el sida, por lo que es de suma importancia prevenir que entren en contacto la sangre y los fluidos sexuales, utilizando siempre el preservativo durante la penetración anal. Lo primero que necesitan para hacer posible el sexo anal es paciencia y delicadeza. La penetración inicial es siempre la parte más difícil.

Técnicas anales

En principio, afirmo que nunca se debe realizar el sexo anal contra la voluntad de la pareja. Antes de realizar el sexo anal es aconsejable lavar bien la zona del ano. Se puede utilizar una pera de goma que contenga agua caliente para lavar las paredes internas. Es aconsejable usar preservativos, dado que en el ano existen bacterias que pueden producir infección en la uretra. Cambia el preservativo antes de pasar a una penetración vaginal, dado que dichas bacterias también pueden producir infecciones vaginales.

Para penetrar el ano se debe procurar una buena relajación corporal previa. La persona que va ser penetrada debe estar totalmente excitada. Es importante practicar primero una lubricación con el dedo por un tiempo antes de llegar a la penetración con el pene, y se debe utilizar, sin lugar a dudas, lubricantes todo el tiempo durante el sexo anal. Es importante repetir que se debe utilizar un preservativo, ya que es una zona donde puede haber contagio.

En un principio es conveniente deslizar muy despacio un dedo dentro del ano, permitiendo que la persona se ajuste a él. Luego se debe sacar el dedo y volver a introducirlo. Esta actividad se puede practicar antes de realizar el sexo anal para que la persona se sienta confortable, y a veces es mejor esperar unos días para ver si ésta desea realmente ser penetrada. Así el recto puede acostumbrase a este tipo de actividad hasta que se estire lo suficiente.

Tras haber practicado el coito anal, no debe pasarse nunca al coito vaginal directamente. Es necesario tomar medidas de higiene, como lavarse el pene (o el dedo si éste también ha intervenido en la penetración). También es necesario cambiar el preservativo, ya que se corre el riesgo de transmitir a la vagina bacterias que provienen del ano.

Es trascendental llevar a cabo la penetración de manera cuidadosa, suave y paulatina. Se debe detener la penetración si la compañera, o compañero, refiere un dolor intenso que no tolera o si hay fuerte resistencia, o sencillamente si no le agrada.

Ocho posturas o posiciones perfectas para el sexo anal

Existen algunas posturas con varias combinaciones para realizar el sexo anal. Aquí muestro algunos ejemplos:

La activa

Es importante adoptar una postura adecuada para el sexo anal. Muchas mujeres prefieren estar encima para regular la velocidad en la que se lleva a cabo la penetración. A medida que el pene vaya penetrando el ano suavemente, se debe acariciar la zona clitoriana y luego introducir los dedos de la otra mano en la vagina sintiendo cómo el pene va penetrando por el orificio contiguo. Seguidamente, el hombre puede comenzar una serie de movimientos alternativos de la mano y del pene que irán desembocando en un profundo orgasmo de la mujer.

La creativa

Él se estira de espaldas, con las piernas abiertas en un ángulo algo mayor de 45 grados y espera en una posición pasiva. Ella inicia una pequeña danza de seducción: se coloca desnuda y de pie encima de la cabeza de él ofreciéndole un plano genital de su sexo. Luego sigue andando con las piernas separadas hasta colocarse vertical al pene. Él la incita agarrándola por los tobillos y acariciando sus piernas. Ella comienza a descender con lentitud hasta apoyar sus rodillas en el suelo a ambos lados de él y sentarse en el pubis de su compañero. El amante utiliza un dedo para estimular despacio el ano con movimientos circulares, mientras que con la otra mano recoge saliva para lubricarlo. Luego de estas caricias ella se levanta lentamente e invita a la penetración. Él responde apoyando el glande sobre el orificio, pero es la mujer la que lleva el ritmo bajando y elevándose sobre sus rodillas, mientras ocupa una mano masturbándose. Su compañero mantiene la tensión alternando caricias con pequeños rasguños en las piernas y los glúteos de su amante.

La domada

Él se apoya sobre la mesa, toma a su compañera por las caderas y la acerca poco a poco al pene (ella se encuentra de espaldas a su compañero). En ese momento la mujer puede ser penetrada analmente mientras se inclina hacia delante, lo máximo que su flexibilidad le permita. Esta postura se recomienda cuando la mujer se encuentre bastante lubricada, ya que se consigue una penetración profunda. Es una posición donde el hombre se prepara más cómodamente para hacer el amor y la mujer puede apoyarse y reclinarse en la pelvis de su amante.

La tentación

Para una mayor intimidad, se puede elegir un lugar fácil de desinhibición como el baño, luego de una excitación preliminar con un baño de inmersión o sauna. Ella, de pie, da la espalda a su compañero y se apoya en la barra del toallero o algún lugar donde pueda sostenerse con sus brazos, y se inclina hasta alcanzar casi un ángulo recto. Sus nalgas parecen una ofrenda de placer a su compañero. La piel mojada por el calor de las caricias y el vapor del ambiente se confunde con la humedad de su sexo, que aparece como una muestra inequívoca del deseo.

Mientras ella se apoya fuertemente sobre sus dos pies y abre las piernas, él se aferra con sus dos manos a sus glúteos. En esta posición, donde los instintos animales están a flor de piel, él tiene control de la postura y decide el momento de la penetración. Sin embargo, ella no tiene por qué resignarse a un rol completamente pasivo. Con suaves movimientos hacia atrás, induce el ritmo a su amante.

La posesión total

Ella se coloca boca abajo, estirada y con las piernas algo cerradas. Él la mira parado, se arrodilla y lentamente se recuesta sobre su compañera. Con el peso y calor de los cuerpos el contacto es íntimo y en extremo excitante. La erección creciente queda encerrada entre las piernas de ella, cuyo escaso ángulo de apertura le sirve para friccionar produciendo una masturbación preliminar. Las caricias continúan: ella lanza uno de sus brazos hacia atrás para sentir las tensas piernas de su compañero, mientras él besa apasionadamente la nuca y le lame las orejas. Entonces, pasando una de sus manos por delante, él inicia una lenta masturbación. Ella adivina el destino de la otra mano cuando se desliza por la espalda. En el momento en que la temperatura alcanza su punto más alto y tras notar la relajación del esfínter, él abre con firmeza sus nalgas y desliza con delicadeza su pene. Ella impulsa instintivamente su cadera hacia arriba y él desciende con fuerza hasta que se funden en una penetración que se hace más profunda con cada embestida.

El elíxir

El hombre lubrica abundantemente sus dedos y el ano de su pareja, introduciendo delicadamente primero un dedo y después progresivamente el segundo hasta el ano. Así conseguirá que la zona quede bien lubricada. Luego se sienta sobre la cama, es mejor que se recueste en la pared. Él, sentado sobre la cama y con las piernas extendidas. Ella se va apoyando y sentando lentamente de espaldas a él. Ella, sentada sobre las piernas de él, se va dejando penetrar suavemente la zona anal, después de haber sido debidamente excitada y lubricada. En esta posición él puede acariciar los pechos, besar su cuello y estimular el clítoris.

Los dos pilares

La pareja se encuentra de pie, colocándose él detrás de ella. Ella puede separar las piernas o bien mantenerlas más juntas mientras que él la penetra. La diferencia está en que la penetración será más o menos profunda. El contacto entre ambos será muy intenso, permitiendo que el que penetra pueda tocar y masturbar a su pareja. El movimiento puede ser controlado por ambos, llevando el ritmo cualquiera de los dos. Pueden hacerlo totalmente de pie, apoyados sobre una pared o también con ella reclinada sobre una cama o una mesa. El hombre va a ir penetrando a la mujer de forma salvaje o despacio, depende del gusto de la pareja.

La cucharita

Esta postura permite tener sexo sin cansarse, siendo quizás una de las más cómodas para ambos compañeros. La pareja acostada se tumba de lado, uno detrás del otro, pudiendo entrecruzar las piernas, abrirlas, rodearlas.

La penetración en este caso no es tan profunda como lo puede ser en otras posturas por lo que puede ser recomendable para aquellas personas que no hayan tenido sexo anal anteriormente o como postura de inicio del acto sexual. Además, de esta forma, el hombre puede alcanzar la zona clitoriana de la mujer, masturbándola al mismo tiempo. Si desean variar la postura, pueden rodar mientras él la penetra y la mujer se coloca boca abajo y el hombre arriba.

Experiencias femeninas sobre el sexo anal

Jack, de 40 años, dice:

Practiqué el sexo anal con mi pareja. La posición que elegimos fue la creativa y llegué al orgasmo más asombroso que podía imaginarme. Todos los músculos del cuerpo de ella empezaron a sacudirse, como si su cuerpo fuera totalmente eléctrico. Yo sentí sus oleadas incontenibles de energía y de éxtasis, me era difícil controlar la eyaculación, pero trataba.

Los músculos de ella se sacudían incontroladamente por debajo de la piel de todo su cuerpo, su voz parecía un gemido profundo que iba naciendo dentro de mí. Sentía cada uno de sus matices, cada suspiro; y así hasta que salió mi ultima gota de esperma, y confieso con asombro que pocas veces estuve tan excitado en mi vida. Después las ondas de gozo se fueron aquietando, también las voces, y finalmente hubo silencio y quietud por mi parte, además de asombro y placer.

Kristi, de 32 años, dice:

A mí personalmente me provoca mucha satisfacción el sexo anal. Pero al principio mi pareja tuvo que tener mucha paciencia conmigo. Él le dedicó mucho tiempo a los preliminares antes de llegar al sexo anal,

mucho más que a la primera vez de la penetración vaginal. Primero
comenzó con los dedos, también utilizó la boca (por ello el ano debe
estar bien limpio, porque si no, no es placentero). Gracias a su perse-
verancia y ternura llegué a niveles de placer muchos más intensos
porque él me preparó para que estuviera mas receptiva y excitada.
Esto evitó el dolor y mitigó todos mis miedos iniciales.

Es muy importante conocer las técnicas sexuales y practicarlas
de la manera adecuada para lograr una perfecta satisfacción y un
deleite completo en la materia más importante de nuestra vida: el
amor.

CAPÍTULO 21

Yo te amo y tú eres mi única fantasía

Mientras fantaseaba estar contigo, no te conocía.
Me imaginaba tus ojos de cielo observando mi cuerpo,
Pero tú eras un extraño para mí.
Percibía tu boca de rosas empapada de pasión,
pero no sabía si tú me deseabas tanto como yo a ti.
Ahora que mi fantasía se hizo realidad, sólo deseo que tus
brazos me protejan por toda la eternidad.

La imaginación es un gran afrodisíaco

¿Por qué ocultamos las fantasías sexuales? ¿Cuáles son nuestras represiones? ¿Qué nos impide aceptar nuestras fantasías? ¿Te gustaría conocerlas y liberarlas? ¿Te gustaría conocer y manejar las fantasías de tu pareja? Revelaremos estas respuestas en este capítulo.

Una fantasía corresponde a una representación mental de algo que hemos vivido o simplemente que creamos en nuestra mente. También, se podría decir que es una película interna que imaginamos para nuestra satisfacción. La imaginación es el mejor afrodisíaco que existe, por ello la fantasía sexual es una ensoñación erótica que proporciona excitación sexual a la persona que la imagina. Las fantasías sexuales no son una alteración sino grandes aliadas de unas relaciones sexuales sanas y plenamente satisfactorias.

Cuando las fantasías eróticas se comparten con la pareja, resultan enriquecedoras para la relación. En otras ocasiones toman formas de juegos escénicos que sirven para revitalizar la vida sexual plena de la pareja.

Como comentábamos anteriormente, tener fantasías eróticas, ya sea durante el acto sexual o no, es algo normal, pero esto no quiere decir que todas las fantasías se pueden concretar. La fantasía erótica no es siempre para llevarla a la acción; su función más provechosa es la de la estimulación erótica y mental de la pareja.

La mayoría de las fantasías giran en torno a situaciones o actividades sexuales que el individuo nunca ha experimentado y que generalmente no tiene la intención de llevar a cabo en la realidad. Se trata de meras ensoñaciones que resultan positivas e inofensivas, a menos que interfieran en la conducta habitual del individuo o que sean su única fuente de estimulación sexual.

Algunas personas se preocupan por el contenido de sus fantasías, ya que se sienten culpables por imaginar ciertas cosas o porque creen que esos pensamientos indican que quizás se comportarían de esa forma en la vida real. Y puesto que muchas veces el argumento gira en torno a conductas prohibidas o fuera del sistema de valores impuesto por la sociedad, consideran que tienen un problema psicológico o una alteración de la personalidad, pero se ha demonstrado que en la gran mayoría de los casos no es así. Por lo general, las fantasías sexuales son únicamente una búsqueda de placer efectuada mediante la imaginación de ensoñaciones eróticas que excitan sexualmente a quienes piensan en ellas.

La otra cara de la fantasía

En el ser humano coexisten dos mundos: el interno y el externo. En el primero se recrean las ideas, pensamientos, experiencias y sentimientos, y en el segundo se encuentra todo lo que es posible percibir con los cinco sentidos y todo lo que un ser humano acciona en este mundo. En medio de estos dos espacios existe la representación de todo aquello que existe dentro de una persona; no tiene que ver con la percepción específica del mundo externo, sino con la mera fantasía. Basándonos en esta lógica, podríamos afirmar que una fantasía sexual es una reproducción de imágenes basadas en vivencias pasadas o experiencias deseadas, pero no quiere decir esto que debamos concretarlas en el mundo externo, sino que podemos permitirnos sentirlas, expresarlas o pensarlas.

En una de mis conferencias radiales recuerdo claramente a un hombre que me confesó que él había concretado la fantasía de su mujer, la cual era bastante «especial»: su esposa tenía la fantasía de tener relaciones sexuales con varios hombres a la vez, y él me comento que encontró siete hombres, aparte de él mismo, que tuvieron sexo al mismo tiempo con su esposa mientras él observaba lo que sucedía. La pregunta que él me hizo fue si era posible que a la mujer le haya afectado espiritualmente y psicológicamente ese hecho.

Él afirmaba que ella ahora se mostraba siempre depresiva y sin deseos sexuales en absoluto. Es evidente que muchas personas al desconocer la diferencia entre la fantasía sexual y la realidad llevan a cabo acciones de las que no tienen ninguna conciencia, al punto que pueden perjudicarlas. Mi respuesta fue muy clara: Yo le dije: «Imagínese un niño que tiene la fantasía de ser Superman y entonces juega por toda la casa y se divierte. Hasta ahí, todo es perfecto porque disfruta de su imaginación. Ahora yo le pregunto: ¿Qué ocurre si ese niño se tira por la ventana para volar como Superman? ¿Qué acontece con ese mismo niño? No quiero ni imaginarlo, ¿no es cierto?» Lo interrogué por segunda vez. «Este hecho que comentó puede parecer muy drástico, pero existen cosas que desconocemos y se realizan en el nombre de concretar una fantasía sexual. Y éstas pueden ser tan peligrosas como salir volando por una ventana».

Las fantasías se pueden recrear y expresar, pero existen otras que se debe pensar muy bien hasta dónde vale la pena realizarlas. En el momento que uno fantasea, la mente juega los roles que desea y este hecho es una actividad mental muy creativa. La fantasía es

valiosa y necesaria para el ser humano. Nunca debemos despojar-
nos de ella; sí debemos aceptarla y no juzgarla, pero ponerla en
acción es algo que debemos pensar, pues ¿hasta dónde puede afec-
tar nuestra vida real?

Fantasías eróticas comunes en el hombre

Siempre se pensó que el hombre tenía una mayor tendencia que la
mujer a la fantasía erótica. Se creía que los hombres poseían más
ideas o fantasías durante el acto de la masturbación o el coito. Pero
en realidad se podría afirmar que debido a la represión por tanto
siglos, la mujer ha desarrollado un alto componente erótico que
recién en este siglo se ha animado a expresar. Muchas mujeres, en
sus argumentos imaginarios, coinciden con las fantasías eróticas
de los hombres.

En el caso del hombre, las ideas más frecuentes de sus fantasías
sexuales son las siguientes:

• Realizar el acto sexual con varias mujeres a la vez.
• Fantasías de actos sexuales con otros hombres. Es bueno aclarar que tanto en el caso de la mujer como en el del hombre,
  estar con alguien del mismo sexo no significa ser homosexual.
  Una persona heterosexual puede hasta fantasear eventualmen-
  te con alguien de su mismo sexo, ya sea por curiosidad o por
  algún motivo especial. Podría deberse al hecho de que todos,
  hombres y mujeres, tenemos contacto físico con nuestra
  madre y nuestro padre desde que nacemos y esto nos provoca
  una atracción amorosa que puede generar una cierta energía
  sexual. Muchas veces ambos sexos se sienten atraídos ante
  mujeres vitales y fuertes u hombres más pasivos. Fantasear con
  alguien del mismo sexo sucede más a menudo de lo que la
  gente quisiera admitir. Pero hay tanta carga negativa frente a
  este tipo de fantasías, que algunas personas se sienten muy culpables y las inhiben completamente. Si esto produce demasia-

da ansiedad, definitivamente hay que hablarlo con un especialista en el tema.

- El juego de roles como doctores, maestros, plomeros, electricistas y chóferes.
- Tener relaciones sexuales grupales.
- Hacer el amor con cantantes, modelos, actores o actrices, personas con poder y fama; esta fantasía es común en hombres y mujeres.
- Relaciones sexuales en el trabajo, la universidad, con profesores, jefes o compañeros de trabajo, también es común entre hombres y mujeres.
- Fantasías sadomasoquistas, en las que se considera que la violencia tiene un atractivo especial, pues se une el dolor al placer sexual; el hombre desempeña el papel de dominador o dominado ante una mujer sumisa o autoritaria.
- La sorpresa: esta postura es ideal para los amantes del sexo más salvaje y primitivo. El hombre, de pie, toma a la mujer por detrás y la penetra tomándola de la cintura. Ella relaja todo su cuerpo hasta apoyar sus manos en el piso. El hombre «sorprende» a la mujer por detrás y marca la cadencia del coito. Para ella, el placer se concentra en el ángulo de abertura de la vagina que, al ser limitado, provoca una sensación de estrechez muy placentera para muchas mujeres. Para él, la sensación más poderosa se expande desde el glande, que entra y sale de la abertura vaginal a su antojo y acaricia el clítoris en las salidas más audaces. Además, el campo visual del hombre abarca el ano, los glúteos y la espalda, zonas altamente erógenas para muchos. La dominación que él ejerce y la relajación total de ella pueden favorecer el jugueteo del hombre con el ano de ella: introducir un dedo durante el coito puede ser muy excitante.

Las fantasías eróticas son negativas cuando dificultan el funcionamiento sexual natural, por ejemplo, en el caso de un hombre que le resultara imprescindible ver un video pornográfico para excitarse.

La fantasía sexual en la mujer

Muchas mujeres coinciden en temas muy similares a la hora de contestar acerca de sus fantasías:

- Ser la reina en la cama: ella necesita que su hombre la contemple con atención. Le gusta que la besen desde los tobillos hasta la espalda, despertándole sensaciones que provengan de algún otro lugar que no sea la vagina. Esta imagen más que una fantasía es un deseo muy popular entre las mujeres.
- Desnudarse y bailar, hacer *strip tease*: esta fantasía erótica proporciona un estímulo que predispone a las mujeres al placer si pueden actuarlo con su pareja.
- Tener relaciones en público o donde hay cámaras grabando.
- Tener una relación sexual con un hombre desconocido y no verlo nunca más. Muchas mujeres señalan, por ejemplo, que ya se sienten cansadas de ser una dama en el dormitorio, así como hacer el amor y estar rodeada de cosas suaves todo el tiempo. Por eso, desean que su esposo tuviera un sexo más salvaje con ella y se comportara como si acabara de conocerla, sin ningún tipo de cuidados, tratándola salvajemente y manejándola a su antojo.
- Imaginar ser objeto sexual de uno o varios hombres.
- Pensar en actividades homosexuales con otra mujer.
- Evocar contactos con ex parejas y permitir que su pareja actual la vea teniendo relaciones.
- Exhibirse y mostrarse en un lugar público, donde todos la miran.
- Someter a un hombre por completo. Para este tipo de fantasías recomiendo la posición «el sometido» del *Kama Sutra*, el hombre se acuesta cómodamente entregando su placer a la voluntad de su compañera. Aprovechar este juego de sometimiento masculino puede ser un estimulante total para ambos: el encuentro puede empezar con caricias y besos de ella hacia él, que permanece siempre en la misma posición, para terminar en la

penetración profunda que se da cuando ella se coloca de espaldas y controla los movimientos, ayudándose de los brazos. Muy erótico para el hombre resulta que ella asome su rostro sobre su hombro. Además, el hombre tiene un fácil acceso al ano y los glúteos de su compañera, quien puede disminuir la velocidad de los movimientos para disfrutar de este estímulo.

• En las fiestas, vestirse muy sexy o casi desnuda, atrayendo a todos los hombres y mujeres.

Entre hombres y mujeres el juego y la fantasía se puede despertar siempre. Pero en todos los casos debe ser un hecho tan natural, que la pareja pueda compartir su imaginación con comodidad y libertad, sin temor a la crítica.

Experiencias de dos fantasías sexuales que pueden ayudar a estimular las tuyas

Aura, de 42 años, dice:

Soy compositora y toco el piano desde niña. Siempre tuve fantasías de hacer el amor sobre mi piano y a veces llegué a imaginarme haciendo el amor mientras daba un concierto en público. También he tenido fantasías de hacer el amor con mi esposo sobre el caballo que tenemos en el campo y andar desnuda sobre el caballo por toda mi quinta mientras las otras mujeres se mueren de envidia. Creo que es una idea muy graciosa. La he comentado con mi marido y él se ríe. Además, pienso que la esencia misma de la fantasía es la libertad y hay que aceptar que la sexualidad humana tiene tantas gamas y tonos diferentes para explotar por medio de la imaginación.

Carlos, de 37 años, dice:

A mí me encanta que mi mujer se vista de colegiala o con lencería sexy antes de hacer el amor. Para mí el enemigo mortal de la relación de pareja es la rutina porque conduce al aburrimiento. Es por eso que todo aquello que contribuya a ahuyentar la monotonía es sano, nutritivo y enriquece la relación.

¿CÓMO DESCUBRIR EL BLOQUEO DE LAS FANTASÍAS ERÓTICAS?

¿Qué le impide a la gente aceptar sus fantasías? Básicamente, el miedo a ser descubiertos y considerados extravagantes, enfermos, pervertidos o demasiado sexuales.

Nos pasamos tanto tiempo tratando de no tener fantasías, que muchas veces eso bloquea la relación con uno mismo y con los demás.

Cuando una persona siente autoestima, comienza a aceptar su propio valor y merecimiento de amor y le resulta más fácil aceptar sus fantasías sexuales.

La aceptación de las fantasías sexuales, ya sean ligeras u oscuras, se puede fomentar mediante el entendimiento. Para comprender las fantasías eróticas de la psique (imágenes, sentimientos y sensaciones que nos estimulan sexualmente), sigue este ejercicio que nos puede ayudar a desbloquear nuestra sexualidad: encuentra una posición cómoda y cierra los ojos. Si lo deseas, pon algo de música relajante.

- **Primer paso:** respira hondo y deja que tu cuerpo se relaje cada vez que respiras. Comienza a pensar en las diferentes fantasías que hayas tenido, ya sean sexuales, eróticas o románticas. Pueden ser fantasías que empleas durante un acto de autoerotismo o masturbación, cuando haces el amor, das un paseo o tomas el sol. Presta atención a las respuestas del cuerpo mientras piensas en cada una de ellas.
- **Segundo paso:** recuerda y recopila las fantasías de tu infancia, adolescencia y madurez. Imagínate contándole tus fantasías a

un grupo de gente. ¿Quiénes son? ¿Cuáles son sus reacciones? ¿Cuáles son tus represiones?

- **Tercer paso:** imagínate contándole la fantasía a tu amante, a tus padres, a un cura y a tu jefe. Fantasea con gente que represente para ti una figura de autoridad, con gente a la que respetas o admiras, con gente que te ama. Nota cómo te sientes en cada ocasión, cómo responde tu cuerpo y qué tipos de enjuiciamientos realizas. Cuando lo consideres oportuno, abre los ojos y levántate despacio.

- **Cuarto paso:** abre los ojos despacio y toma una hoja de papel. Haz una descripción de cada fantasía y la respuesta emocional y física que la acompañan, además de tu propio enjuiciamiento. No te censures al escribir. Si sientes vergüenza, escribe sobre tu vergüenza. Muestra compasión y aceptación hacia ti mismo. Recuerda respirar, escuchar, estar presente en el momento para saber qué sientes en cada momento mientras escribes y tomas conciencia de tus propios sentimientos.

Las experiencias que hemos explorado en el ejercicio anterior crean las condiciones necesarias para comprenderte a ti mismo. Si puedes hacer esto con tu pareja, lograrás liberar en tu relación el fantasma de la vergüenza y terminar con las creencias negativas que bloquean tu erotismo. Recuerda que todos tenemos fantasías, lo importante siempre es conocer todos nuestros aspectos internos. A veces, algunos nos pueden parecer raros o sombríos, pero a medida que lo sacamos a luz de la conciencia nos sentimos más íntegros y libres como seres humanos.

CAPÍTULO 22

Yo te amo y deseo hacer el amor contigo todo el tiempo

Descubre el viaje del sexo y olvídate del destino final. Disfruta el viaje de la sexualidad porque es una celebración para la felicidad y la realización de la pareja. Hacer el amor es una oportunidad para vivir la eternidad como el único tiempo que existe.

El sexo: horarios, lugares, juegos y juguetes
¿Cuántas veces y en dónde?

Mientras más experimentamos las diferentes técnicas del amor y cambiamos nuestros hábitos sexuales rutinarios, más conscientes somos de la magia del sexo. Además, la mente se abre a estas nuevas experiencias con entusiasmo y excitación.

Por esta razón, si realmente deseas que tu vida sexual conserve todo su atractivo y su deseo como la primera vez, debes darle la importancia que se merece. Lo que mantiene vivo el romanticismo y la atracción sexual son los pequeños regalos o detalles, los fines de semana íntimos, las cenas románticas. La perfecta armonía sexual es un elemento vital para la salud y longevidad del ser humano. Cuando un hombre y una mujer pueden hacer el amor con la frecuencia deseada, alcanzarán un grado de felicidad y armonía importante, que podrán proyectar en todas las áreas de la vida con éxito y amor.

Cuando existe comunicación en la pareja, se puede conversar

acerca de estos temas con naturalidad y preguntarle al otro acerca de sus necesidades y de las maneras en que pueden complacerse el uno al otro. Se pueden hacer cambios en la rutina. Por ejemplo, probar tener sexo por la mañana o en la tarde. Pero también es cierto, por otra parte, que no hay reglas para el deseo sexual, lo mejor es que surja naturalmente en la pareja, pero como muchas veces no le damos el espacio y el tiempo necesario a la intimidad, es bueno conocer las posibilidades que pueden aparecer durante el día. A continuación les presento algunos ejemplos:

Sexo en la mañana: hay personas a las que les gusta hacer el amor apenas se levantan porque es el momento que tienen más energía. Este horario presenta los beneficios de la espontaneidad. Quizás porque la pareja no está lo suficientemente despierta como para medir lo que hace o lo que sucede. El mundo inconsciente se mueve naturalmente en este momento del día. La sensualidad actúa por sí misma. Esta es una buena razón para liberarnos de las actitudes establecidas o estudiadas, las palabras demasiado pensadas. Además, es el momento donde las fantasías sexuales pueden aparecer. Lo único negativo de este horario es que muchas veces se está pensando en el trabajo y puede aparecer el temor de quedarse demasiado relajado o dormido después de hacer el amor. Pero es bueno experimentar este horario para conocer sus beneficios.

Sexo después del almuerzo: muchas veces después de comer nos sentimos pesados, pero si la dieta ha sido liviana o con ciertos alimentos que estimulen el sexo, como comidas afrodisíacas, y existe un tiempo para hacer el amor. Ésta es una hora del día muy apropiada para las personas que tienen hijos en edad escolar. La tarde puede ser un tiempo muy romántico para la intimidad.

Sexo a la media tarde: si puedes darte una escapada después del trabajo para tomarte un baño con tu pareja en algún lugar especial, verás que es un momento muy relajante. Esto ayuda a liberarse y olvidarse del estrés que a veces provocan las tareas del trabajo. Pueden hacer una relajación mutua y lo mejor es no comenzar a comentar los problemas cotidianos porque esto puede enfriar el clima sexual. Obviamente, si se están pasando por períodos de mucho trabajo, es mejor esperar al fin de semana o a la noche para este tipo de encuentro.

Sexo por la noche: sobre todo en parejas de mucho tiempo de casados es normal esperar a que los niños se duerman para llegar a esa hora especial. El sexo de noche permite más espacio para la imaginación y, generalmente, se lleva a cabo en la cama. Pero nunca veas televisión antes si se desea hacer el amor porque corres el peligro de quedarte dormido y esto no es demasiado motivador.

Sexo en la madrugada: las relaciones sexuales que se suscitan entre sueño y desvelo son la gema más preciada por los degustadores de esas pasiones ininteligibles y enigmáticas que sólo el amor sexual provee. Cuando una pareja se está estrenando y luce flamante e idealizada, no es extraño que en el medio de la profundidad de la noche, uno de los integrantes de la pareja, con el cuerpo ardiente, invite o despierte sutilmente al otro. Lamentablemente, con el correr del tiempo, el sexo nocturno se transforma en una especie en extinción que ninguna reserva ecológica es capaz de salvar. Aunque estés muy cansado, trata, aunque sea una vez por mes, de practicar este momento lleno de fantasía y pasión.

Experiencias de sexo en la mañana

Namur, de 47 años, dice:

Disfruto mucho el sexo matinal con mi esposa. Luego de la relación preparamos juntos un suculento desayuno y a veces lo llevamos a la cama para comer algo y luego hacer el amor. A mí me excita levantarme temprano y empezar a preparar el baño de inmersión para los dos. Me gusta que haya flores en el agua o pétalos de rosas, especial-

mente los sábados o domingos, cuando no tenemos que ir a trabajar. La mañana es una hora muy positiva porque los niños están durmiendo, no hay ruidos que nos molesten y yo por la noche termino muy cansado de trabajar. Encontramos esta solución y realmente nos sentimos muy bien.

Experiencias de sexo casi dormidos

Miriam, de 29 años, dice:

Aquel día me desperté con una extraña excitación, sentía que si no hacía el amor iba a explotar de desesperación, nunca antes me había pasado. No sabía si masturbarme o despertar a mi esposo. Decidí tocar su pene con sutileza y comencé a besar su espalda. Él se iba despertando de a poco y yo tenía miedo que se enojara porque tenía que ir a trabajar al día siguiente. Pero la verdad es que a Mario le encantó la idea y entre las sábanas, sin casi movernos y con la luz apagada, comenzamos a desplazarnos con una elasticidad única y una sincronía que no habíamos logrado hasta ese momento. Después de ese acto sexual tan particular, decidimos hacerlo aunque sea una vez por semana de esa forma. Nos resulta muy divertido y estimulante. Muchas veces he descubierto que habla como dormido mientras hacemos el amor. Es una experiencia que todos debemos probar. Siempre recordaré aquellas noches con un gran placer en mi vida.

Lugares diferentes para hacer el amor

Para experimentar en materia de sexo hay que tener un espíritu amoroso y adoptar una nueva actitud. La capacidad de aceptación de lo inesperado hará mucho más fácil y divertido el sexo. Existen parejas que necesitan o les gusta cambiar sus costumbres y buscan otros lugares u otras ocasiones para que su vida sexual no sea tan repetida.

Si existe voluntad entre ambos participantes de la pareja es muy fácil explorar nuevos territorios. Así hayas hecho mil veces el amor con la misma persona, puedes renovar el placer y el compañerismo sexual. Aquí, verás algunos ejemplos de cómo recrear lugares para hacer el amor sin necesidad de gastar mucho dinero; sólo se necesita creatividad y buena disposición.

El camping: aunque vivas en un pequeño apartamento o en un casa con varias habitaciones y un jardín, busca un lugar de la misma para hacer un *camping*, al mejor estilo de los estudiantes de colegio. Un día especial que estés seguro que no tendrás visitas o personas en tu casa, llama a tu pareja al trabajo y dile que esa noche van a acampar en el jardín o en algún lugar especial. Consigue una tienda de campaña y trata de armarla en el lugar de la casa que has elegido. Elige alguna bebida refrescante, puede ser alcohólica, una que les guste a ambos, prepara una comida ligera o algunos embutidos o sándwiches con frutas, y colócalos en una canasta, como si realmente te fueras de *camping*. No te olvides de crear un clima con velas y busca alguna forma de conseguir esa música que a ambos les gusta. No te olvides de la cobija o una colchoneta de aire, si te apetece. Y así cuando tu pareja llegue, ya estará todo armado y entrará directamente al clima de tu juego sin pensar más en lo que sucedió ese día en su trabajo.

Yo misma he practicado este juego con mi esposo, en realidad fue una idea SUYA, y realmente es muy divertido porque uno se remonta a recuerdos de la adolescencia, hasta llegar a un punto donde la intimidad se hace especialmente romántica y uno se siente un adolescente, sin importar la edad que se tenga.

El baño de inmersión: nunca ha perdido su efectividad a la hora de hacer el amor. Además, el baño es un lugar muy íntimo. La mezcla de olores, el vapor del agua y algunas sales aromáticas pueden brindarles un estado de relajación particularmente ideal para hacer el amor, tomándose todo el tiempo para explorar y jugar con el cuerpo propio y el de la pareja. Luego de una ducha relajante, pueden preparar un baño y experimentar ese placer tan especial que es hacer el amor en el agua. En caso de que algunos de los dos se resista a este método, llámalo/a con alguna excusa, por ejemplo si necesitas que te aplique una crema especial que has comprado para relajar tu espalda. Hoy en día se venden muchos productos que generan calor y excitación apenas se utilizan. Luego, pídele que se quite la ropa, que se bañe contigo. Lo demás depende de la fantasía de cada uno.

Sexo rápido o lugares prohibidos: todos tenemos la fantasía de hacer el amor en un lugar extraño, como en callejones oscuros, terrazas, ascensores o en las escaleras del edificio en el que viven los padres de tu pareja. Aunque es peligroso, tiene su gusto especial. Las parejas que viven juntas suelen hacer que sus relaciones sean pausadas, llenas de sensualidad y valorando tanto el antes como el después. Pero algunas veces, cuando las circunstancias son apropiadas, la urgencia del deseo o las ganas de aventura pueden llevar a tener unas relaciones rápidas porque simplemente no puedes esperar.

Además, es interesante volver a revivir las urgencias del principio de la relación, el deseo de los primeros tiempos cuando el impulso sexual era tan intenso que en cualquier sitio y de cualquier forma era válido.

La sensación del sexo rápido es como recuperar el placer de la seducción inesperada, de la conquista súbita; es un reto para los amantes experimentados y para los que les gusta experimentar. Además, el tipo de posturas que pueden emplearse para el sexo rápido suelen ser distintas. Hay muchos hombres y mujeres que se sienten más excitados cuando sienten que su pareja los toca a través de la ropa, ya que el tacto de ésta puede ser doblemente erótico. A otros les gusta recordar sus tiempos de adolescentes cuando hacían el amor en casa de sus padres, sintiendo el regustillo del miedo a que pudieran aparecer en cualquier momento. Se pueden tener relaciones en lugares exóticos como el mar, una playa o una pradera escondida. También puedes animarte a ir a baños públicos o al cine. Otros sueñan con trenes, aviones o barcos. Todo es cuestión de preparar un poco el escenario. Cualquier cosa es posible cuando estamos hablando de sexo rápido.

Excursión por todos los cuartos de la casa: es muy importante abandonar la cama para visitar la mesa de la cocina, el sofá del comedor y hasta el césped húmedo del jardín. Lo importante de esto es no acostumbrarse a un lugar y sus posibilidades porque eso llevará tu libido a la rutina y nadie desea eso para sí mismo. Antes de realizar esta experiencia, para que sea aun más romántica, escríbele una nota sorpresa a tu pareja y deposítala en su bolsillo, cartera o agenda. Exprésale en la nota lo mucho que la amas, lo mucho que deseas sus besos, sus caricias, lo mucho que te excita en la intimidad cuando están juntos. (Cuando te toca el pelo, te acaricia el pecho, lame tu zona erótica, que te encanta sus besos...). Es un truco infalible para que permanezca excitada todo el día, después de encontrar esa nota. Tendrá deseos de recorrer toda la casa haciendo el amor.

Un viaje privado: ¿hace cuánto tiempo qué no se toman unos días para estar juntos, sin las distracciones del teléfono, los niños y otros temas? Planear un fin de semana es algo muy refrescante para la pareja. Aprovechando un fin de semana, la pareja puede elegir un lugar romántico y reservado, donde la naturaleza los envuelva con su magia y puedan sentirse libres para disfrutar, lejos de la rutina.

Evocar el primer espacio de amor: volver al lugar donde hicieron el amor la primera vez o al lugar donde bailaron o cenaron antes de la primera vez. Es muy dulce y romántico recordar experiencias cada tres meses si se puede. O una vez el año con esas características. Brinda mucha fuerza y compañerismo a la pareja cuando se realiza. Quizás se sientan raros al principio, como fuera de lugar, pero los va ayudar mucho a ambos el hecho de recordar aquellos primeros momentos.

Secuestro en el trabajo: esta fantasía tiene sus riesgos, pero es divertida para hacer. Si él o ella trabaja en una oficina y saben que a cierta hora los demás empleados no están, lleva juguetes eróticos, música, velas y alguna bebida excitante de sorpresa para hacer el amor en la oficina. Cierra las puertas con llave como si se tratara de un secuestro y no le des oportunidad para que se queje; si te animas, puedes atar a tu pareja a su silla de trabajo e ir excitándola con el sexo oral, masajes y caricias eróticas. Celebra el sexo y busca la creatividad total con tu pareja, podrá sentir desconfianza en primera instancia, pero luego te amará para siempre.

Juegos sexuales

Los juegos eróticos permiten realizar algo que nunca te habías atrevido a hacer y que posiblemente estabas fantaseando. A través del juego puedes dramatizar la situación imaginada, compartirla y comentarle a tu pareja tu necesidad. De esa forma también liberas tu mente y puedes lograr una unión más profunda con el otro.

Es primordial preparar un buen escenario para el juego erótico. Se debe adaptar la alcoba y predisponerse a un ambiente sensual. Es recomendable cambiar el modelo de la iluminación, colocando velas perfumadas, inciensos o cubriendo con telas las lámparas para bajar el nivel de la luz. Escucha una música suave o muy romántica. Trata de ordenar la habitación, limpiarla bien antes de emprender cualquier juego sexual. Cuando el ambiente sea lo mas romántico posible, atraerás esa misma energía hacia ti. A continuación se explicarán algunas ideas para diferentes juegos que se pueden realizar en la alcoba o en algún lugar donde la pareja se sienta a gusto.

Actuando frente al público: este juego permite una posibilidad maravillosa de liberar el exhibicionista que todos tenemos en un rincón de nuestra mente. La idea es jugar a que están en un escenario haciendo al amor y hay público mirando la escena sexual. Pueden grabar comentarios en cassette y colocarlos a la hora de hacer el amor, por ejemplo, alguien que diga mientras aplaude, «bravo». Otro comentario puede ser «Son la mejor pareja haciendo el amor», «Qué calientes están mientras hacen el amor», o cosas con humor como por ejemplo: «Tienes los muslos más lindos que ella» o cosas así.

Grabando tu propia película: también, utilizando el mismo material del juego anterior, «hacer el amor en público», la pareja puede grabar en diferentes segmentos el acto sexual y luego hacer su propia película pornográfica o artística dependiendo de la imaginación de ustedes. Luego, al verla, pueden excitarse con ella. Otra forma muy común de excitación y además muy sensual es mirarse al espejo. El observarte con tu pareja te permitirá alcanzar nuevas sensaciones de erotismo.

La sumisión: para muchos hombres es muy excitante tumbarse y dejar que la otra persona tome el control. Puedes interpretar el papel de ama, mientras el hombre hace de esclavo. La persona que hace de ama debe mostrarse inflexible, creando un ambiente de suspenso y dejando claro que ella es la que manda y que él está indefenso y a su merced:

Consejos para este juego:
Tápale los ojos y átale las manos con una cuerda suave; hazle saber que tiene que estarse quieto. Una vez a tu merced, provócalo, aumentando su excitación. Puedes tocarlo con plumas en la zona sexual o utilizar guantes especiales con diferentes texturas que deslizas por las distintas partes del cuerpo. También puedes utilizar cremas y masturbarlo de diferentes maneras hasta que se excite muchísimo. Luego desátalo y ordénale que te desnude lentamente, siguiendo constantemente tus instrucciones. Entrégate al juego pero ten mucho cuidado de no hacer algo que pueda hacerle daño. Si la mujer lo desea, puede intercambiar los roles y someterse a su pareja.

Disfraces y cuentos para jugar: con el objetivo de subir la temperatura en la cama, ¿por qué no disfrazarse? Sin duda, dejarás con la boca abierta a tu pareja. Y es que crear situaciones y encarnar personajes en un juego que dura todo el día puede ser la clave que le devuelva el entusiasmo a tu relación. En el juego del amor todo está permitido y en la actualidad existe una tendencia que en forma silenciosa atrae cada día a más adeptos. Disfrazarse para ir a la cama es más entretenido de lo que parece porque transforma un encuentro normal en un placer inolvidable. Sorprende a tu pareja con imaginación.

Disfraces para las mujeres: espera el momento antes de que llegue del trabajo y que por supuesto sepas que no hay nadie que pueda interrumpirte y disfrázate de odalisca. Busca una música acorde y trata de ensayar algunos pasos antes de hacerlo frente a tu pareja. Sería interesante que tomaras unas clases de danza del velo antes de hacer este juego o que vieras algún video para hacerlo en forma más sexy y con una técnica excitante. Hay hombres a los que les encanta que las mujeres se disfracen de mucama con diferentes delantales y ropa de lencería erótica. Una vestimenta que les apasiona a los hombres es el de colegiala, con faldas bien cortas y medias hasta los muslos, dejando ver el bikini, que puedes usar o no. El vestuario que les apasiona es el de pantalones y chaquetas de cuero sintético bien pegado al cuerpo, al mejor estilo Batichica, la versión femenina de Batman. Otro disfraz es el de diabla, vestida de rojo, con pantalones y *top* apretado y lencería bien sexy. En este caso es bueno usar una peluca de un color de cabello opuesto al tuyo para lucir totalmente diferente. Las mujeres policías vestidas en cuero sintético, las mucamas y las enfermeras con diminutos delantales también constituyen otras alternativas que suben la temperatura en los juegos eróticos con disfraces.

Disfraces para hombres: estos no son tan originales y diversos, pero tienen su encanto si el hombre se anima, después de disfrazarse, a hacer un *striptease*. Las posibilidades son disfrazarse de policía o soldado, que en general lucen muy sensuales. El hombre también puede ponerse un traje de mafioso o *gigolo*: algún traje de color negro con camisa negra y corbata blanca, típica en estos casos, o un traje claro con camisa negra y una corbata negra. Fingiendo que su mujer es una prostituta y hace el amor por dinero, obligarla en el juego a hacer el amor y luego pagarle, de verdad, si lo desean. De igual forma, la mujer debe estar disfrazada de una manera muy provocativa.

Otra forma divertida para los juegos del amor es sorprender a la mujer con estos disfraces, pero los hombres deben recordar que la mujer es muy intuitiva y presta atención a los detalles, por ello deben ser muy cautos para darle la sorpresa. Otra posibilidad es que el hombre se vista de forma parecida a algún actor o cantante que le guste a su mujer y jueguen a un encuentro entre los dos. Es fundamental que tanto el hombre como la mujer tengan la imaginación para crear historias más entretenidas. La idea es que la pareja elija los personajes en que ambos se sientan cómodos. Sin duda, este juego sexual le agregará una característica lúdica a la relación y hará que los lazos entre ambos sean cada día más estrechos.

Los juegos de cartas o ajedrez: Los juegos de cartas eróticos te permiten o te sugieren cosas que nunca has hecho, aunque es cierto que nadie te obliga a hacer algo que no quieras. Existen muchos juegos de cartas que la pareja puede jugar en la cama, como el póquer, la canasta, *black jack*, *gin rummy*. La idea es que aquel que gana consigue un solo premio: su pareja, «el perdedor», tendrá que hacer todo lo que el otro quiera, por supuesto entre las cuatros paredes. Nunca proponer algo con lo cual el perdedor no esté de acuerdo. También hay parejas que pueden jugar al ajedrez, a las damas o aquello que les resulte divertido. Las reglas son:

El ganador puede decidir:

- Qué posturas y por cuánto tiempo
- Qué tipo de juegos sexuales quiere seguir haciendo
- Qué caricias desea
- Si quiere estimulación sexual y en qué partes del cuerpo
- Si desea agregar algún tipo de juguete sexual
- En qué lugar de la casa y a qué hora del día desea hacerlo

CONSEJOS PARA EL ÉXITO DE
LOS JUEGOS ERÓTICOS

El dicho «los pequeños y constantes detalles construyen las grandes cosas» es muy cierto en el terreno del erotismo. He aquí algunas sugerencias para adoptar una actitud positiva en la dinámica del juego sexual.

• Concentrarse en cuáles son los sentimientos placenteros que pueden compartir y disfrutar.

• Cancelar los recuerdos negativos cuando aparecen en la mente, no alimentar ningún pensamiento de rechazo y, si no están preparados ese día para el juego, buscar otro momento.

• Programar un día para planear juegos eróticos o escoger lugares diferentes.

• Mientras vives la nueva experiencia de cada juego o lugar, abandona tu mente y permite que tu imaginación vuele. Cierra los ojos y deja que la mente se llene de imágenes eróticas, que son un potente afrodisíaco para la relación.

• Jugar es divertirse, y sólo la intimidad permite ponerse ropa distinta, recrear personajes o ser tú mismo.

• Divertirse en espacios desconocidos es permitirse regocijarse en pareja, reírse, compartir, hacer chistes, experimentar la libertad de asistir a lugares diferentes cada vez que deseas hacer el amor, en todo su sentido.

• Para jugar un juego de manera sana, puedes preparar con detalle el escenario. Al conocer bien el papel que debes representar estarás mucho más seguro(a). Incluso podrías escribir los diálogos antes de empezar. Hay quienes prefieren improvisar sobre una trama. Con un poco de práctica, te sentirás cada vez más libre para improvisar.

• Es primordial expresar que es un juego lo que van a realizar, nunca nadie debe sentirse manipulado(a) o forzado(a) a hacer algo que no le guste. Lo ideal sería encontrar un juego que se encuentre y combine con las fantasías de cada uno.

- Depende de tu deseo que el sexo sea divertido; puedes crear una puesta en escena grandiosa con ropa adaptada, elegir un lugar, o jugar en tu casa con tu ropa habitual. Por ello, los accesorios pueden ser útiles, aunque lo más importante es la fantasía que tengan los dos.

Testimonios, posturas y juegos

Entre los correos electrónicos que recibo a diario, me llegaron estos dos comentarios y agradecimientos sobre mi libro *El amante perfecto* (*Sex and the Perfect Lover*):

Jim, de 33 años, dice:

Todos tenemos un chip o programa parecido a la memoria de una computadora, muy arraigado en nuestra mente, acerca de cómo hacer el amor, y nos cuesta encontrar formas diferentes y más divertidas para el sexo. Pero de repente una voz se activa, algo sucede y de repente se activa. A uno se le ocurre hacer el amor dentro del ropero de la casa de un amigo o en un bosque bajo la oscuridad de un árbol frondoso. Yo practiqué estas ideas con mi mujer antes de casarnos y luego con la rutina las olvidamos. El otro día, releyendo su libro El Amante perfecto (Sex and the Perfect Lover), *donde habla de las diferentes posturas, recordamos cuando hacíamos el amor en el auto a la orilla de un lago, con una postura muy extraña porque mi auto era pequeño. Así que nos fuimos al mismo lago con el auto actual pero nos animamos a hacerlo afuera del mismo. Llevamos un colchón inflable y un par de sábanas y representamos un camping; fue divertido, nos amamos una hora y media y luego de acampar nos metimos en el auto y seguimos jugueteado e ideando nuevas ideas para tomar unas cortas vacaciones lejos de los niños. Lo que más me dio placer fue recordar los viejos olores tan bellos del bosque y el per-*

fume de la piel y del cabello de mi mujer, que parecía tener ese mismo vigor y excitación que me provocaba al principio de nuestra relación. Hasta nos encontramos temblando al mismo tiempo entre placer y temor de que nos descubrieran. Fue una experiencia brillante, digna de recomendar a toda pareja de amigos.

Danielle, de 29 años, dice:

Para nosotros, en cinco años de relación, lo mejor que podemos hacer en juego previo antes de la relación sexual es divertimos y hacer las cosas con las que nos sentimos como dos adolescentes. Es nuestra forma de relajarnos antes de hacer el amor, después de un día difícil de trabajo, no existe nada más amoroso y sexy que sacar a relucir la veta humorística y hacer reír al otro. Las variantes son infinitas: hacernos cosquillas o jugar a la lucha libre, sin lastimarnos, por supuesto, donde gana puntos el que primero ponga de espaldas contra el colchón al otro y así empezamos el sexo. También practicamos un paso de baile sexy (estilo Dirty Dancing). *Inventamos situaciones e improvisamos cosas como estar en una discoteca, mi marido hace que no me conoce y me saca a bailar y yo juego que me niego y así jugamos y nos reímos tanto que no podemos parar de sentirnos felices y luego hacer el amor. A veces parecemos que estamos embriagados de alegría. Lo bueno del juego de conocernos en una discoteca es que nos comenzamos a seducir y a decirnos cosas lindas como el primer día. Es una forma de recordar hasta dónde nos gusta sentirnos estimulados por el otro. También, a veces jugamos al doctor y la paciente, el profesor y la alumna... así seguimos cada día.*

Los juegos sexuales son una forma de darse tiempo y permiso para conocerse, para encontrarse sin pudor. Esto dará frutos de placer y la pareja podrá lograr el éxtasis mutuo. Revivir el deseo y el amor es tarea de ambos integrantes de la pareja.

JUGUETES SEXUALES

Hasta hace unas décadas nadie hablaba de los juguetes sexuales que hoy se venden hasta como llaveros. En realidad, estos juguetes tan famosos y coloridos existen desde hace unos 2.500 años. Los antiguos egipcios y griegos ya usaban consoladores, al igual que los romanos, los cuales hacían velas semejantes a enormes penes.

Algunos de estos juguetes eran muy creativos: el «erizo» chino era un círculo de finas plumas unidas a un anillo de plata que encajaba sobre el pene. Existen todavía antiguos manuscritos chinos que explican cómo atar la base del pene con seda para mantener la erección (una versión primitiva de los anillos para el pene).

Consoladores

En su forma más básica, el consolador es una réplica del pene y se utiliza para ayudar a la masturbación, pero como los consoladores han cambiado, también lo han hecho sus usos. Ahora se pueden unir y puedes tener consoladores dobles que permiten a la pareja disfrutar de una masturbación simultánea.

Vibradores

Muchas personas consideran los vibradores el mejor juguete sexual de todos. Pueden ser parecidos a los consoladores en cuanto a su forma y tamaño, pero como dice su nombre, son diferentes porque vibran con una batería eléctrica. Las últimas versiones de vibradores giran y se mueven y vienen con distintos cabezales para alterar las sensaciones. ¿Cómo escoger un vibrador? La cantidad de vibradores en el mercado es realmente sorprendente. Los encuentras de diferentes tamaños, estilos, materiales y formas. Hoy en día, escoger un vibrador puede ser bastante difícil. Veamos los puntos que hay que tener en cuenta para que esta tarea sea más fácil y también placentera.

¿Qué uso le vas a dar? Tal vez te sirva un vibrador de uso múltiple, que se utiliza para inserción y estimulación clitorial al mismo tiempo, o también te puede servir un vibrador en forma fálica, diseñado para inserción, pero que de igual manera se puede aplicar directamente al clítoris. Si te gusta la acción en la ducha, un vibrador a prueba de agua es lo mejor, aunque no tienen tanta potencia como los comunes. Estos son más convenientes ya que por estar en contacto con el agua se mantienen limpios y en caso de que llegue a ensuciarse siempre es más fácil limpiarlo. Sólo ten en cuenta que un vibrador sumergido vibra con menos fuerza.

Lengua divertida

La lengua divertida funciona como un vibrador pero utiliza una lengua que funciona con una batería y que se mueve para simular el sexo oral.

Bolas Chinas o vaginales

Las bolas chinas son bolas de metal cubiertas de látex (del tamaño de una bola de golf), son suaves, con nudos y están unidas por una cuerda. Las bolas se introducen en la vagina, en la que se mueven y provocan una estimulación sexual. Las bolas chinas o vaginales eran usadas por las mujeres de la antigua China, quienes las usaban como terapia para mejorar sus relaciones sexuales, gracias a los beneficios que trae su uso. Introducidas en la vagina, dilatan y preparan la misma para una relación más placentera. Se las puede introducir momentos antes de una relación o incluso se las puede llevar en el interior de la vagina durante todo el día. Las vibraciones producidas por las bolas más pequeñas que hay en su interior estimulan la vagina, aumentando la lubricación natural de las paredes vaginales, lo que contribuye a mejorar notablemente las relaciones sexuales.

Los modelos modernos con motor vibrador sirven para estimular las zonas más profundas de la vagina, estimulando el punto G.

Esposas

Es una herramienta vital para todos los amantes del masoquismo y el sadismo. Las esposas asegurarán que sólo una persona tenga el control en sus manos en la habitación.

Anillo para el pene o anillo *playboy*

Fabricado de silicona transparente y con un dispositivo vibrador que se coloca en la base del pene, este anillo va directamente a encender el placer femenino. Su funcionamiento es simple: tiene un pequeño botón de encendido y una duración aproximada de 20 minutos (tiempo que dura la pila), aunque se puede apagar para prolongar la vida de la batería. A los hombres no les da ningún placer, pero a ellas les estimula la zona del clítoris en el momento de máxima penetración.

Experiencias sobre el sexo con juguetes eróticos

Jackie, de 40 años, dice:

Para mí y mi pareja los juguetes sexuales son terapéuticos. Se pueden encontrar en cualquier tienda de las que venden de todo, pero yo siempre los compro por Internet, que es más fácil y me siento más segura. Desde hace 5 años mi marido y yo usamos varios de estos y nos ayudan a relajarnos de la exigencia de que él siempre tiene que tener una erección cuando yo quiero. Él juega conmigo y luego de mi orgasmo yo juego con él... lo demás se lo pueden imaginar. Yo recomiendo comprar los que vienen con indicaciones determinadas de uso.

Los juegos sexuales y los juguetes son opciones que permiten complementar el goce y liberar presiones externas. Estos juegos previos al coito son fundamentales. Sin embargo, los besos y las caricias son importantes para llegar al corazón de nuestro ser amado.

CAPÍTULO 23

Yo te amo por la magia que me provocas y el erotismo que me haces sentir

La mágica vibración sexual es muy atractiva al principio de una relación, pero se necesita enriquecerla en lo cotidiano y alimentarla con ingredientes afectivos y amorosos para mantener esa relación especial como la primera vez. Es muy importante saber cómo funciona nuestra energía vital que representa la sexualidad para poder disfrutar de cada instante en nuestra vida.

¿Qué es la energía erótica y cómo funciona?

El sexo genera una vibración química muy alta y única a través de los cinco sentidos del cuerpo. En el momento del acto sexual, el cuerpo puede canalizar y expresarse de una manera potente y poderosa. Para vivir plena e intensamente la sexualidad, es importante aprender a sentir corporalmente esta vibración sexual. Al desconocer cómo se utiliza esta energía, no desarrollamos totalmente los sentidos y órganos sensoriales que necesitamos para el ejercicio del erotismo. Hemos aprendido a vivir una sexualidad centrada en el orgasmo inmediato y fugaz, como si los genitales fuesen la única parte de nuestro cuerpo. Debemos pensar en el sexo como algo natural que fluye, como algo más en nuestra vida. En realidad, como seres sexuales que somos, la energía sexual es vital y fundamental en nuestra vida. Si sentimos el sexo como parte del espíritu de la creación, podemos captar que ni el cuerpo físico, ni la sexualidad, ni la mente, ni los sentimientos están separados de los principios espirituales. Con esta idea podemos disfrutar de la sexualidad en toda su plenitud, tanto física como espiritual.

Los místicos orientales han dejado enseñanzas milenarias con una enorme sabiduría acerca del poder de la sexualidad y su capacidad mágica. En estas últimas décadas, los científicos han descubierto las mismas propiedades. Los estudios científicos afirman que la excitación y el acto erótico producen profundos cambios químicos en el organismo. Las responsables de estos cambios energéticos son las hormonas sexuales, que son sustancias que viajan por la sangre y provocan todos los fenómenos de la respuesta sexual, desde el brillo en los ojos y la dilatación de las pupilas hasta la consistencia de la erección. La palabra hormona se deriva de la palabra griega «hormano», que significa despertar o excitar. Las hormonas son mensajeros químicos que normalmente segregan las glándulas endocrinas en el torrente sanguíneo.

Esta danza de energía hormonal afecta el funcionamiento de todo el cuerpo de forma muy positiva, aumentando la liberación de hormonas sexuales (estrógenos en la mujer y testosterona en el hombre) y de adrenalina, hormona que dispone al individuo para el acto sexual. En el momento en que estas hormonas comienzan a ser estimuladas, la circulación sanguínea mejora y fluyen por el sistema inmunológico sustancias capaces de fortalecerlo. Además, la excitación crece a través de otra sustancia que es la endorfina, responsable de la sensación de placer y satisfacción. El máximo nivel de liberación de esta sustancia corresponde directamente al orgasmo, que es el momento en el que todas las células nerviosas del cerebro descargan su contenido eléctrico y energético, provocando el relajamiento físico total.

Una pareja que logra una vida sexual satisfactoria también funciona mejor en otras esferas de lo cotidiano. Sin embargo, no hay que pensar que la actividad sexual resuelve todo por arte de magia.

El trabajo amoroso, la seducción constante, el compañerismo, la honestidad y la confianza son ingredientes esenciales para que la química erótica sea enriquecedora y aporte a la salud integral de los seres humanos.

Las hormonas liberadas durante el acto sexual también tienen otras virtudes, como combatir el estrés, porque relajan todos los músculos que están contraídos y además facilitan el buen humor y evitan el envejecimiento, mejorando la circulación, etc. Más adelante detallaremos la química erótica y sus beneficios.

Elementos que hacen arder la energía erótica

El ser humano es pura energía y vibración amorosa; a través de la sexualidad puede expresar a su ser amado el máximo nivel de estas cualidades; especialmente en el momento del orgasmo.

En el segmento anterior se explicó cómo funciona la energía erótica a través del cuerpo y sus sentidos físicos. Pero surge una pregunta: si estos mecanismos físicos que genera el cuerpo son tan perfectos, ¿por qué no sentimos la misma vibración sexual en todas nuestras experiencias sexuales y romances, o con todas aquellas parejas que hemos vivido en diferentes momentos a través de nuestra historia personal?

La explicación a esta pregunta es física, psicológica y espiritual porque desde la atracción, la seducción o el compromiso con el acto sexual en sí mismo, con su máximo detonante, el orgasmo, toda persona experimenta diferentes estadios psicofísicos y de conciencia espiritual, inducidos por la excitación de determinadas células nerviosas que generan descargas hormonales y convulsiones musculares. En el plano mental todo depende de cómo estén nuestros pensamientos, si pensamos que no es positivo tener relaciones aquel día, aquella hora o con determinada persona, sin duda la relación no va a ser positiva.

No siempre sentimos la misma intensidad con la misma persona y esto no significa que todo depende de la habilidad, de la capacidad o de la experiencia de los amantes. Por eso se concluye que también la capacidad de disfrutar depende ciertamente de la voluntad consciente de la pareja, el amor y todos los elementos que se producen en una relación y que ya hemos nombrado a lo largo de este libro.

Es fundamental comprender que el ser humano nace con todos los infinitos potenciales para disfrutar su cuerpo, ser feliz, sentir éxtasis y expandir su vibración erótica al máximo porque nuestro cuerpo fue concebido así por la creación divina, pero los condicionamientos sociales y morales lo han ido bloqueando.

Para que la vida sexual sea adecuada y su poder florezca, necesitamos una enseñanza sexual concreta y sistemática, que forme a los individuos para volver a reconocer su cuerpo como fuente de placer y de creatividad. También, para que aprendan a sentir y expresar con toda su alma y cuerpo, logrando conocer sus sentimientos y su propia personalidad. Es necesario aprender a manifestar y desarrollar con inteligencia y libertad la capacidad de amar, con el propósito de intimar y construir vínculos perfectamente sanos.

Si logramos que esta resonancia emocional, física, espiritual y mental se exprese como seres humanos que somos, podremos disfrutar de la vida en una forma total y sin límite.

Experiencias sobre la energía erótica

Freddy, de 34 años, dice:

Yo siento tanto placer al hacer el amor, que a veces elogio las zonas erógenas, tanto las mías como las de mi esposa. Por ejemplo, digo: ¡Que lindos están tus pechos hoy! ¡Tus labios vaginales están tan rosados que los amo! Y cosas por el estilo. Es una linda manera de recalcar el placer más grande que el sexo nos provoca y es además una forma de romper con la rutina y darle un valor al cuerpo con una vibración positiva.

Celinda, de 29 años, dice:

Aprendí lo importante de usar cada parte de mi cuerpo. Con mi pareja siempre comienzo cada relación con un masaje relajante. Nos damos un masaje, como para dejarnos blandos, para aliviar el cansancio del día, enfocado en la espalda, los hombros, la cabeza. En fin, cada área del cuerpo, y cuando estamos suficientemente relajados y sensibles, comienza el juego de pasearse por esas zonas que encienden. Qué rico es besar unos pies, qué delicia la lengua en el interior de sus piernas, detrás de sus rodillas, rozando su rostro, sólo rozando, casi sin tocar... El calor de nuestras manos calientes... Luego de tener relaciones, me siento tan saludable que se expande toda mi energía como ser humano.

La energía erótica y sus beneficios

Aquí se presentan algunas afirmaciones para comenzar a cambiar los patrones de las vibraciones sexuales y aumentar la energía erótica con toda su magia. Debemos conocer y repetirnos estas pautas en los momentos que nos sentimos culpables por gozar nuestra sexualidad.

Es importante anotar en un cuaderno personal o diario, como explicábamos en la primera parte de este libro, cuáles de estas afirmaciones vibran más en armonía en nuestra relación con el sexo, con el fin de poder modificar bloqueos.

- El sexo es divertido, excitante, sano y natural.
- Al hacer el amor se pueden quemar hasta 560 calorías y eso equivale a hora y media de andar en bicicleta. Los ejercicios y los movimientos que se realizan en el acto sexual son integrales y tonifican todos los músculos del cuerpo.
- El sexo es una cura instantánea para la depresión leve: hace circular la endorfina por el sistema sanguíneo, produciendo una agradable sensación de euforia y bienestar. El cuerpo sexual-

mente activo segrega más cantidad de sustancias llamadas feromonas, que atraen a otras personas con similares intenciones.
- El sexo mejora el rendimiento del cuerpo y de la mente.
- El sexo es el mejor tranquilizante del mundo.
- Practicado con regularidad, el sexo mejora notablemente la salud mental; saca a relucir las emociones, incluso la risa, que alivia el estrés.
- Las personas pueden experimentar sentimientos sin límites, poderes ilimitados y, al mismo tiempo, pérdida de la noción de lugar y tiempo, éxtasis, asombro, devoción y finalmente, la experiencia termina con la convicción de que algo extremadamente importante y valioso ha sucedido, de forma que la persona queda transformada en alguna medida y sale fortalecida de la experiencia sexual.
- Las personas que practican el sexo con amor tienen profundos sentimientos de identificación, simpatía y afecto por otras personas.
- A través de la sexualidad uno puede jugar, sentir alegría, danzar, sentir que uno provoca seducción.
- El sexo puede combatir el aburrimiento, la angustia, la depresión, la culpabilidad y la irritabilidad.
- Las distintas posturas sexuales permiten curar todo tipo de dolencias como la debilidad de huesos y articulaciones, las alteraciones de la presión sanguínea, los problemas circulatorios e incluso la falta de regularidad en la menstruación femenina.
- Si padece insomnio, no tomes píldoras: los cambios bioquímicos que ocurren durante el acto sexual provocan lasitud y sueño enseguida.
- Reduce el riesgo de enfermedades coronarias y cáncer, y hasta ayuda a mantener un aspecto juvenil durante más años, rebatiendo antiguos principios morales que atribuían al sexo todo tipo de dolencias del cuerpo y del alma.
- En el contacto piel contra piel durante el orgasmo, bombeamos oxígeno a todos los tejidos, lo que mejora la circulación y el flujo de nutrientes a la piel. Por otro lado, una vida sexual

satisfactoria estimula las sensaciones de bienestar y la autoestima. ¿Hay algo más atractivo que unos ojos brillantes tras un encuentro sexual feliz?

• ¿Tienes que hablar en público? No lo dudes: aprovecha el poder calmante de la actividad sexual. Se ha comprobado que el aumento de los niveles de la hormona durante el orgasmo propicia la relajación y estados mentales de mayor claridad y deshinibición.

APRENDER A ELEVAR LA ENERGÍA ERÓTICA

A veces, no resulta fácil mantener la pasión y los deseos de hacer el amor, pero se puede aprender a realizarlo. He aquí algunos consejos que son pautas, a modo de síntesis de algunos puntos ya tratados en este libro:

• Buscar la participación de ambos integrantes de la pareja es muy importante. Intenta estar alerta a la mirada y al pensamiento de tu compañero. Por ejemplo, encuentra momentos oportunos, que pueden ser en cualquier sitio, donde se digan cosas con un guiño de ojos. En especial, utiliza códigos que posean significado para ambos.

• Trata de tentar a tu pareja para hacer el amor en algún lugar «prohibido» o donde le provoque mucha excitación.

• Busca celebrar en la intimidad distintos acontecimientos. Evoca momentos donde tuvieron esa química y brinda por ellos. Coloca flores, aromas con aceites especiales, velas y crea todo un clima romántico para elevar la excitación al punto máximo.

• Observa cómo realizas el amor. ¿Lo haces en forma mecánica como un trámite más o te entregas sin límites? Es muy importante ser consciente en el momento del acto sexual de cómo estamos haciendo el amor, para que el otro perciba todo nuestro interés. Presta atención a las reacciones de tu pareja, a sus miradas, sus gestos, acaricia todo su cuerpo con una gran carga de erotismo en cada movimiento.

• Haz lo que al otro le apasiona. Debes chequear constantemente si alcanzaste a realizar todo lo que al otro le gusta y si no es así, debes intentarlo. Puede ser desde susurrarle historias eróticas al oído o disfrazarte de una manera especial para excitarlo.

• Estimula y provoca sexualmente al otro. Luego, aléjate y ocúpate de otra cosa hasta que tu pareja te busque ardiendo de pasión. Este juego es un elemento que genera mucho deseo en el otro.

• Las fantasías sexuales positivas pueden intensificar la excitación, pero es mejor no quedarse con las imágenes mentales y sumergirse profundamente en la experiencia física. Tensa los músculos de las nalgas para aumentar las sensaciones, y cuando el cuerpo esté al borde del orgasmo, expresa tu erotismo sin complejos. Entrega tu cuerpo a las olas de placer.

• Lo más importante es que, cuando te encuentres con tu pareja, no olvides comunicarle con gestos afectivos que la amas, que tu corazón vibra por ella. Esa autoafirmación constante es un paso indispensable para mantener en equilibrio la química del amor.

La energía sexual otorga una gran ayuda y estímulo para la relación de pareja, al brindar nuevas posibilidades, tal y como se ha dicho en varios capítulos de este libro. Todas estas sugerencias permiten que la pareja evolucione en su relación interna-y externamente. La pareja también puede experimentar un fuerte grado de unidad, tanto física como espiritual. Este conocimiento y experiencia va a crear una vida en común más armoniosa y perfecta.

CAPÍTULO 24

Yo te amo desde lo más profundo de mi ser

El sexo en su más elevada expresión es divino porque solamente la creación podría producir esta fuerza tan inmensa que puede manifestar y lograr que en un sólo instante nos transportemos a un paraíso tan especial que hasta podemos tocar el cielo con las manos.

El sexo, un alimento para el espíritu

En el acto sexual la pareja se une e integra físicamente el uno con el otro, de una forma como jamás podría hacerlo en otro nivel de contacto o conciencia. Esta integración y unificación no se limita al nivel físico porque también las dimensiones emocionales, mentales y espirituales juegan un rol importante en la unión. El nivel espiritual es trascendental para comprender la relación de uno mismo con todo el universo interno y externo. Por supuesto, el espíritu crea, trasciende y expande las fronteras del cuerpo. Si sientes amor hacia tu pareja y existe entre ambos un fuerte lazo de amor, la sexualidad se convierte en un medio y un alimento más para expresar la felicidad y plenitud total.

A través de la sexualidad se pueden vivir diferentes etapas, desde estados de iluminación total, estadios de gran sensibilidad interior, hasta el éxtasis de las emociones. En la cultura oriental, el sexo era sagrado y existían templos decorados y adornados con almohadones, colores y alfombras, donde se iba a consumar el encuentro amatorio de la pareja como un rito sagrado de amor. Dentro del ritual del acto amatorio, era una costumbre sagrada esparcir flores perfumadas en la recámara para entrar en un mejor clima erótico, así como también incluir alimentos afrodisíacos como frutas, miel, chocolate, apio, nueces, almendras, higos, uvas, granadas, cerezas o fresas. Estos alimentos no podían faltar y servían también para untar el cuerpo del amante y besarlo.

La filosofía oriental milenaria propone que la pareja se encuentre en un lugar único y creado esencialmente para el acto sexual, pero los místicos orientales también ambicionan que la pareja construya «su propio templo en el corazón» antes de hacer el amor. Cuando ellos hablan del propio templo no se refieren a crear un lugar concreto externo, sino comprender que nuestro cuerpo es sagrado y la relación matrimonial, también. Por lo tanto, debemos crear un culto a nuestra relación como uno lo realiza cuando acude a un templo, una iglesia o cualquier creencia religiosa que uno tenga.

Las técnicas orientales poseen factores que ayudan a hacer un contacto más interno con la pareja, como por ejemplo, a respirar suavemente, hacerlo por la nariz, relajándose, olvidándose de todo lo que acontece alrededor y de lo que ha pasado en el día, dejando como lo único importante el placer de disfrutar el momento. El otro requerimiento necesario es liberar el propio cuerpo, apreciando al mismo e incitándose mutuamente para mostrar las mejores cualidades de ambos, sin trabas ni complejos, halagándose el uno al otro.

Como parte del rito erótico se recomienda que finalizado el acto sexual, la pareja no se separe, ya que es un instante de extrema sensibilidad que conviene compartir juntos, con ternura, intercambiando todas las experiencias positivas de haber disfrutado el momento.

Ceremonia sexual

La idea de esta ceremonia es tomar el sexo como una celebración o fiesta. Hay que prepararse posiblemente con alguna ropa sensual especial. Tomarse un tiempo antes para prepararse internamente para el instante de la relación sexual como parte de un gran momento en la vida de cada uno.

No es necesario celebrar la ceremonia sexual en un lugar secreto, puede ser en tu casa. Sería bueno buscar una noche determinada o un día especial. Esta ceremonia tiene efectos maravillosos en una pareja. Y la experiencia de realizarla como un acto creativo y verdadero puede cambiar hondamente el sentido de hacer el amor.

Algunas ideas que se pueden utilizar como pasos a seguir o como ideas libres para la inspiración de tu propia ceremonia se presentan a continuación:

- Buscar una ropa especial que resulte muy sexual o muy excitante para ambos.
- Poner una música muy excitante o relajante, dependiendo del gusto de la pareja.
- Cantar juntos, bailar o componer una canción.
- Realizar una cena afrodisíaca juntos.

COMIDAS AFRODISÍACAS

Un afrodisíaco es cualquier sustancia que aumenta el apetito sexual. La palabra hace referencia a Afrodita, la diosa griega del amor. Algunos afrodisíacos suelen funcionar estimulando algunos sentidos como la vista, el tacto, el olfato y el oído, otros se toman en forma de comida y bebidas.

Las comidas afrodisíacas tienen que contener algunos de

estos ingredientes: frutos secos, canela, apio, chocolate, manzana, piña, banana, uva, champaña, miel, pescados, mejillones y vino espumante, entre otros. Aquí hay una receta afrodisíaca que nunca falla:

Bombón erótico

INGREDIENTES:
3 docenas de dátiles jugosos y carnosos, deshuesados, 6 cucharadas de nata líquida, 2 cucharadas medianas de pistachos, 2 cucharadas medianas de nueces, 2 cucharadas medianas de piñones tostados y 1 cucharada de jengibre fresco rallado, unas gotas de esencia de vainilla, 2 cucharadas de agua de azahar y una cucharada sopera de sésamo tostado.

PREPARACIÓN:
En un mortero de madera, machacar bien los dátiles hasta formar una pasta. Agregar la nata y el azahar, procurando que quede todo bien mezclado. Agregar el resto de los elementos salvo el sésamo, mezclando a mano, sin machacar. Formar bolitas del tamaño de una nuez pequeña. Envolverlas con el sésamo. Guardar en recipiente de porcelana con tapa en la nevera.

- Se recomienda que cada uno coma tres bolitas en la ceremonia sexual.
- Dediquen los dos un rato a darle de comer en la boca al otro y volcar el vino en su cuerpo. Acaricia y besa su cuerpo con toda tu pasión.
- Compartan una ducha o un baño de inmersión con aromas exóticos.
- Mediten con las técnicas que se explicaron en el libro o con la técnica que ustedes realizan, o recen antes de iniciar un contacto amoroso.

- Masajeen las zonas eróticas.
- Aprendan el arte del Kama Sutra, las distintas posiciones para hacer el amor.

Si tienes en cuenta estos consejos, no sólo lograrás que la relación dure más tiempo, sino que además podrás gozar de una forma novedosa. En síntesis, el secreto de esta ceremonia es hacer el amor como un homenaje al acto sexual y convertirlo en un acto fuera de lo común.

Sabiduría sexual

Una cualidad necesaria para una relación fuerte y un sexo dinámico es el compromiso y la responsabilidad de cuidar el placer del otro tanto como el propio. Si dos personas están completamente comprometidas la una con la otra, su relación será siempre más fuerte y madura. Un vínculo totalmente afianzado y comprometido es importante para el desarrollo del sexo porque brinda madurez.

A continuación, presentamos algunas características de quienes están preparados para experimentar con su pareja un erotismo más profundo y satisfactorio:

- Estas personas entienden, conocen, experimentan y aceptan los aspectos mentales, físicos, éticos, espirituales y sociales de la sexualidad humana. Además, se encuentran abiertos a seguir aprendiendo y a expandir todos los aspectos del sexo dentro del marco de su relación.
- La pareja desea aprender más sobre cada aspecto de las relaciones. Por lo tanto, realiza visualizaciones, técnicas y meditaciones para el desarrollo interior y el conocimiento profundo. Muchas de estas técnicas se han brindado durante los diferentes capítulos de este libro.
- Estos individuos sustentan su comportamiento sexual en un conjunto de valores personales cuidadosamente seleccionados

y continuamente revisados. Estos valores son compartidos y compatibles con la pareja actual.

- Son capaces de discutir sobre la sexualidad abiertamente y, sobre todo, expresar deseos, bloqueos, problemas o resistencias a su sexualidad.
- Estos individuos no utilizan la seducción o necesidad sexual para manipular, presionar o perjudicar a los demás.
- Las personas maduras saben y aceptan los criterios, límites, posibilidades, gozos, responsabilidades y consecuencias de la actividad sexual.
- Asumen una responsibilidad activa de su salud reproductiva.
- Saben equilibrar la gratificación sexual con otros placeres, valores y satisfacciones dentro del desarrollo de la relación de la pareja y la familia.
- Hacen dietas y ejercicios físicos para el mejor funcionamiento del cuerpo.
- Cuidan la comunicación con la pareja.

Los siete principios esenciales de la felicidad en el amor

Afirma cada día, apenas te levantas y antes de dormir, y si puedes escríbelo en tu agenda o haz una nota en el lugar donde te encuentres habitualmente, estos principios que son la base del amor en una relación exitosa, en tu propia vida y en la relación con los demás. Recita como una plegaria las siguientes afirmaciones, repitiendo tres veces cada oración, mínimo dos veces por día.

1. Mi universo se expande con amor incondicional aquí y ahora.
2. Yo soy un paraíso de amor, aquí y ahora.
3. Yo soy el creador de mi experiencia de amor y alegría cada día.
4. Mi mente y mi corazón son puros y limpios, más allá de las circunstancias externas.
5. Yo estoy agradecido(a) por todo lo que me sucede, aquí y ahora.

6. Todo lo que deseo con amor lo haré durante este día para mi satisfacción y para brindar gozo a todo el universo.

7. Todos los seres que habitan el universo son mis amigos: yo los amo y ellos me corresponden con amor.

La auténtica liberación sexual es espiritual y consiste en la profunda comprensión del ser humano —integrando cuerpo, mente y espíritu— y la unión sexual, de modo que dos seres íntegros puedan fundir sus energías y crear simultáneamente una energía total.

En mis otros libros podrás, amigo lector, encontrar otros puntos de vista acerca de la espiritualidad, el amor y la sexualidad. Mi intención es que viajes por el amor sabiendo que cada momento es el destino final. Cuando se está enamorado, el único tiempo importante es el eterno presente. Porque comprendo esta realidad en todos los planos de mi vida ahora, con seguridad y sin dudas puedo decir: Te amo.

Yo te amo y quiero hacerlo para toda la vida

El amor es un trabajo único y maravilloso y tenemos que aprender a mantenerlo con acciones concretas. La relación de pareja es una auténtica tarea que hay que alimentar y cuidar. Las relaciones, como las personas, van cambiando con el paso de los años, por lo que hay que efectuar ajustes cada cierto tiempo. Es importante siempre separar la relación de los conflictos que puedan surgir de los desafíos que haya que afrontar. El conflicto no debe extenderse a otros terrenos ni debe servir de excusa para dañar más la relación. Por ejemplo, si hubo un conflicto con el tema del dinero, un problema financiero o administrativo, no hay que llevar ese tema al plano sexual. Muchas parejas utilizan el sexo como un poder que sirve para manipular a la pareja y forzarla a hacer lo que no quiere. En una pareja todos los problemas se deben afrontar con espíritu positivo y trabajar juntos para solucionarlos. En esta conclusión, se han sintetizado los temas más importantes, que a lo largo del libro se fueron desarrollando y están pensados con base en mi experiencia personal y profesional, para mantener una pareja feliz para toda la vida. A continuación se brindan los siguientes puntos, que son como los sagrados mandamientos de la pareja y que hay que tener en cuenta y llevar a cabo todos los días.

Comprométete con tu pareja, es tu prioridad: la mayoría de las parejas felices ha construido su relación con bases sólidas y duraderas. La pareja es el compromiso más importante de toda tu vida. Ponte a pensar qué necesita realmente tu pareja, qué espera de ti, qué no quiere de ti. Sin dejar de valorar tus cosas, comienza a valorar los logros del otro. Hazle saber que estás ahí por él o por ella siempre, demuéstrale que aunque el trabajo y la vorágine diaria a veces te ausentan, tu pareja siempre es una prioridad para ti. Las necesidades de cada uno tienen que ver con deseos, aspiraciones y proyectos que deben ser compartidos, discutidos y realizados dentro del ámbito de la pareja. Y aunque existan proyectos individuales, como por ejemplo alguien que desea dedicar tiempo a la pintura, aunque la otra persona no participe directamente, es importante que acompañe y se involucre emocionalmente en el proyecto de su pareja. Esto hará sentir a la otra parte más confiada y acompañada en todo lo que decida hacer... Si estamos atentos a las necesidades del otro y la otra persona logra esa misma conducta, podrán venir épocas difíciles, problemas y situaciones complicadas, pero la pareja no se desmembrará. Si te ocupas de que tu relación crezca día a día en comprensión, confianza y amor, nada ni nadie podrá destruirla.

Pasen tiempo juntos con actividades diferentes: hazle una propuesta a tu pareja de hacer cosas diferentes y productivas. Cocinar juntos, tomar cursos de idiomas o preparar cenas para tus amigos son algunas de las ideas por las que puedes optar para inyectarle energía a tu relación. Trata de salir más a menudo. Un poco de aire fresco siempre renueva el amor. Sal a bailar, a comer. No tienes idea de cuánto te puedes divertir si te animas a dejar que tu relación no quede encerrada en cuatro paredes.

Cuida la salud de tu pareja: un plan de ejercicios y una dieta sana nunca vienen mal, como tampoco masajes, cremas y un poco de mimos. Empieza el año con el compromiso de hacer que tu relación de pareja sea más saludable. Pueden hacer gimnasia juntos, algo que los divierta como a jugar al tenis, caminar, correr o hacer yoga.

Ahorren dinero juntos para un proyecto en común: no siempre el hecho de ahorrar en pareja tiene que estar relacionado con la idea de matrimonio. Puedes ahorrar para irte de vacaciones con tu novio(a), para hacer cursos, para comprarte una casa de vacaciones, para hacer una fiesta con amigos o para muchos otros proyectos que a la larga afianzan la relación de pareja.

Expresa tu amor frecuentemente y con creatividad: existen tantas formas de recordar que amas al otro. «Hola, cariño. Sólo te escribo esta notita para que sepas cuánto te quiero». Cartas que puedes esconder en su maleta, cartera, bolsillos; pueden ser postales, poemas, regalitos, fotos y hasta galletas, su chocolate favorito o unos caramelos... Piensa tú también en qué forma especial e inesperada puedes sorprender a tu pareja hoy, recordándole qué es lo más importante de tu vida.

Deja el egoísmo de lado: el egoísmo no funciona en una pareja. Las mejores relaciones son aquellas en las que rige el principio de dar para recibir. Si uno de los dos pone en práctica este principio con constancia, es altamente probable que el otro responda de manera recíproca y espontánea con el mismo amor, cariño, entrega y consideración. La generosidad espontánea es la esencia del amor.

Crea un plan de viajes: viajar juntos es una de las mejores experiencias que puedes tener en pareja. Decídete a ahorrar semanalmente para hacer un viaje relámpago con tu pareja cuando puedas, aunque sea una vez cada tres meses. No necesitas mucho dinero, sino investigar un poco acerca de qué sitios tienes cerca de tu ciudad y cuáles son ideales para un fin de semana de descanso.

No se abrumen por lo de siempre: ¿Qué es lo de siempre? Su familia, su trabajo, las tareas domésticas. A cada uno le da por una cosa diferente. No lo nombres, no lo menciones, no permitas que te inquiete. Sólo dejará de ser un problema cuando dejes de darle protagonismo en tu relación de pareja. Si es una cuestión de tomar decisiones, tómalas y actúa en consecuencia. Nosotros damos permiso a las personas para que nos puedan hacer daño, reviviendo malos recuerdos. No le dediques toda tu energía ni todo tu tiempo a darle vueltas al asunto. Recuerda, si tú estás bien, todo lo estará. Pensamos con más claridad cuando tomamos distancia de nuestros problemas. Tomamos distancia cuando diversificamos nuestra atención, nos olvidamos por un rato del asunto y podemos volver a ello viéndolo desde otro punto de vista, con otro ánimo, con otras experiencias.

Trabaja espiritualmente con tu pareja: envuelve la relación con una imagen de sentimiento positivo: el aparato psíquico humano funciona por pensamiento, sentimiento y voluntad. Tú tienes que pensar de forma correcta, sentir que para poder tener aquello que deseas debes mover tu voluntad hacia el objetivo. El sentimiento es, por tanto, un motor poderoso. Es importante reunirse con la pareja una vez por semana y establecer juntos afirmaciones con sentimiento de amor para realizar como objetivo de la relación. Yo realizo este trabajo espiritual con mi esposo, nos reunimos con una agenda en mano para anotar lo que deseamos hacer. Dividimos en dos sectores las áreas personales y de pareja, entonces nos apoyamos el uno al otro para lograr los mejores resultados.

Sé generoso con tus halagos: los halagos sinceros son una forma muy sencilla de tener una llave de oro para entrar en el corazón de tu cónyuge. Al menos una vez al día, busca algo positivo que decir a tu pareja, como lo hacías al principio de la relación. Siempre puedes encontrar en la otra persona algo que sea noble, correcto, puro, amable, admirable, excelente o digno de ser alabado. Para reafirmar la alegría se precisan al menos cinco comentarios positivos para que el amor de la pareja se mantenga fresco. Todos los piropos, sonrisas y manifestaciones de ternura posibles son necesarios para mantener a la pareja.

Observa las buenas cualidades y puntos a favor de tu pareja. Hazle cumplidos especiales sobre esas características personales. Generalmente, las personas mantienen en silencio lo que admiran del otro, especialmente después de casarse; se admiran internamente, pero no dicen lo que encuentran grato o hermoso en su pareja. Ya mismo busca algo para halagarlo(a).

Aprendan a ser amigos: los amigos están ahí para lo bueno y para lo malo, para apoyarse en los momentos dulces de la vida, y más aun en las grandes tragedias; pero también se dicen sus verdades porque confían plenamente en su criterio sin necesidad de fingir ser lo que no son o de inventarse personalidades atractivas y populares, ya que se muestran tal como son. Y es precisamente eso lo que debe ocurrir: deben ser ustedes mismos siempre y aceptarse tal como son, estar abiertos a los comentarios del otro sin malos entendidos, sin irse por otro lado y sobre todo decirse las cosas franca y abiertamente.

Renueva la confianza: la vida de las parejas de hoy debe estar basada en la libertad y el crecimiento personales. Si dentro del esquema de la relación se incluye la necesidad de respetar la libertad de la otra persona, se crea un ambiente más amplio y propicio. Deja de pensar todo el tiempo que si tu pareja quiere tiempo a solas es porque no te quiere. No tomes todas sus actitudes como señal de que algo anda mal en la relación. Todos necesitamos tiempo a solas. Todos tenemos un mal día, todos a veces nos sentimos extraños. Aprende a convivir con ello y renueva la confianza en la persona que amas.

Aceptarse mutuamente: las parejas en verdad dichosas entienden que amar significa aceptar los defectos del otro. Saben que el deseo de cambiar de una persona surge de la conciencia de ser aceptada tal como es. Con demasiada frecuencia, creemos incesantemente que el amor nos autoriza a moldear la manera de ser de la persona amada. Tratamos de anular los rasgos de personalidad desagradables de nuestra pareja, incluso si en este proceso disminuimos las cualidades mismas que nos inspiran tanto cariño. Si uno de los dos debe ganar una discusión, deja que sea el otro.

Forja la intimidad en la relación: es preciso conocer bien al otro, amarlo, desear pasar tiempo junto al cónyuge, compartir, conversar, aprender a convivir los silencios, esto es, aprender a sensibilizarse. La intimidad no se compra con eventos extraordinarios y excepcionales, espaciados en el tiempo, si bien serán formidables herramientas para enriquecer la relación.

Acepta los cambios de tu pareja con apertura: casi todos creemos que una relación sólida no se altera de un año a otro. En realidad, las relaciones cambian inevitablemente, al igual que las personas.

Las parejas que conservan una relación duradera son lo suficientemente flexibles para aceptar el cambio con actitud positiva.

Saber perdonar: el perdón es una auténtica y voluntaria renuncia a la ira y al resentimiento. Y es necesario para que la buena relación interpersonal vuelva a florecer. En ocasiones, todas las parejas se hieren y se decepcionan. Ocurre entonces una de dos cosas: o bien perdonamos, o inevitablemente, poco a poco, acumulamos resentimiento. Para que el amor perdure, debemos ser capaces de perdonar. Reprimir nuestros sentimientos y emociones o pretender ignorarlos, no es perdonar. Tampoco lo es disculpar la conducta del otro. Es muy común que al discutir, aunque sea por pequeñeces, broten cosas del pasado que a lo mejor ni vienen al caso pero que sirven como dardos para darle donde más le duele al otro. Por ello, nunca menciones errores del pasado porque, si analizan bien las cosas, lo único que están haciendo es dañarse a sí mismos y maltratar esa relación con dudas y fantasmas que ustedes mismos inventan. Maduren ambos y por favor, borren por completo aquello negativo que ya fue.

Busca siempre momentos de romanticismo: es muy frecuente que el matrimonio se desgaste por falta de cuidados... Una de las bases que mantiene unida a una pareja es la llama del amor erótico. Las necesidades emocionales y sexuales son fundamentales en cada persona. El mutuo cariño y el gozo que se dan los amantes los nutre como personas y refuerza su unión. Para conseguir este propósito vienen bien los siguientes consejos:

- Decir «te amo» en los momentos menos pensados.
- Tus opiniones, diferencias y todo lo que en un momento los separa no debe entrar en la alcoba.
- Dejar fuera de la cama todos los problemas y utilizar el sexo para ratificar todas las paces.
- Hacer periódicamente juegos amorosos especiales. Puedes encontrar toda esta información en la segunda parte de este libro.

Celebra con tu pareja: en todos los órdenes de la vida es bueno celebrar y hacer fiestas. No es simplemente la jornada de descanso donde no hay que trabajar o estudiar. Es fundamental que la pareja trate de crear sus días personales de fiesta, ya sea el aniversario o encontrar un sentido de celebración a un día especial. Las fiestas y celebraciones han servido desde siempre para recobrar el esplendor de la convivencia y para romper la rutina.

Contención e intimidad: poder confiar un secreto, una confesión o cualquier instancia donde la confianza goza de credibilidad y da garantías a la intimidad. Saber que se puede confiar un secreto, compartir algo íntimo que se abre y cierra en el matrimonio es parte de los reflejos invaluables de la intimidad. Si todas las personas tienen secretos, todos los matrimonios también cuentan con ellos. La contención que aporta la intimidad da un marco fértil a esa apertura y entrega de sí mismo, sin temor a la traición, el rechazo o la manipulación.

Aprender a elegir la felicidad: las relaciones nos proporcionan estabilidad cuando nuestra propia autoestima, nuestro propio equilibrio se basa en nuestro interior, en nuestro verdadero yo.

La felicidad existe en cada uno de nosotros, en cada parte de nuestro ser, pero hay que atreverse a saborearla, a sentirla. La felicidad no es algo que nos ocurre, es algo que se acepta, en cualquier momento de nuestras vidas, sin importar lo que esté sucediendo alrededor.

La felicidad es un sentimiento que está arraigado dentro de nuestro ser. *La felicidad es una elección de vida, una disposición personal, una liberación, una capacidad para enfocar nuestra energía y atención en querernos, apoyarnos y despejarnos de toda adicción al dolor.* No es ésta una tarea fácil, cuando se trata de deshacer «viejos nudos inconscientes» que nos hacen repetir antiguos patrones familiares o cuando la autoestima es muy baja, pero se trata de una empresa que vale la pena emprender.

¿Qué tenemos que hacer para aceptar y sentirnos felices con nosotros mismos y con los demás?

Aquí te brindaré algunas ideas que fueron muy útiles para mí y para las personas que han trabajando en equipo conmigo. Compra un cuaderno para planificar tu vida. Trata de dibujar en sus tapas una gran sonrisa: si puedes, coloca en todos los idiomas las palabras alegría, sonrisa, felicidad, amor, paz, sabiduría, poder. En la primera página a la izquierda, escribe una lista de preguntas de las cosas, sentimientos, pensamientos u objetivos que te gustaría hacer y a la derecha las respuestas de cómo hacerlas. Importante: no escribas las justificaciones de por qué no las haces o no las sientes. Sigue los siguientes pasos para el éxito de este nuevo plan de auto imagen y de vida para ti.

Primer paso: dedica la primera página del cuaderno o la agenda a gratificarte y agradecer a las personas que pueden ayudarte para cumplir tus deseos personales. La verdadera felicidad está asociada con el reto y el esfuerzo. Primero, es necesario conocerte lo suficiente para descubrir tu verdadera naturaleza y realizarte en cada nivel de la vida, especialmente en el amor. Medita profundamente y con serenidad. Piensa que, por sobre todas las cosas, para lograr lo que deseas, debes reconocer y aceptar cómo eres en verdad tú mismo. También aprueba lo que tú deseas o lo que te hace feliz; debe ser una regla importante a cumplir, casi como una obligación a tu propia persona.

Segundo paso: descubre de ti mismo todas las acciones que realizas para ser feliz y anótalas en una lista; en otra, escribe lo que haces queriendo o sin querer en pos de tu infelicidad. Observa atentamente tus pensamientos y asegúrate de poblar tu mente sólo de ideas y pensamientos positivitos y alentadores.

Tercer paso: en caso de que te aparezcan opiniones o ideas negativas, toma otro papel por separado y anótalas también; los vamos a utilizar más adelante en otro paso, pero continúa con estas instrucciones. Cada nuevo pensamiento positivo que resida en tu mente te acercará un paso más hacia el éxito. Comienza por separar cada elemento. Observa dentro ti mismo, reconoce equivocaciones y modifica aquellas actitudes que te hacen daño e impiden descubrir el amor, el placer y la paz interior.

Especialmente, trata de ser vigilante de los pensamientos que recibes o posees sobre ti mismo; estos dibujan la imagen con la cual te identificas y te servirán de referencia para establecer el lugar que quieras ejercer u ocupar dentro de tu entorno, pareja, familia, trabajo.

Trata de explorar en cada anotación cuál es el mecanismo que nubla tu alegría. Pregúntate a ti mismo qué deseas de la vida, qué anhelas ser, qué ambicionas alcanzar... En fin, todas tus metas. Consulta tu corazón.

Cuarto paso: plan de vida emotiva. Planifica y anota sobre tu vida emocional. Lo más importante es que llegues a descubrir qué pensamiento te bloquea para ser feliz y cuál te facilita la felicidad. Es importante que reflexiones que para promover una buena relación debes elevar la propia autoestima y auto valorarte. Tómate tu tiempo, aunque sea de media hora por día, a fin de planear tus metas y objetivos, y muy especialmente, visualizarlos. No pretendas lograr la totalidad de tus aspiraciones de una sola vez.

De este modo, conviene aprender:

- A pensar, en lugar de reaccionar, en los momentos intensos.
- A observar la responsabilidad que tenemos en la relación que nos mantienen atascadaos o en conflicto permanente.
- A generar nuevas opciones para nuestro comportamiento cuando las antiguas ya no funcionan.

Una vez que hayas identificado y aclarado las soluciones para superarte, puedes seguir trabajando en el resto de tu cuaderno en los siguientes temas:

Fija un límite de tiempo para llegar a realizar ese objetivo o esa meta y que sea en un tiempo razonable: sé considerado contigo mismo. Anota esa fecha en tu cuaderno junto con tu objetivo, por ejemplo, cuatro meses, tres semanas.

Si te fijas un tiempo, eso te dará un incentivo para seguir avanzando. Es mejor establecer una «estructura de tiempo», no un «límite de tiempo». Tu estructura de tiempo debe ser flexible: ocasionalmente necesitarás más tiempo del que te has fijado para llegar a tu objetivo. Si te fijas un límite de tiempo, podrías desalentarte si esa meta requiere más tiempo de lo que esperabas. Espera llegar a tiempo a la meta y sé capaz de ajustar su estructura de ser necesario.

Quinto paso: enumera todos los beneficios y las recompensas personales que disfrutarás una vez que hayas llegado a tu destino. Si tu objetivo es ayudar a los demás, piensa en la satisfacción personal que obtendrás a través de esa acción. Busca y encuentra una recompensa personal para cada meta; enumerar todos esos beneficios con anticipación te ayudará a desarrollar la motivación y la determinación necesaria para mantener alto tu entusiasmo todo el tiempo.

Antes de empezar, tómate un tiempo para reflexionar sobre tus principales metas en relación contigo mismo, y cuáles son las que deseas concretar. Tendrás que estar convencido realmente, porque si no, tus deseos e intenciones tal vez no sean lo bastante fuertes o sólidos para poner en movimiento procesos que conduzcan a la realización.

Cuando anotes tu lista de intenciones, inicia cada declaración con un «YO QUIERO» escrito con mayúscula. He aquí unos ejemplos posibles:

«YO QUIERO ser más consciente de los mensajes negativos que pienso y los mensajes positivos con que los reemplazo».

«YO QUIERO ocuparme de mi cuerpo, preparándole alimentos nutritivos y haciendo ejercicio tres veces por semana».

Asegúrate de elegir metas realistas para medir tu actividad interior, en vez de metas demasiado abstractas o relacionadas con un futuro remoto, por ejemplo:

«YO QUIERO ser un ser humano que ame a todo el mundo».

Puedes «querer» reflexionar sobre todos los aspectos de tu vida: la relación con tu mente, tu cuerpo, tus sentimientos y tu espíritu, al igual que sobre tu trabajo, tus amores, tus amistades, tu tiempo libre, y tu hogar.

Periódicamente, tal vez desees añadir algo a tu lista o incluso observar la gran cantidad de intenciones que ya se instalaron en tu vida, y redactarlas de nuevo a fin de expresar brevemente aquellas diez o doce que sean muy importantes para ti. Quizás también desees leerlas totalmente o repetirlas cada día, a fin de reforzar tu compromiso y concretarlas.

Puedes preguntarte antes de escribir tus nuevas intenciones:

¿Qué necesito comunicar ahora de mi persona a los demás?

¿Qué conocimientos podría obtener de mi persona para mejorar diariamente?

¿Qué reflexión necesito efectuar acerca de este ámbito de mi experiencia?

¿Cómo podría satisfacer mis necesidades de cambio?

¿Cómo podría establecer relaciones más amables?

¿Qué valores necesito concretar y expresar?

¿Cómo podría satisfacer mi necesidad de belleza, paz o experiencia estética?

¿Qué nuevos comienzos quiero emprender aquí?

¿Qué deseos procuro complacer?

¿Cómo necesito afirmarme?

Cuánto más claramente puedas responderte, experimentarás mejor los beneficios y cada vez serás más eficaz en traducir tus palabras o pensamientos en acciones.

Recuerda que cada afirmación que escribas luego de ayudarte con las preguntas debe comenzar con: YO QUIERO... y finalizar la frase con... AQUÍ Y AHORA. Ambas expresiones o palabras son claves mágicas y energéticas para tu conciencia interna.

Existen reglas básicas impostergables para tu trabajo interno y tus objetivos, que te ayudarán a crecer como un ser humano íntegro:

- Vivir en el presente y no permanecer hundidos en el pasado o estar ansiosos por el futuro.
- Sentir más relajados, dormir mejor, estar más centrados.
- Aceptar la manifestación de las emociones como parte de nuestra naturaleza humana. Aprender a agasajar y dar la bienvenida a nuestras emociones.
- Aprender a reconocer los sentimientos y planificar su liberación.
- Mejorar la salud física: dieta saludable y ejercicio físico.
- Resolver lo inconcluso: la superación depende de ti, es intentar dar vuelta a la página del pasado y paso a paso cambiar la narrativa de tu historia personal, observar tu diálogo interno, ver lo positivo del pasado y seguir adelante.
- Sentirnos vigorosos y con un mayor control de las situaciones para que nada pueda sorprendernos.

- Respetar a los demás con sus diferencias y hacer respetar las nuestras.
- No tratar de controlar la vida de los otros sino dirigir la energía hacia nosotros mismos.
- Despertar a los olores, sabores, belleza, colores, amor, música, gente, diversión, experiencias excitantes, naturaleza y felicidad porque hemos eliminado el miedo, la tristeza, la desconfianza y la ira.

Este trabajo sugiero también realizarlo con dibujos que ilustren tus sentimientos o pensamientos. Otra idea es recortar de revistas, por ejemplo, dibujos, pinturas o fotografías de cada elemento que desees expresar. Es importante que entiendas que sólo y nadie más que tu mente y tu corazón te están respondiendo, y de esa forma encontrarás la verdad más profunda que tienes en tu interior.

Hazlo con serenidad, elige el momento que más te guste para trabajar contigo mismo. Recuerda siempre que todo lo que necesitas se encuentra dentro de ti y que has sido dotado de la inteligencia y habilidad para triunfar en una relación con amor, en el trabajo, en el estudio o todo lo que desees.

Utilizando las estrategias y técnicas planteadas a lo largo de este libro, podrás crear un vínculo duradero con libertad y con la pasión de evolucionar siempre junto a tu pareja. Piensa en esta metáfora que te brindo: somos como un navegante, que cambia la posición de las velas y el rumbo del barco del amor, según lo necesita. Sin embargo, las inauditas olas del paso del tiempo no afectan el maravilloso viaje que simboliza la unión con tu pareja.

Últimas palabras

Me encanta finalizar mis libros con un mensaje, con la aspiración y el anhelo que el mismo acaricie tu alma, amigo lector. Mientras te escribo, siento un deseo profundo de viajar por tus pupilas y bendecir cada uno de los rayos de luz que contraen y dilatan tu mirada dirigida a cada una de mis letras en este libro.

Yo amo

Si pudiera mirar con el ojo del corazón,
Podría advertir que eres parte de mí.
Que no hay diferencias entre tu masculino y mi femenino.
Que tus ojos son reflejos estelares de mi universo.
Que no hace falta que me penetres con tu cuerpo
para sentirte dentro de mí como a mi propia sangre.
Si pudiera percibir con el ojo del corazón cada día,
Podría absorber cada una de tus vibraciones,
sin resistencias, desacuerdos o vacilaciones.
Podría explorar tu alma desnuda ante mí,
vulnerable, tierna y con compasión ilimitada.
Si pudiera contemplar con el ojo del corazón,
cualquier lugar sería nuestro hogar,
todo el tiempo sería infinito.
Ahora que puedo ver con el corazón:
te afirmo con un grito silencioso que «te amo»,
ahora, para siempre, y no tengo ninguna duda.
Porque comprendo desde lo más profundo

de mi eterno interior que nunca fuimos «Dos».
Ahora puedo distinguir claramente que somos «Uno».
Y esta confirmación no aparenta ser matemática racional.
Pero es lo esencial y natural que trasciende toda lógica.
No pueden existir separados el mar de la arena,
el arco iris del sol, el horizonte del cielo,
el beso de la tibieza, la pasión del deseo.
Tú y yo somos «El Uno» del verbo amor,
que se conjuga en un solo tiempo, «Ahora».
Yo amo.

La autora

Bibliografía

ARISTÓTELES. *The Ethics of Aristotle: The Nicomachean Ethics.* Bookseller: Sumas, Wash., 1982.

FISHER, Helen. *Anatomy of Love.* New York: Random House, 1992.

GENDLIN, E.T. *Focusing.* Bilbao: Mensajero, 1983.

HOROWITZ, M.J. *Image techniques in psychotherapy.* New York: Behavioral Sciences Tape Library, 1974.

IAM, Mabel. *The Love Diet: Expert Techniques for Sensual Pleasure and Mindblowing Sex.* New York: Rayo, HarperCollins, 2006.

—. *Sex and the Perfect Lover: Tao, Tantra, and the Kama Sutra.* New York: Atria, 2005.

—. *El amante perfecto.* New York: Atria, 2005.

—.*Sex and the Erotic Lover.* St. Paul, Minn: Editorial Llewellyn, 2005.

—.*El juego del amor.* St. Paul, Minn: Editorial Llewellyn, 2005.

—.*Ser angelical.* St. Paul, Minn: Editorial Llewellyn, 2005.

—.*El sueño del amor.* St. Paul, Minn: Editorial Llewellyn, 2004.

—. *Qué hay detrás de tu nombre.* St. Paul, Minn: Editorial Llewellyn, 2002.

—.*El don de la diosa.* Buenos Aires: Editorial Mega Libros, 2000.

—.*Escrito para vivir.* Buenos Aires: Corpo Solar, 1997.

—. *Tocando el cielo con las manos.* Buenos Aires: Editorial Latino-americana, 1999.

—.*Tus protectores y guardianes de cada día.* Buenos Aires: Editorial Latino-americana, 1999.

—.*Mano a mano con tu sabio interior.* Buenos Aires: Editorial Latino-americana, 1999.

—.*Sanación con tus ángeles.* Buenos Aires: Editorial Vinciguerra, 1995.

—.*Guía con los ángeles.* Buenos Aires: Corpo Solar, 2001.

—.*Manual de conquista.* Buenos Aires: Corpo Solar, 2001.

—.*Tao del sexo y el amor.* Buenos Aires: Editorial Planeta, 2000.

—. *Diccionario de nombres con sus ángeles.* Buenos Aires: Editorial Planeta, 1996.

—.*Las zona oculta de tu signo..* Buenos Aires: Editorial Perfil, 1999.

—.*Las zonas erógenas de tu signo.* Buenos Aires: Editorial Perfil, 1998.

—.*El vampirismo.* Buenos Aires: Editorial Planeta, 1997.

—. *Cambia tu destino.* Buenos Aires: Editorial Perfil, 1997.

JACOBI, J. *La psicología de C.G. Jung.* Madrid: Espasa-Calpe, 1976.

JUNG, C.G. *Formaciones de lo inconsciente.* Buenos Aires: Editorial Paidós, 1980.

—.*Memories, Dreams, Reflections.* Ed. Jaffé, 1980.

KAPLAN, S.H. *El sentido del sexo.* Barcelona: Editorial Grijalbo, 1981.

LAUNAY, J.L.; LEVINE, J.; y MAUREY, G. *El ensueño dirigido y el inconsciente.* Buenos
Aires: Paidós, 1982.

LEUNER, H. "The Role of Imagery in Psychotherapy". En *New Dimensions in Psychiatry: A World View.* S. Arieti y Chrzanowski (eds). New York: John Wiley, 1977.

MCEWEN, B.S. "Meeting Report. Is There a Neurobiology of Love?" *Molecular Psychiatry.* 1997.

MEICHENBAUM, Jan D.: *Why Does Using Imagery in Psychotherapy Lead to Change?* En *The Power of Human Imagination.* SINGER, J.L. y POPE, K.S. (eds). New York y London: Plenum, 1978.

MEISHU, Sama. *El arte del Johrei.* Editorial Lux Orines.

SMALL, Meredith F. *What's Love Got to Do With It? The Evolution of Human
Mating.* New York: Anchor Books, 1995.

MOKICHI, Okada. *Luz de Oriente.* Atami, Japón: Editorial Lux Orines, 1967.

—. *Foundations of Paradise. Collected writings.* JohreiFellowship.com., 1995.

ROSAL, R. *El poder terapéutico de las imágenes*; Barcelona: Revista de psicoterapia, 1992.

SARSBY, Jacqueline. *Romantic Love and Society*.Middlesex: Penguin, NY, 1983.

SHEIK, A.A. "Eidetic Psychotherapy". En *The Power of Human Imagination.* SINGER, J.L. y POPE, K (eds). New York y London: Plenum, 1978.

SHORR, J.E. *Psycho-Imagination Therapy: The Integration of Phenomenological and Imagination.* New York: Intercontinental Medical Book, 1972.

—.*Psychotherapy Through Imagery.* New York; Intercontinental Medical Book, 1974.

SOLOT, Dorian; MILLER, Marshall. *Unmarried To Each Other: The Essential Guide to Living Together as an Unmarried Couple.* New York: Marlowe & Company/Publishers Group West, 2002.

VELASCO Suárez, C.A. *La actividad imaginativa en psicoterapia.* Buenos Aires: Editorial Universitaria, 1974.